国际教育研究书系

田慧生◎主编　曾天山◎副主编

世界教育发展报告 2013

中国教育科学研究院国际比较教育研究中心　著

教育科学出版社
·北　京·

丛书编委会

丛书总序

为打造具有国家水准、国际视野的教育科研成果，更好地服务于办好人民满意的教育，服务于全面建成小康社会，在中央级公益性科研院所基本科研业务费专项基金的支持下，我院开展了对国内外重大教育理论与现实问题的系统研究，形成了“国情、国视、国菁、国际”四大书系。

“国情”教育研究书系以年度发展报告的形式，全面反映我国各级各类教育的成就、经验和挑战，对全国各省（自治区、直辖市）教育发展和政策进行区域比较，对我国各级各类教育的发展水平进行国际比较，力求对我国教育的规模、结构、质量和效益做出科学判断。

“国视”教育研究书系聚焦社会关注的教育热点难点，着眼于基础性、长远性、前瞻性问题，以了解事实、回应关切、提供政策建议为主要目的，探索教育发展规律。

“国菁”教育调研书系专门研究大中小学生的学习生活状态，涉及学校生活、家庭生活、社会生活、网络生活等，通过调查研究，了解当代学生的思想情感和行为特点，为研究如何促进学生的身心健康发展提供科学依据。

“国际”教育研究书系分为著作和译作两类，主要反映国际教育改革发展动态，回顾国际教育的历史进程，跟踪国际教育的改革动态，把握国际教育的发展趋势。

四大书系既各自独立又相互联系，在保持各书系特点的同时，力求做到：

一、“从事实切入”。“事实”是“事件真实的情形”，是在过去和现在被验证且中立的信息。在科学研究中，事实是指可证明的概念，是研究的起点。客观的事实是逻辑的基础和内容，逻辑是事实的理论再现。从实际对象出发，从实际情况出发，能够提高研究问题的针对性和实效性。

二、“用数据说话”。数据是研究和决策的基础。四大书系力图建立在数据和事实的基础之上，通过对数据的搜集、提炼、整合、分析，发现问题，探索规律。

三、“做比较分析”。没有比较就没有鉴别。四大书系力求通过国别比较、区域比较、类型比较、结构比较，找到差距，发现真知，提供卓见。

四、“搞协同创新”。协同创新是提高创新效率和创新水平的战略要求。四大书系研究调动院内外、系统内外、国内外资源，注重人员交叉、学科交叉、方法交叉，力求有所创新、有所突破。

五、“靠政策影响”。建言献策是智库研究的最终目的。四大书系以教育公共政策为研究对象，以影响政府决策为研究目标，以公共利益为研究导向，以社会责任为研究准则，建可信之言，献可行之策。

四大书系的编辑出版是我院全面提高教育科研水平的一项整体努力，也是建设国家一流教育智库的客观要求。在研究和编写过程中，书系得到了相关机构和同仁，特别是教育部相关司局及有关部委的大力支持，前期成果也受到了广大读者的欢迎，在此一并致谢！我们将以此为起点，不懈努力，加快中国特色新型智库建设，为推动中国教育事业科学发展发挥不可替代的重要作用。

中国教育科学研究院
2014 年 11 月

目　录
CONTENTS

前　言

总体来看，全球教育在近年来取得了长足的进步，教育的发展水平逐渐提高，各国之间在一些教育方面的差距也有所缩小，但是竞争却依然很激烈，所以相互学习与借鉴也成为当前各国教育政策的共同选择。为了更加深入地揭示世界教育发展的现状，本年度报告结合当前的共同发展趋势及我国教育的发展热点，选择职业教育作为基本的主题进行了研究。首先本书基于经济合作与发展组织（OECD）、世界经济论坛（WEF）、瑞士洛桑国际管理学院（IMD）的数据，从国际比较教育的视角对世界 37 个国家的职业教育竞争力进行了排名与分析，然后基于排名结果及研究力量按高中低分层选取了其中的 6 个职教特色国家，以及由于数据缺失而未参与排名的人口大国印度作为案例，对其现代职业教育体系的建设进行了研究与分析，最后总结了这些国家现代职业教育建设的若干经验。

一、世界教育发展的基本现状

根据世界银行的数据，近几年世界教育发展在教育投入、教育规模和教育质量等方面呈现出如下几个特点。

（一）教育投入在国家间的差距远远大于不同经济体间的差距

首先，从公共教育支出占 GDP 的比例来看，2011 年可获得数据的 92 个国家（或地区）的平均值为 4.55%，其中最高的是东帝汶，达到 9.42%，最低的是缅甸，仅为 0.79%，前者几乎是后者的 6 倍。2012 年可获得数据的 44 个国家（或地区）的平均值为 4.11%，其中最高的是摩尔多瓦，达到 8.39%，最低是斯里兰卡，仅为 1.72%，前者几乎是后者的 5 倍。按照经济发展水平来看，2010 年低收入国家公共教育支出占 GDP 的比例为 4.08%，中低等收入国家为 4.42%，中低收入国家为 4.31%，中等收入国家为 4.83%，中高等收入国家为 4.88%，高收入国家为 5.55%。

其次，从公共教育支出占政府支出的比例来看，2011 年可获得数据的 87 个国家（或地区）的平均值为 14.07%，其中最高的为加纳，达到 33.10%，最低的为缅甸，仅为 4.42%，前者是后者的 7 倍多；2012 年可获得数据的 41 个国家的平均值为 14.48%，其中最高的为泰国，达到 31.50%，最低的是格鲁吉亚，为 6.71%，前者是后者的 4 倍多。按照经济发展水平来看，2010 年低收入国家公共教育支出占政府支出的比例为 16.12%，中低等收入国家为 16.29%，中低收入国家为 15.99%，中等收入国家为 15.62%，中高等收入国家为 14.59%，高收入国家为 12.33%。

（二）教师配给在国家间与不同经济体间差距都比较明显

首先，从小学生师比来看，2011 年世界平均值为 23.69，其中最小的是圣马力诺，为 6.41，最大的是中非共和国，为 81.31；2012 年世界平均值为 24.22，其中最小的仍为圣马力诺，为 6.27，最大的仍是中非共和国，为 80.12。按照经济发展水平，2012 低收入国家小学生师比为 41.73，中低等收入国家为 29.61，中低收入国家为 26.50，中等收入国家为 24.21，中高等收入国家为 19.16，高收入国家为 14.50。

其次，从中学生师比来看，2011 年世界平均值为 17.12，其中最小的是百慕大，为 6.45，最大的是中非共和国，为 66.82；2012 年世界平均值为 17.08，其中最小的是克罗地亚，为 7.81，最大的是中非共和国，为 68.13。按照经济发展水平，2012 年低收入国家中学生师比为 26.71，中低等收入国家为 22.09，中低收入国家为 18.70，中等收入国家为 18.03，中高等收入国家为 15.05，高收入国家为 12.12。

（三）入学率在不同国家间和不同经济体间的差距都比较显著

首先，从小学入学率（净百分比）来看，2011 年世界平均值为

89.12%，其中最高的是日本，为 99.94%，最低的是厄立特里亚，为 31.68%；2012 年世界平均值为 89.08%，其中最高的是日本，为 99.92%，最低的是厄立特里亚，为 32.94%。按照经济发展水平，2012 年低收入国家小学入学率（净百分比）为 82.46%，中低等收入国家为 86.95%，中低收入国家为 88.17%，中等收入国家为 89.68%，中高等收入国家为 94.05%，高收入国家为 95.59%。

其次，从中学入学率（净百分比）来看，2011 年世界平均值为 64.32%，其中最高的是日本，为 99.08%；最低的是尼日尔，为 12.20%；2012 年世界平均值为 64.64%，其中最高的是爱尔兰，为 99.15%，最低的是中非共和国，为 13.92%。按照经济发展水平，2012 年低收入国家中学入学率（净百分比）为 37.05%，中低等收入国家为 57.51%（2011 年数据），中低收入国家为 60.97%，中等收入国家为 65.99%，中高等收入国家为 77.86%，高收入国家为 89.87%。

最后，从高等院校入学率（占总人数的百分比）来看，2011 年世界平均值为 30.91%，其中最高的是希腊，为 113.98%，最低的是马拉维，为 0.81%；2012 年世界平均值为 32.06%，其中最高的是韩国，为 98.38%，最低的是塞舌尔，为 1.42%。按照经济发展水平，2012 年低收入国家高等院校入学率（占总人数的百分比）为 9.18%，中低等收入国家为 22.76%，中低收入国家为 25.26%，中等收入国家为 28.06%，中高等收入国家为 33.91%，高收入国家为 75.10%。

二、世界职业教育竞争力评价

运用统计学的方法，课题组对世界部分国家的职业教育竞争力进行了排名，结果显示瑞士的职业教育最具竞争力，同时还发现各国职业教育竞争力存在聚类性特征，职业教育与经济发展水平、教育投入存在正相关关系。

（一）瑞士在职业教育综合竞争中排名第一

从职业教育发展水平和职业教育贡献两个维度（一级指标）5 个方面（二级指标，即规模、质量、吸引力、对人力资源的贡献和对经济的贡献），本研究共选取了 11 项指标（三级）对世界上 37 个国家的职业教育竞争力进行了排名。其中职业教育发展水平包括“B 类高等教育净入学率”“在职培训可获得程度”“高中职业课程毕业率”“B 类高等教育（第一学位）毕业率”“国际学生或外国留学生占 B 类高等教育学生总数的百分比”等 5 个方面；“职业教育贡献”包括“25—64 岁中等职业教育学历人口比例”“25—64 岁 B 类高等教育学历人口比例”“熟练技术工人可获得程度”“25—64 岁中等职业教育学历人口就业率”“25—64 岁 B 类高等教育学历人口就业率”“25—64 岁 B 类高等教育学历就业人口相对收入”等 6 个指标。

对这些指标进行无纲量化处理后，同时对 11 项指标进行等权赋值，然后计算出各国的职业教育竞争力的综合指数。结果显示，排名前 10 位的国家分别是瑞士、芬兰、新西兰、德国、比利时、丹麦、智利、澳大利亚、卢森堡和斯洛文尼亚，排名后 10 位的国家分别是葡萄牙、斯洛伐克、爱沙尼亚、希腊、意大利、土耳其、波兰、匈牙利、墨西哥和巴西。其中最高的瑞士，指数值为 68. 65，最低的巴西仅为 18. 12。可见职业教育竞争力在各国之间的差距还是比较大的。

从两个维度分别来看，在职业教育发展水平指数排名上，排在前 10 位的国家分别是芬兰、新西兰、瑞士、卢森堡、澳大利亚、比利时、爱尔兰、法国、丹麦和德国。在职业教育的贡献指数排名上，排在前 10 位的国家分别是葡萄牙、瑞士、俄罗斯、冰岛、捷克、挪威、德国、斯洛文尼亚、芬兰和奥地利。

（二）各国职业教育竞争力的优势具有聚类性特征

按照职业教育的综合评价指数及其排名结果，本研究按照等分法，将 37 个国家分为高、中、低三组。高竞争力组为排名 1—12 位的国家，分别是瑞士、芬兰、新西兰、德国、比利时、丹麦、智利、澳大利亚、卢森堡、斯洛文尼亚、奥地利和法国；中竞争力组为排名13—24位的国家，包括俄罗斯、英国、爱尔兰、以色列、加拿大、冰岛、挪威、瑞典、荷兰、日本、捷克和美国；低竞争力组为排名25—37位的国家，包括韩国、中国、西班牙、葡萄牙、斯洛伐克、爱沙尼亚、希腊、意大利、土耳其、波兰、匈牙利、墨西哥和巴西。

通过比较研究发现，在不同的组别，职业教育竞争力的优势也略有不同。其中在低竞争力组，排名相对优势的是职业教育吸引力和职业教育对人力资源的贡献；在中竞争力组，排名优势的是职业教育对人力资源的贡献、职业教育吸引力和职业教育规模；在高竞争力组，排名优势的是职业教育质量、职业教育吸引力、职业教育规模和职业教育对经济发展的贡献。同时，在高竞争力组中排名优势的职业教育质量和职业教育规模两项指标在中竞争力组与低竞争力组中排名相对较为落后。进一步分析发现，职业教育竞争力的主流优势体现在职业教育质量、职业教育吸引力、职业教育对经济发展的贡献三个方面，因此提高职业教育竞争力也应该重点从这些方面进行。

（三）职业教育竞争力与经济发展水平和投入存在正相关关系

研究发现，经济发展水平高的国家，其职业教育竞争力也比较强，进一步分析还发现，职业教育发展和经济发展的紧密联系更多地体现在职业教育规模、职业教育质量和职业教育对经济发展的贡献上。而职业教育吸引力、职业教育对人力资源的贡献这两类指标，随着国家经济水平的提高，其发挥的作用也在逐渐弱化。

另外，从人均公共教育支出与职业教育竞争力的关系来看，研究发现人均公共教育支出高的国家，其职业教育竞争力比较强。具体来看，这种正相关的关系更多地体现在公共教育支出与职业教育规模上，而在与其他方面的指标之间这种关系则不是很明显。

三、各国现代职业教育体系建设的特征

现代职业教育体系是指能够适应经济社会发展需求，有明确进阶路径，质量上有保障，关注弱势群体教育需求并能够促进终身学习发展的职业教育制度。建设现代职业教育体系是当前各国教育发展改革面临的一项重大战略任务。概括起来，当前各国在建设现代职业教育体系上有如下几个共同的特征。

（一）构建开放多元衔接的职业教育培养体系

各国职业教育的培养体系虽然各有特色，但是分析这些案例国家可以发现，它们都强调职业教育的多元性和开放性。这里我们以芬兰、俄罗斯、日本和韩国为例进行说明。

芬兰目前的职业教育培养体系包括初等职业教育、中等职业教育、高等职业教育和继续职业教育，同时芬兰还不断完善不同层次的职业教育和普通教育的相互衔接机制。

俄罗斯目前的职业教育体系则包括中等职业教育和培养学士、专家、硕士及高技能人才的高等职业教育。按照新的《俄罗斯联邦教育法》，完成基础普通教育者在中等职业教育计划范围内同时接受普通中等教育。

日本目前的职业教育培养体系包括学校教育和社会培训两大类别，其中前者主要分布在中等教育后期的高中阶段和高级职业技术学院层次的高等教育阶段；后者则包括国家设立的职业能力开发短期大学校、职业能力开发大学校、职业能力开发促进中心及日益受到重视的企业内部教育培训。

韩国目前的职业教育培养体系包括中等职业教育和高等职业教育，前者主要在职业高中里进行，后者则是在专科大学及产业大学里进行。近年韩国又设立了“特色化高中（专业高中）”和“名匠高中”。

（二）建设基于国家资格框架的职业教育标准体系

建立国家资格框架成为各国建设现代职业教育体系的重要抓手，尤以欧洲国家为代表。目前欧洲36国在欧洲资格框架推动下开发了或正在开发国家资格框架，同时推进职业教育质量保障、非学历教育认证和学分转换等工具体系建设。

德国是欧洲较早开始建立国家资格框架的国家之一。早在2006年德国就启动了资格框架的启动工作，2012年12月，德国正式向欧盟提交与欧洲资格框架对接的参照报告，2013年5月，其宣布正式实施国家资格框架。德国采用了与“欧洲资格框架”完全一致的八级结构，强调以学习结果理念为引导，注重嵌入德国元素，以四维目标构建等级标准，展现职业资格类型多样化，构建了有德国教育特色的国家资格框架。其目标是：增加德国资格的透明性，促进德国资格在欧洲其他地方的承认；支持学习者和人员在德国和其他欧洲国家之间及在德国国内的流动；增强资格间的等同和差异的可视性，促进不同资格的渗透性；提高资格的可信度；促进机会迁移和加强质量保障；强化资格的能力导向；加强资格过程的学习结果导向；增加接受非正规和非正式学习结果鉴定和认定的机会，促进参与终身学习。

印度是亚洲较早开始建立国家资格框架的国家之一。印度的国家职业资格框架始于2011年出台的《技能开发使命》文件，2012年9月3日，印度正式发布实施国家职业教育资格框架（NVEQF）的命令。印度的这一资格框架的关键要素包括：制定国家指导原则，提供与国际等值的职业教育；建立职业教育、普通教育与就业市场间的多重入口和出口；增加在职业教育系统内部的升学机会；促进学生在职业教育与普通教育之间的转换；建立与产业的伙伴关系。其特征主要是：能力为本、多重入口与出口、学分累积和转换、先前学习认可、资源共享等。

（三）加强以产教融合为核心的职业教育保障体系

适应社会经济发展需要是职业教育生存的重要基础，因此各国都把加强产教融合作为现代职业教育保障体系的核心。这里我们以芬兰、印度和韩国为例进行说明。

芬兰近年来在职业教育发展政策上的一个突出特点就是特别强调培训和就业之间的合作，这一工作由芬兰教育和劳动行政部门共同促成。这种合作不仅仅是国家层面的，还深入到了各省和各个地区。教育机构和劳动就业办公室，以及具体的工作场所等。具体的形式包括职业教育中增加工作实践学习，实施学徒培训、强化工作场所导师培训等。

印度近年来为促进实施国家技能开发战略，积极建立和完善产教融合指导协调机制，成立各级指导协调委员会和技能开发管理机构，支持和促进私营部门参与技能开发战略，向私营部门提供相应的技能开发资金，发挥全国性行业组织协调指导和政策宣传作用，设立行业技能委员会，开发国家职业标准，增强供需匹配度，发展学徒培训，促进产教深度融合，积极开展校企合作等。

韩国更是重视产教融合，1973 年将产学合作写入法律，规定了职业学校学生现场实习的义务化。1974 年，韩国国际贸易协会建立了产学合作基金，通过提供研究经费和奖学金来推进产学合作项目的开展，对学术团体及研讨会、国际交流等提供支持。此外，韩国还成立了由地方自治团体、学术界、产业界及地区民间代表组成的“产学合作教育协议会”，对学校和企业进行控制和监督。韩国职业教育的产学融合或合作形式，主要包括两类：一类是企业与学校在教育培训上的合作，另一类是企业与学校及研究机构在研究开发上的合作。具体的举措包括 2+1 模式、校办企业实习、协议本位培训，以及顾客需求导向型“委托培养”等。

四、各国现代职业教育体系建设的启示

加强职业教育发展是新时期我国教育政策的一项重要内容。通过对各国现代职业教育体系建设的研究，我们可以得到以下几个启示。

（一）进一步加强职业教育与普通教育之间的衔接

长期以来，我国职业教育与普通教育一直都处于一种割裂的状态，同时人们对职业教育也持有一定的偏见，致使职业教育的发展受到很大限制。国外的经验表明，加强职业教育和普通教育之间的衔接是提高职业教育发展的有效途径。

国外的这些做法，我们都可以在充分吸收与内化基础上，形成符合我国实际的普职融合体系。例如，芬兰为推进普教和职教的衔接，对普通教育和职业教育实行联合申请的制度。学生通过国家联合申请系统来申请更高一级的教育。基础教育之后的高中教育设有国家联合申请系统，同时适用于申请普通高中教育和职业教育。再如韩国，其职业教育虽然以职业高中和专科大学为主体，但韩国历次课程改革都强调在普通学校当中也要渗透职业教育，第七次课程改革更是要求高中教育实行二元化开放型课程体系。此外，韩国还规定小学四年级到初中三年级的学生都要自选一门技术课程，考试通过后，授予一级至三级技能证章，免交或少交学费，升学时享受一定程度的优待。

（二）加快建设以国家职业标准为基础的职业资格体系

为推动我国职业教育的可持续发展，我们有必要建立完善的国家职业资格体系。研究表明，以国家职业标准为基础构建职业资格是当前各国职业教育发展的重要趋势，而且具有极强的生命力，一些已经成为世界知名品牌。例如，德国实施以“培训条例”为基础的双元制职业资格，澳大利亚实施以“培训包”为基础的培训包资格，英国实施以国家职业标准为基础的国家职业资格，印度实施以“课程包”为基础的职业资格。以国家职业标准为基础的职业资格不仅要求培养学生从事特定职业（工种）所需的技能、能力和态度，保证与企业用人需求相对接，而且要求这些技能、能力和态度在真实的生产环境中培养，保证学生具有全面且均衡的素质，提高学生的就业能力，减少技能供需不匹配，所以对于职业教育的发展具有重要的意义。

（三）加强职业教育中的产教融合体系建设

国外的经验表明，产教融合也是职业教育发展的一个重要途径，我国目前的职业教育还以学校教育为主，与企业等社会机构的联系与合作还相对不足，在今后的发展中有必要加强这方面的工作。具体可以从以下几个方面着手，一是加强制度建设，如可以像韩国一样出台专门的法律法规，设立专门的机构，建立专门的基金等；二是出台优惠政策，吸引企业等社会机构参与职业教育的发展，同时加强职业教育的对口支援，根据社会经济发展的需要及时调整课程结构，引导职业学校按市场规律办学，减少行政干预，努力形成全社会参与职业教育的良好局面。

第一章

世界职业教育竞争力

建立现代职业教育体系是当今世界教育发展的一个重要趋势，因此有必要对当前世界职业教育发展的现状有一个宏观的了解。基于此，本章选取了经济合作与发展组织（OECD）、世界经济论坛（WEF）、洛桑国际管理发展学院（IMD）等相关数据，从国际比较教育的视角对世界 37 个国家的职业教育竞争力进行了排名，并就职业教育竞争力的变动特征和主流趋势进行了分析，以期能为我国现代职业教育建设体系的完善提供参照。

一、世界职业教育竞争力评价

（一）职业教育竞争力的概念

1. 职业教育的概念

职业教育竞争力的概念是建立在职业教育的概念基础之上的。在国际上，联合国教科文组织多次对“职业教育”这一概念进行了界定。

1976 年，联合国教科文组织制定了《国际教育标准分类法》，之后在 1997 年做了修订。《国际教育标准分类法 1997》认为，“职业或技术教育主要为引导学生掌握在某一特定的职业或行业或某类职业或行业中从业所需的实际技能、知识和认识而设计的教育”。同时，该分类法把高等教育分为第一阶段（不直接获得高级研究资格，第5级）和第二阶段（可获得高级研究资格，第6级），其中第5级按照课程的类型又分为5A和5B两种，5A指理论型的/为研究作准备的/可从事高技术要求的职业的课程，5B指实用的/技术的/适应具体职业的课程①。5B类高等教育指的是高等职业教育。

2001年，联合国教科文组织在《技术与职业教育修订建议书》中提出：“‘技术职业教育’是作为一个综合术语来使用的，它所指的是教育过程中的那些方面，除了涉及普通教育之外，还涉及与经济和社会生活的各部门的职业有关的各种工艺学及其有关的各门科学的学习，以及实际技能、态度、了解和知识的获得。技术职业还进一步被理解为：普通教育的一个组成部分；准备进入某一就业领域或进行专业工作的一种手段；终身学习和负责任公民所需要的一个方面；保护环境和促进可持续发展的工具；扶贫工作的有效手段。”②

2011年，联合国教科文组织再次对《国际教育标准分类法》进行了修订。《国际教育标准分类法2011》认为，“职业教育系指主要为学习者掌握在某一特定的职业或行业或某类职业或行业从业所需的知识、技艺和能力而设计的教育课程”③。

在我国，职业教育的概念与内涵也被广泛讨论。1996年施行的《中华人民共和国职业教育法》第二条、第三条确定职业教育包含“各级各类职业学校教育和各种形式的职业培训”，“职业教育是国家教育事业的重要组成部分，是促进经济、社会发展和劳动就业的重要途径”。

2000年出版的《世界教育大系——职业教育》认为，职业教育作为社会所特有的活动，起源于人类社会营谋物质生活资料的需要和人类自身生

---

① UNESCO. 国际教育标准分类法（ISCED1997）[EB/OL].（2013-08-15）[2014-09-10]. http://www.uis.unesco.org/Library/Documents/isced97-chi.pdf.

② UNESCO. Revised Recommendation concerning Technical and Vocational Education [EB/OL]. [2001-11-02]. http://portal.unesco.org/en/ev.php-URL_ID=13145&URL_DO=DO_TOPIC&URL_SECTION=201.html.

③ UNESCO. 国际教育标准分类法（ISCED2011）[EB/OL]. [2014-06-05]. http://www.uis.unesco.org/Education/Documents/isced-2011-ch.pdf.

产的需要，职业教育是和社会生活紧密联系在一起的，是以传授生产劳动经验和技术为主要内容的教育，也是一种使人由自然人转变为社会人的教育。简单地说，职业教育就是为了培养职业人的，以传授某种特定职业所需的知识、技能和职业意识的教育①。

2012 年修订出版的《现代汉语词典（第 6 版）》这样定义职业教育："为学生或在职人员学习、掌握某种生产或工作所需知识、技能等而实施的教育。"②

2014 年 6 月发布的《现代职业教育体系建设规划（2014—2020 年）》指出："现代职业教育是服务经济社会发展需要，面向经济社会发展和生产服务一线，培养高素质劳动者和技术技能人才并促进全体劳动者可持续职业发展的教育类型。"③

综合以上及其他关于职业教育的概念定义，我们认为：在教育层次上，职业教育是建立在基础教育之上的提升职业素质的教育；在教育内容上，职业教育包括职前、职后的各级各类职业和技术教育及普通教育中的职业教育；在教育实施机构上，职业教育是由职业学校、职业培训机构等来实施的教育。

2. 职业教育竞争力的概念

自 2008 年起，中国教育科学研究院国际比较教育研究中心开展了国家层面的教育竞争力系列研究，对世界主要国家的教育竞争力进行了评价与排名。

我们对教育竞争力的概念是这样定义的，即"教育竞争力是一个国家综合实力的重要组成部分，是国家通过改善教育内部和外部的条件，优化教育质量，培养创新人才，普遍提高国民素质，并扩大教育影响力，从而在国际竞争中取得人力资源储备之优势的能力"④。

---

① 顾明远，梁忠义．世界教育大系——职业教育［M］．长春：吉林教育出版社，2000.

② 中国社会科学院语言研究所词典编辑室．现代汉语词典［M］．6 版．北京：商务印书馆，2012：1672.

③ 教育部．现代职业教育体系建设规划（2014—2020 年）［EB/OL］．［2014-06-16］．http：//www. moe. edu. cn/ ewebeditor/uploadfile/2014/06/24/20140624110835609. rar.

④ 中央教育科学研究所国际比较教育研究中心．中国教育竞争力报告 2010［M］．北京：教育科学出版社，2011：8.

为了使教育竞争力的量化评价得以实现，我们进一步简化了教育竞争力的定义，即“教育竞争力是一个国家的教育产出在和别国比较时所具有的相对优势和能力，其内涵包括 4 个层面：教育发展水平，包括正规与非正规教育的规模以及教育质量；教育对人力资源的贡献；教育对经济的贡献；教育对知识创新的贡献”①。

在高等教育竞争力的评价上，我们认为：“高等教育竞争力是一个国家的高等教育产出在和别国比较时所具有的相对优势和能力，其内涵包括 4 个层面：高等教育发展水平；高等教育对人力资源的贡献；高等教育对经济的贡献；高等教育对知识创新的贡献。”②

对职业教育竞争力进行评价，我们继续沿用以上看法，认为“职业教育竞争力是一个国家的职业教育产出在和别国比较时所具有的相对优势和能力，其内涵包括 3 个层面：职业教育发展水平、职业教育对人力资源的贡献和职业教育对经济发展的贡献”。

（二）职业教育竞争力的评价模型

职业教育竞争力是一个复杂的系统，它由许多子系统组成，同时又是更大系统的子系统。职业教育竞争力系统的构成非常复杂，其众多的要素以不同的方式存在，处于不同的维度和层次上，它们共同集成职业教育竞争力。为了使职业教育竞争力的评价得以实现，我们运用层次分析法（Analytic Hierarchy Process），把职业教育竞争力评价这一复杂问题进行简化。

层次分析法是美国运筹学家萨蒂（T. L. Saaty）在 20 世纪 70 年代提出的一种多准则决策方法，该方法是对较为复杂和模糊的问题做出决策的简易方法，它为那些难以完全定量分析的问题的决策和排序提供了一种简洁

---

① 中央教育科学研究所国际比较教育研究中心．中国教育竞争力提升速度最快［N］．中国教育报，2009-11-27.

② 中国教育科学研究院国际比较教育研究中心．中国教育竞争力报告 2011［M］．北京：教育科学出版社，2012：24；中国教育科学研究院国际比较教育研究中心．高等教育竞争力：模型、指标与国际比较［J］．教育研究，2012（7）．

而实用的建模方法。运用层次分析法建构模型，研究和处理问题，可按 5 个步骤进行：①建立递阶层次结构模型；②构造出各层次中的所有判断矩阵；③指标数据同化即标准化处理；④层次单排序及一致性检验；⑤层次总排序及一致性检验①。

经过分析，并基于职业教育竞争力的内涵定义，我们认为职业教育竞争力的影响要素包括职业教育投入、职业教育发展水平、职业教育的贡献等三个方面（见图 1-1）。

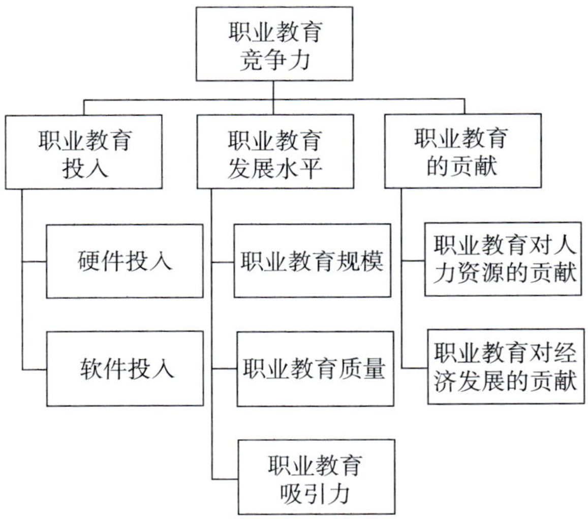

图 1-1　职业教育竞争力的影响要素构成框架图

职业教育投入包括硬件投入和软件投入，其中硬件投入指人力、财力和物力的投入，它们是一个国家职业教育系统维持运转的必要条件；软件投入指教育政策、教育观念、教育管理等，它们是一个国家职业教育发展环境的反映。因为教育的发展需要长期的积累，职业教育投入的作用和功效是间接的和滞后的，它通过推动职业教育系统的运转，由职业教育的产出对职业教育竞争力产生影响。所以，我们认为职业教育投入是一个国家职业教育竞争力的影响因素，而不是职业教育竞争力的直接构成因素。

① 倪鹏飞．中国城市教育竞争力比较［M］．北京：社会科学文献出版社，2009：39-40.

职业教育发展水平是一个国家职业教育系统运转的产出，它可以通过这个国家职业教育发展的规模、质量和吸引力反映出来。职业教育除了自身的产出，还通过培养人才、满足经济发展需要等活动，对经济社会诸多方面产生作用和贡献。职业教育的贡献是一个国家职业教育系统的竞争力的重要表现。

基于以上分析，我们建立了职业教育竞争力评价的火箭模型（见图 1-2），以使职业教育竞争力的量化评价得以实现。

职业教育竞争力评价的火箭模型共三级，第一级是职业教育投入，它是火箭的启动级，有了职业教育投入，职业教育系统的火箭才会发射升空；第二级是职业教育发展水平，它是火箭的中间部分，它把职业教育系统的火箭向高处推进；第三级是职业教育的贡献，它通过职业教育对经济社会的作用与贡献，把职业教育系统的火箭推向更远。

把职业教育竞争力模拟为一个三级火箭，一方面火箭的发射和飞行能反映职业教育竞争力中的力的概念；另一方面，一个火箭冲得越高、飞得越远，它所表示的职业教育竞争力就越强。

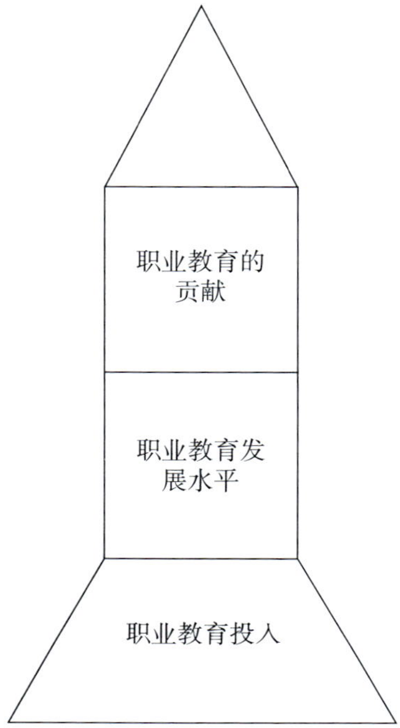

图 1-2 职业教育竞争力评价的火箭模型

基于职业教育竞争力评价的火箭模型，我们把职业教育竞争力评价进一步量化。职业教育投入是火箭的启动级，它对火箭的升空有影响，但不直接决定火箭飞行的高度和距离，所以职业教育投入只作为职业教育竞争力的影响因素，而不参与职业教育竞争力的直接构成运算。职业教育发展水平和职业教育的贡献，作为火箭的第二级和第三级，直接决定火箭升空后飞行的高度和距离，所以它们是职业教育竞争力的直接构成。

我们采用竞争力评价中常用的加权方法对职业教育竞争力进行评价，

即首先建立职业教育竞争力评价指标体系，然后通过指标的加权和，来反映职业教育竞争力的大小。用数学公式表示如下：

设职业教育竞争力评价指标体系有 n（n 为正整数）项指标，每项指标及其无量纲化处理后的数值用 X_i（$1 \leqslant i \leqslant n$）表示，$X_i$ 的权重用 W_i（$1 \leqslant i \leqslant n$）表示，$\sum_{i=1}^{n} W_i = 1$，则职业教育竞争力 F 可表示为 $F = \sum_{i=1}^{n} W_i X_i$。

（三）职业教育竞争力的评价指标体系与计算方法

1. 职业教育竞争力评价指标体系

为了建立职业教育竞争力的评价指标体系，我们对国内外主要教育指标体系进行了系统的梳理，在此基础上对这些指标做了相关分析和一致性检验，筛选出与职业教育竞争力较为相关的指标。

然后，依据职业教育竞争力评价的火箭模型，遵循指标数据的敏感性、可获得性和国际可比性的原则，对这些指标进一步进行遴选，构建了两个维度 11 项指标的职业教育竞争力评价指标体系（见表 1-1）。

表 1-1　职业教育竞争力评价指标体系

指标维度	指标类型	指标名称	指标数据来源
职业教育发展水平	职业教育规模	B 类高等教育净入学率	OECD
		在职培训可获得程度	WEF
	职业教育质量	高中职业课程毕业率	OECD
		B 类高等教育（第一学位）毕业率	OECD
	职业教育吸引力	国际学生或外国留学生占 B 类高等教育学生总数的百分比	OECD
职业教育的贡献	职业教育对人力资源的贡献	25—64 岁中等职业教育学历人口比例	OECD
		25—64 岁 B 类高等教育学历人口比例	OECD
		熟练技术工人可获得程度	IMD

续表

指标维度	指标类型	指标名称	指标数据来源
职业教育的贡献	职业教育对经济发展的贡献	25—64 岁中等职业教育学历人口就业率	OECD
		25—64 岁 B 类高等教育学历人口就业率	OECD
		25—64 岁 B 类高等教育学历就业人口相对收入	OECD

维度一：包括反映职业教育发展水平的职业教育规模、职业教育质量、职业教育吸引力 5 项指标。

维度二：反映职业教育的贡献，包括职业教育对人力资源的贡献、职业教育对经济发展的贡献 6 项指标。

2. 职业教育竞争力评价指标来源及解释说明

为了保证指标的国际可比性和指标数据的可获得性，我们构建的职业教育竞争力评价指标体系中的所有 11 项指标及其数据均选自国际组织公开发布的报告，这些报告包括：世界经济论坛（World Economic Forum，简称 WEF）的《全球竞争力报告 2012—2013》①、国际管理发展学院（Institute for Management Development，简称 IMD）的《世界竞争力年鉴 2012》②、经济合作与发展组织（OECD）的《教育概览 2013：OECD 指标》③。根据指标的数据情况，数据分为硬数据和软数据两类，硬数据指国际组织公布的统计数字，软数据指国际组织采用问卷调查获得的数据。

以下是对 11 项职业教育竞争力评价指标的来源和内涵的简要说明。

---

① WEF. The Global Competitiveness Report 2012-2013 [EB/OL]. [2014-05-09]. http://www.weforum.org/docs/WEF_GlobalCompetitivenessReport_2012-13.pdf.

② IMD. World Competitiveness Yearbook 2012 [EB/OL]. [2014-05-09]. http://www.imd.org/wcc/news-wcy-ranking/.

③ OECD. Education at a Glance 2013: OECD Indicators [EB/OL]. (2014-07-10) [2014-07-10]. http://www.oecd-ilibrary.org/education/education-at-a-glance-2013_eag-2013-en.

（1）指标 1：B 类高等教育净入学率。

OECD《教育概览 2013》对教育阶段的划分采用了联合国教科文组织的《国际教育标准分类法 1997》，该分类法把高等教育分为 A 类和 B 类高等教育两个阶段，其中 B 类高等教育指高等职业教育。B 类高等教育净入学率是指不包括国际学生的男、女生合计的 B 类高等教育净入学率。该指标及其数据取自 OECD 的《教育概览 2013》，该指标数据为硬数据，数据年份为 2011 年。

（2）指标 2：在职培训可获得程度。

在职培训可获得程度是 WEF 为了测评专门研究和培训服务在一个国家的可获得程度而引入的一项软指标，指标数值的获得是基于 WEF 的问卷调查，其打分范围在 1—7 之间：1 = 无法获得，7 = 可获得世界级机构的培训。该指标及其数据取自 WEF 的《全球竞争力报告 2012—2013》，该指标数据为软数据，数据年度为 2011—2012 年。

（3）指标 3：高中职业课程毕业率。

高中职业课程毕业率是指高中的职前/职业课程的男、女生合计的毕业率。该指标及其数据取自 OECD 的《教育概览 2013》，该指标数据为硬数据，数据年份为 2011 年。

（4）指标 4：B 类高等教育（第一学位）毕业率。

B 类高等教育（第一学位）毕业率是指把 B 类高等教育作为第一学位的不包括国际学生的 B 类高等教育毕业率。该指标及其数据取自 OECD 的《教育概览 2013》，该指标数据为硬数据，数据年份为 2011 年。

（5）指标 5：国际学生或外国留学生占 B 类高等教育学生总数的百分比。

国际学生或外国留学生占 B 类高等教育学生总数的百分比是指 B 类高等教育学生总数中的国际学生或外国留学生人数所占的百分比。其中，国际学生是指以学习为目的离开来源国而前往另一个国家的学生，外国留学生是指非数据采集国公民的学生。该指标及其数据取自 OECD 的《教育概览 2013》，该指标数据为硬数据，数据年份为 2010 年。

（6）指标 6：25—64 岁中等职业教育学历人口比例。

25—64 岁中等职业教育学历人口比例是指在 25—64 岁人口中取得高

中或中等后非高等教育职业课程学历的人口比例。该指标及其数据取自OECD的《教育概览2013》，该指标数据为硬数据，数据年份为2011年。

（7）指标7：25—64岁B类高等教育学历人口比例。

25—64岁B类高等教育学历人口比例是指在25—64岁人口中取得B类高等教育学历的人口比例。该指标及其数据取自OECD的《教育概览2013》，该指标数据为硬数据，数据年份为2011年。

（8）指标8：熟练技术工人可获得程度。

熟练技术工人可获得程度是IMD为了测评熟练技术工人在一个国家的可获得程度而引入的一项软指标，指标数值的获得是基于IMD的问卷调查。该指标及其数据取自IMD的《世界竞争力年鉴2012》，该指标数据为软数据，数据年份为2012年。

（9）指标9：25—64岁中等职业教育学历人口就业率。

25—64岁中等职业教育学历人口就业率是指在25—64岁人口中取得中等职业教育学历的人口在劳动力市场上的就业率。该指标及其数据取自OECD的《教育概览2013》，该指标数据为硬数据，数据年份为2011年。

（10）指标10：25—64岁B类高等教育学历人口就业率。

25—64岁B类高等教育学历人口就业率是指在25—64岁人口中取得B类高等教育学历的人口在劳动力市场上的就业率。该指标及其数据取自OECD的《教育概览2013》，该指标数据为硬数据，数据年份为2011年。

（11）指标11：25—64岁B类高等教育学历就业人口相对收入。

25—64岁B类高等教育学历就业人口相对收入是指在25—64岁人口中取得B类高等教育学历的就业人口的相对收入。相对收入是以取得高中或中等后非高等教育学历人口的收入为基准比较值。该指标及其数据取自OECD的《教育概览2013》，该指标数据为硬数据，数据年份为2011年。

3. 职业教育竞争力的计算方法

根据构建的职业教育竞争力评价指标体系，我们采集相关数据对世界上经济和教育较为发达的37个国家①的职业教育竞争力进行了测算和排

① 37个国家包括OECD的34个成员国和中国、俄罗斯、巴西。

序，具体计算方法如下。

首先对所有指标数据进行了无量纲化处理。我们根据指标数据情况，采用了直线型无量纲化方法中的阈值法，对所有指标数据进行无量纲化处理。

使用阈值法，对于正向指标（该指标的数值越大越好），无量纲化处理的计算公式为：$X_i=(x_i-x_{min})/(x_{max}-x_{min})$；对于负向指标（数值越小越好），无量纲化处理的计算公式为 $X_i=(x_{max}-x_i)/(x_{max}-x_{min})$。以上两式中，$X_i$ 为转换后的值，x_{max} 为该指标所有国家的最大样本值，x_{min} 为该指标所有国家的最小样本值，x_i 为该指标第 i 个国家的样本值。用阈值法进行无量纲化处理后的结果取值范围为 0—1。为了方便计算，我们把每个指标进行无量纲化处理后的数值统一乘以 100，并定义为每个指标的指数值，其取值范围为 0—100。

在计算一个国家职业教育竞争力的综合数值时，我们未对每个指标赋予权重，而是采用等权均值的运算方法，即认为每项指标在职业教育竞争力中的作用是一样的。这样，将一个国家每项指标的指数值相加，然后除以 11（全部指标数），便得到该国的职业教育竞争力指数值，依此数值，对 37 个国家的职业教育竞争力进行排序。

（四）世界职业教育竞争力评价

1. 世界职业教育竞争力总体评价

依据职业教育竞争力的评价指标体系与计算方法，我们对 37 个国家的职业教育竞争力进行了评价和排序，具体结果见表 1-2。

表 1-2　37 个国家的职业教育竞争力指数值及其排名

国家名称	职业教育竞争力指数值	排名
瑞　士	68.65	1
芬　兰	67.03	2
新西兰	61.05	3
德　国	55.30	4
比利时	53.74	5

续表

国家名称	职业教育竞争力指数值	排名
丹　麦	52. 92	6
智　利	50. 99	7
澳大利亚	50. 90	8
卢森堡	50. 81	9
斯洛文尼亚	50. 74	10
奥地利	50. 47	11
法　国	49. 54	12
俄罗斯	48. 08	13
英　国	47. 34	14
爱尔兰	47. 13	15
以色列	46. 42	16
加拿大	45. 81	17
冰　岛	45. 15	18
挪　威	44. 73	19
瑞　典	44. 64	20
荷　兰	43. 13	21
日　本	42. 84	22
捷　克	42. 59	23
美　国	40. 98	24
韩　国	39. 25	25
中　国	34. 46	26
西班牙	33. 40	27
葡萄牙	33. 19	28
斯洛伐克	32. 38	29
爱沙尼亚	32. 29	30
希　腊	31. 45	31
意大利	31. 36	32

续表

国家名称	职业教育竞争力指数值	排名
土耳其	29.52	33
波　兰	27.36	34
匈牙利	25.44	35
墨西哥	18.74	36
巴　西	18.12	37

职业教育竞争力指数排名前10位的国家分别是瑞士、芬兰、新西兰、德国、比利时、丹麦、智利、澳大利亚、卢森堡和斯洛文尼亚，排名后10位的国家分别是葡萄牙、斯洛伐克、爱沙尼亚、希腊、意大利、土耳其、波兰、匈牙利、墨西哥和巴西。中国在职业教育竞争力指数上排名第26位。

职业教育竞争力的评价指标体系包括两个维度，其中维度1反映职业教育发展水平，维度2反映职业教育的贡献。这两个维度的评价指数排名见表1-3。

表1-3　37个国家的职业教育发展水平与职业教育贡献指数值及其排名

国家名称	职业教育发展水平指数值	排名	职业教育的贡献指数值	排名
芬　兰	95.83	1	57.43	9
新西兰	85.62	2	44.67	22
瑞　士	68.86	3	68.51	2
卢森堡	65.49	4	44.94	21
澳大利亚	61.36	5	43.92	23
比利时	60.42	6	48.18	16
爱尔兰	52.62	7	42.56	26
法　国	52.57	8	47.52	19
丹　麦	51.32	9	54.26	13
德　国	49.08	10	59.45	7
日　本	48.97	11	35.17	29

续表

国家名称	职业教育发展水平指数值	排名	职业教育的贡献指数值	排名
智　利	48.00	12	54.72	11
英　国	46.57	13	48.11	17
以色列	45.07	14	47.10	20
奥地利	44.93	15	55.09	10
韩　国	42.05	16	35.75	28
斯洛文尼亚	41.37	17	58.55	8
西班牙	39.48	18	28.34	35
美　国	38.17	19	43.09	25
俄罗斯	37.95	20	64.96	3
加拿大	37.49	21	51.36	15
中　国	35.92	22	27.20	36
爱沙尼亚	33.01	23	31.58	32
瑞　典	32.86	24	54.46	12
荷　兰	31.95	25	52.44	14
希　腊	30.42	26	32.31	31
土耳其	30.25	27	28.61	34
冰　岛	26.86	28	63.43	4
捷　克	26.18	29	63.10	5
意大利	25.28	30	37.43	27
挪　威	24.00	31	62.01	6
巴　西	19.06	32	14.40	37
斯洛伐克	18.66	33	43.81	24
匈牙利	16.07	34	33.24	30
波　兰	14.92	35	48.09	18
葡萄牙	14.02	36	81.10	1
墨西哥	10.78	37	29.35	33

在职业教育发展水平指数排名上，排在前10位的国家分别是芬兰、新西兰、瑞士、卢森堡、澳大利亚、比利时、爱尔兰、法国、丹麦和德国。中国排在第22位。

在职业教育的贡献指数排名上，排在前10位的国家分别是葡萄牙、瑞士、俄罗斯、冰岛、捷克、挪威、德国、斯洛文尼亚、芬兰和奥地利。中国排在第36位。

2. 世界职业教育发展水平评价

在职业教育竞争力评价指标体系中，反映职业教育发展水平的指标包括职业教育规模、职业教育质量、职业教育吸引力3个方面的5项指标。

（1）职业教育规模。反映职业教育规模的指标有B类高等教育净入学率、在职培训可获得程度两项，37个国家的职业教育规模指标指数值及其排名结果见表1-4。

表1-4　37个国家的职业教育规模指标指数值及其排名

国家名称	职业教育规模指数	排名	B类高等教育净入学率指数	排名	在职培训可获得程度指数	排名
芬　兰	91. 67	1			91. 67	2
卢森堡	87. 50	2			87. 50	3
美　国	75. 00	3			75. 00	9
智　利	72. 92	4	100. 00	1	45. 83	21
新西兰	71. 24	5	75. 81	2	66. 67	14
瑞　士	68. 42	6	36. 84	15	100. 00	1
日　本	67. 78	7	48. 06	7	87. 50	3
比利时	65. 57	8	64. 47	3	66. 67	14
加拿大	62. 50	9			62. 50	16
丹　麦	61. 46	10	43. 76	12	79. 17	8
澳大利亚	58. 33	11			58. 33	18
英　国	57. 04	12	39. 08	14	75. 00	9
爱尔兰	55. 48	13	40. 12	13	70. 83	13

续表

国家名称	职业教育规模指数	排名	B 类高等教育净入学率指数	排名	在职培训可获得程度指数	排名
德　国	55. 46	14	35. 92	16	75. 00	9
韩　国	54. 07	15	62. 30	4	45. 83	21
以色列	51. 97	16	45. 60	11	58. 33	18
瑞　典	50. 69	17	18. 04	21	83. 33	5
奥地利	50. 68	18	26. 36	20	75. 00	9
巴　西	50. 00	19			50. 00	20
法　国	45. 83	20			45. 83	21
爱沙尼亚	44. 49	21	47. 31	8	41. 67	24
挪　威	41. 75	22	0. 18	27	83. 33	5
荷　兰	41. 75	22	0. 17	28	83. 33	5
土耳其	39. 73	24	46. 12	10	33. 33	27
中　国	37. 06	25	32. 46	17	41. 67	24
俄罗斯	36. 66	26	52. 48	6	20. 83	31
冰　岛	34. 82	27	7. 15	23	62. 50	16
西班牙	31. 70	28	46. 74	9	16. 67	34
捷　克	28. 63	29	15. 60	22	41. 67	24
希　腊	28. 39	30	52. 61	5	4. 17	36
斯洛文尼亚	25. 21	31	29. 58	18	20. 83	31
匈牙利	20. 66	32	28. 82	19	12. 50	35
墨西哥	19. 03	33	4. 73	24	33. 33	27
波　兰	17. 38	34	1. 42	26	33. 33	27
葡萄牙	14. 58	35	0. 00	29	29. 17	30
斯洛伐克	11. 37	36	1. 90	25	20. 83	31
意大利	0. 00	37			0. 00	37

注：表格中的空白栏表示该项数据缺失，下同。

在职业教育规模指数上，排在前10位的国家分别是芬兰、卢森堡、美国、智利、新西兰、瑞士、日本、比利时、加拿大、丹麦。中国排在第25位。

在B类高等教育净入学率指数上，排在前10位的国家分别是智利、新西兰、比利时、韩国、希腊、俄罗斯、日本、爱沙尼亚、西班牙和土耳其。中国排在第17位。

在在职培训可获得程度指数上，排在前10位的国家分别是瑞士、芬兰、卢森堡、日本、瑞典、挪威、荷兰、丹麦、美国、英国、德国和奥地利，其中日本与卢森堡，瑞典、挪威与荷兰，英国、德国、奥地利和美国名次并列。中国排在第24位。

（2）职业教育质量。反映职业教育质量的指标包括高中职业课程毕业率、B类高等教育（第一学位）毕业率两项，37个国家的职业教育质量指标指数值及其排名结果见表1-5。

表1-5　37个国家的职业教育质量指标指数值及其排名

国家名称	职业教育质量指数	排名	高中职业课程毕业率指数	排名	B类高等教育毕业率指数	排名
芬　兰	100.00	1	100.00	1		
新西兰	100.00	1			100.00	1
比利时	76.70	3	66.95	8	86.45	2
斯洛文尼亚	76.61	4	74.52	4	78.70	4
法　国	71.52	5	68.85	7	74.20	5
瑞　士	69.30	6	72.87	5	65.73	9
爱尔兰	64.97	7	68.92	6	61.02	11
澳大利亚	60.89	8	49.48	15	72.29	6
奥地利	56.86	9	75.39	2	38.33	20
俄罗斯	56.78	10	43.04	19	70.53	7
中　国	52.73	11	51.32	14	54.13	14
西班牙	51.66	12	51.82	13	51.51	15

续表

国家名称	职业教育质量指数	排名	高中职业课程毕业率指数	排名	B类高等教育毕业率指数	排名
韩　国	50. 31	13	19. 08	30	81. 54	3
智　利	46. 43	14	27. 78	26	65. 07	10
英　国	45. 90	15			45. 90	17
日　本	45. 00	16	19. 96	29	70. 05	8
卢森堡	43. 47	17	43. 47	18		
德　国	42. 70	18	44. 92	16	40. 47	19
丹　麦	39. 82	19	44. 81	17	34. 84	21
荷　兰	37. 98	20	74. 58	3	1. 38	32
爱沙尼亚	37. 51	21	20. 72	28	54. 31	13
希　腊	36. 11	22	31. 18	25	41. 05	18
土耳其	35. 48	23	22. 46	27	48. 49	16
美　国	34. 47	24			34. 47	22
斯洛伐克	34. 13	25	65. 59	9	2. 67	29
捷　克	33. 37	26	53. 69	11	13. 04	26
意大利	31. 45	27	61. 40	10	1. 49	31
以色列	31. 28	28	31. 28	24		
瑞　典	30. 76	29	42. 06	20	19. 46	24
冰　岛	29. 64	30	52. 69	12	6. 60	27
加拿大	28. 54	31	0. 00	34	57. 08	12
波　兰	19. 65	32	37. 28	21	2. 02	30
匈牙利	18. 52	33	14. 54	31	22. 49	23
葡萄牙	18. 12	34	36. 25	22	0. 00	34
挪　威	17. 14	35	33. 10	23	1. 19	33
巴　西	12. 77	36	8. 95	32	16. 59	25
墨西哥	2. 53	37	0. 12	33	4. 94	28

在职业教育质量指数上，排在前 10 位的国家分别是芬兰、新西兰、比利时、斯洛文尼亚、法国、瑞士、爱尔兰、澳大利亚、奥地利和俄罗斯。中国排在第 11 位。

在高中职业课程毕业率指数上，排在前 10 位的国家分别是芬兰、奥地利、荷兰、斯洛文尼亚、瑞士、爱尔兰、法国、比利时、斯洛伐克和意大利。中国排在第 14 位。

在 B 类高等教育（第一学位）毕业率指数上，排在前 10 位的国家分别是新西兰、比利时、韩国、斯洛文尼亚、法国、澳大利亚、俄罗斯、日本、瑞士和智利。中国排在第 14 位。

（3）职业教育吸引力。反映职业教育吸引力的指标是国际学生或外国留学生占 B 类高等教育学生总数的百分比，37 个国家的该项指标指数值及其排名结果见表 1-6。排在前 10 位的国家分别是新西兰、澳大利亚、丹麦、意大利、西班牙、加拿大、英国、希腊、爱尔兰和法国，中国排在第 31 位。

表 1-6 37 个国家的职业教育吸引力指标指数值及其排名

国家名称	职业教育吸引力指数	国际学生或外国留学生占 B 类高等教育学生总数的百分比指数	排名
新西兰	100. 00	100. 00	1
澳大利亚	65. 34	65. 34	1
丹　麦	54. 03	54. 03	3
意大利	38. 24	38. 24	4
西班牙	30. 66	30. 66	5
加拿大	30. 36	30. 36	6
英　国	26. 30	26. 30	7
希　腊	23. 08	23. 08	8
爱尔兰	22. 21	22. 21	9
法　国	21. 38	21. 38	10
日　本	19. 29	19. 29	11

续表

国家名称	职业教育吸引力指数	国际学生或外国留学生占 B 类高等教育学生总数的百分比指数	排名
比利时	17.57	17.57	12
奥地利	9.56	9.56	13
捷　克	6.90	6.90	14
冰　岛	5.38	5.38	15
美　国	5.05	5.05	16
葡萄牙	4.69	4.69	17
斯洛文尼亚	3.19	3.19	18
俄罗斯	2.89	2.89	19
斯洛伐克	2.30	2.30	20
挪　威	2.19	2.19	21
匈牙利	2.01	2.01	22
韩　国	1.47	1.47	23
瑞　典	1.40	1.40	24
智　利	1.31	1.31	25
爱沙尼亚	1.04	1.04	26
土耳其	0.83	0.83	27
巴　西	0.68	0.68	28
波　兰	0.55	0.55	29
荷　兰	0.29	0.29	30
中　国	0.00	0.00	31
瑞　士			
芬　兰			
德　国			
卢森堡			
以色列			
墨西哥			

3. 世界职业教育贡献评价

在职业教育竞争力评价指标体系中，反映职业教育贡献的指标包括职业教育对人力资源的贡献、职业教育对经济发展的贡献两个方面的 6 项指标。

（1）职业教育对人力资源的贡献。反映职业教育对人力资源的贡献有 3 项指标，分别是 25—64 岁中等职业教育学历人口比例、25—64 岁 B 类高等教育学历人口比例、熟练技术工人可获得程度，37 个国家的职业教育对人力资源贡献指标指数值及其排名结果见表 1-7。

表 1-7　37 个国家的职业教育对人力资源贡献指标指数值及其排名

国家名称	职业教育对人力资源贡献指数	排名	25—64 岁中等职业教育学历人口比例指数	排名	25—64 岁 B 类高等教育学历人口比例指数	排名	熟练技术工人可获得程度指数	排名
捷　克	81.90	1	100.00	1			63.80	15
俄罗斯	77.70	2			100.00	1	55.40	22
波　兰	68.00	3	75.01	3			61.00	18
日　本	63.97	4			75.54	3	52.40	24
芬　兰	62.38	5	45.21	10	53.34	8	88.60	4
葡萄牙	62.20	6					62.20	17
斯洛文尼亚	56.62	7	70.52	6	40.94	15	58.40	20
丹　麦	55.30	8	52.06	7	19.25	24	94.60	2
加拿大	55.04	9	5.30	24	92.82	2	67.00	13
爱尔兰	53.61	10	6.37	23	54.47	7	100.00	1
美　国	53.58	11			37.37	18	69.80	12
意大利	52.93	12	35.67	14			70.20	11
瑞　士	52.82	13	45.73	9	38.93	16	73.80	8
德　国	51.31	14	72.36	5	40.98	14	40.60	32
以色列	50.30	15	3.59	25	57.31	6	90.00	3
瑞　典	48.27	16	34.49	15	32.53	21	77.80	6

续表

国家名称	职业教育对人力资源贡献指数	排名	25—64岁中等职业教育学历人口比例指数	排名	25—64岁B类高等教育学历人口比例指数	排名	熟练技术工人可获得程度指数	排名
卢森堡	48. 14	17	50. 17	8	44. 05	12	50. 20	25
比利时	46. 93	18	27. 08	18	65. 72	4	48. 00	27
斯洛伐克	46. 27	19	91. 24	2	2. 58	28	45. 00	28
奥地利	46. 26	20	74. 85	4	25. 92	23	38. 00	34
英　国	44. 81	21			35. 62	19	54. 00	23
韩　国	44. 27	22			46. 55	9	42. 00	30
法　国	43. 88	23	33. 56	16	42. 07	13	56. 00	21
智　利	43. 75	24			44. 50	10	43. 00	29
新西兰	41. 16	25	25. 35	19	57. 72	5	40. 40	33
冰　岛	39. 99	26	30. 85	17	12. 51	25	76. 60	7
希　腊	39. 29	27	9. 97	22	27. 49	22	80. 40	5
荷　兰	38. 44	28	36. 75	11	7. 37	26	71. 20	10
挪　威	35. 79	29	36. 17	13	6. 18	27	65. 00	14
西班牙	35. 02	30	0. 00	27	33. 65	20	71. 40	9
澳大利亚	32. 19	31	16. 73	21	38. 05	17	41. 80	31
土耳其	31. 13	32	0. 06	26			62. 20	16
墨西哥	30. 31	33			1. 82	29	58. 80	19
中　国	27. 20	34					27. 20	35
爱沙尼亚	26. 92	35	36. 33	12	44. 43	11	0. 00	37
匈牙利	23. 75	36	21. 24	20	0. 00	30	50. 00	26
巴　西	14. 40	37					14. 40	36

在职业教育对人力资源贡献指数上，排在前 10 位的国家分别是捷克、俄罗斯、波兰、日本、芬兰、葡萄牙、斯洛文尼亚、丹麦、加拿大和爱尔兰。中国排在第 34 位。

在 25—64 岁中等职业教育学历人口比例指数上，排在前 10 位的国家分别是捷克、斯洛伐克、波兰、奥地利、德国、斯洛文尼亚、丹麦、卢森堡、瑞士和芬兰。

在25—64岁B类高等教育学历人口比例指数上，排在前10位的国家分别是俄罗斯、加拿大、日本、比利时、新西兰、以色列、爱尔兰、芬兰、韩国和智利。

在熟练技术工人可获得程度指数上，排在前10位的国家分别是爱尔兰、丹麦、以色列、芬兰、希腊、瑞典、冰岛、瑞士、西班牙和荷兰。

（2）职业教育对经济发展的贡献。反映职业教育对经济发展的贡献有三项指标，分别是25—64岁中等职业教育学历人口就业率、25—64岁B类高等教育学历人口就业率、25—64岁B类高等教育学历就业人口相对收入，37个国家的职业教育对经济发展贡献指标指数值及其排名结果见表1-8。

表1-8　37个国家的职业教育对经济发展贡献指标指数值及其排名

国家名称	职业教育对经济发展贡献指数	排名	25—64岁中等职业教育学历人口就业率指数	排名	25—64岁B类高等教育学历人口就业率指数	排名	25—64岁B类高等教育学历就业人口相对收入指数	排名
葡萄牙	100.00	1					100.00	1
冰　岛	98.60	2	100.00	1	97.20	2		
挪　威	88.24	3	82.60	5	91.38	3	90.73	3
瑞　士	84.20	4	82.96	4	100.00	1	69.65	6
德　国	67.59	5	63.22	10	78.57	4	60.98	9
荷　兰	66.44	6	73.60	7	45.68	19	80.03	5
智　利	65.68	7			42.49	20	88.87	4
奥地利	63.93	8	61.53	11	64.73	6	65.52	8
瑞　典	60.64	9	95.23	2	64.15	7	22.52	26
斯洛文尼亚	60.47	10	28.94	19	58.48	8	93.99	2
澳大利亚	55.66	11	88.60	3	47.11	18	31.25	24
丹　麦	53.21	12	67.91	8	54.52	12	37.21	21
芬　兰	52.47	13	44.80	16	57.66	10	54.95	10

续表

国家名称	职业教育对经济发展贡献指数	排名	25—64岁中等职业教育学历人口就业率指数	排名	25—64岁B类高等教育学历人口就业率指数	排名	25—64岁B类高等教育学历就业人口相对收入指数	排名
英　国	51.41	14			51.42	13	51.39	13
法　国	51.16	15	39.32	18	67.40	5	46.74	16
比利时	49.42	16	52.15	13	57.78	9	38.33	19
新西兰	48.18	17	82.19	6	51.28	14	11.07	27
加拿大	47.67	18	63.80	9	47.65	17	31.58	23
捷　克	44.30	19	48.70	14			39.90	17
以色列	43.90	20	59.52	12	35.44	22	36.74	22
匈牙利	42.74	21	26.05	21	48.38	16	53.80	11
斯洛伐克	41.34	22	26.91	20	48.80	15	48.32	15
卢森堡	40.14	23	24.88	22	55.39	11		
俄罗斯	39.49	24			39.49	21		
爱沙尼亚	38.57	25	46.83	15	30.31	23		
美　国	32.60	26			26.41	26	38.79	18
爱尔兰	31.51	27	0.00	27	28.82	24	65.70	7
墨西哥	27.43	28			27.43	25		
韩　国	27.23	29			16.49	28	37.98	20
土耳其	26.09	30	1.64	26			50.53	14
希　腊	25.33	31	13.78	24	9.20	30	53.01	12
意大利	21.93	32	43.85	17	0.00	31		
西班牙	21.67	33	14.74	23	23.11	27	27.16	25
波　兰	8.27	34	8.27	25				
日　本	6.38	35			12.75	29	0.00	28
中　国								
巴　西								

在职业教育对经济发展贡献指数上，排在前 10 位的国家分别是葡萄牙、冰岛、挪威、瑞士、德国、荷兰、智利、奥地利、瑞典和斯洛文尼亚。

在 25—64 岁中等职业教育学历人口就业率指数上，排在前 10 位的国家分别是冰岛、瑞典、澳大利亚、瑞士、挪威、新西兰、荷兰、丹麦、加拿大和德国。

在 25—64 岁 B 类高等教育学历人口就业率指数上，排在前 10 位的国家分别是瑞士、冰岛、挪威、德国、法国、奥地利、瑞典、斯洛文尼亚、比利时和芬兰。

在 25—64 岁 B 类高等教育学历就业人口相对收入指数上，排在前 10 位的国家分别是葡萄牙、斯洛文尼亚、挪威、智利、荷兰、瑞士、爱尔兰、奥地利、德国和芬兰。

二、世界职业教育竞争力的变动特征与主流趋势

（一）世界职业教育竞争力的变动特征

1. 不同国家职业教育竞争力的总体分布

职业教育竞争力排名居于前 10 位的国家依次是：瑞士、芬兰、新西兰、德国、比利时、丹麦、智利、澳大利亚、卢森堡和斯洛文尼亚。但从构成职业教育竞争力的 5 类指标（职业教育规模、职业教育质量、职业教育吸引力、职业教育对人力资源的贡献、职业教育对经济发展的贡献）的排名来看（见表 1-9），发展并不均衡。

表 1-9　职业教育竞争力前 10 位国家的 5 类指标排名

国家名称	职业教育竞争力	职业教育规模	职业教育质量	职业教育吸引力	职业教育对人力资源的贡献	职业教育对经济发展的贡献
瑞　士	1	6	6		13	4
芬　兰	2	1	1		5	13

续表

国家名称	职业教育竞争力	职业教育规模	职业教育质量	职业教育吸引力	职业教育对人力资源的贡献	职业教育对经济发展的贡献
新西兰	3	5	1	1	25	17
德　国	4	14	18		14	5
比利时	5	8	3	12	18	16
丹　麦	6	10	19	3	8	12
智　利	7	4	14	25	24	7
澳大利亚	8	11	8	1	31	11
卢森堡	9	2	17		17	23
斯洛文尼亚	10	31	4	18	7	10
平均排名	5.5	9.2	9.1	10	16.2	11.8

注：表格中的空白栏表示该项数据缺失，下同。

如职业教育竞争力排名第一的瑞士在职业教育对人力资源的贡献上排到了第13位，排名第二的芬兰在职业教育对经济发展的贡献上排在了第13位，排名第三的新西兰在职业教育对人力资源的贡献上排到了第25位。从平均排名来看，职业教育竞争力居于前10位的国家，职业教育规模的平均位次为9.2，职业教育质量的平均位次为9.1，职业教育吸引力的平均位次为10，职业教育对人力资源的贡献的平均位次为16.2，职业教育对经济发展的贡献的平均位次为11.8。这说明，职业教育竞争力较强的国家，其在职业教育发展水平方面具有较强的竞争优势，但在职业教育的贡献方面优势并不明显。

职业教育竞争力位于后10位的国家分别是：葡萄牙、斯洛伐克、爱沙尼亚、希腊、意大利、土耳其、波兰、匈牙利、墨西哥和巴西。从5类指标的排名来看（见表1-10），这些整体排名靠后的国家各分项的排名也大多靠后。从平均排名来看，这些国家在职业教育规模、职业教育质量方面表现出较明显的弱势。

表 1-10　职业教育竞争力后 10 位国家的 5 类指标排名

国家名称	职业教育竞争力	职业教育规模	职业教育质量	职业教育吸引力	职业教育对人力资源的贡献	职业教育对经济发展的贡献
葡萄牙	28	35	34	17	6	1
斯洛伐克	29	36	25	20	19	22
爱沙尼亚	30	21	21	26	35	25
希　腊	31	30	22	8	27	31
意大利	32	37	27	4	12	32
土耳其	33	24	23	27	32	30
波　兰	34	34	32	29	3	34
匈牙利	35	32	33	22	36	21
墨西哥	36	33	37		33	28
巴　西	37	19	36	28	37	
平均排名	32.5	30.1	29	20.1	24	24.9

职业教育竞争力排名居于第 11—27 位国家 5 类指标的平均排名与其职业教育竞争力的平均排名大体相当（见表 1-11），各项竞争力处于中等水平。

表 1-11　职业教育竞争力第 11—27 位国家的 5 类指标排名

国家名称	职业教育竞争力	职业教育规模	职业教育质量	职业教育吸引力	职业教育对人力资源的贡献	职业教育对经济发展的贡献
奥地利	11	18	9	13	20	8
法　国	12	20	5	10	23	15
俄罗斯	13	26	10	19	2	24
英　国	14	12	15	7	21	14
爱尔兰	15	13	7	9	10	27
以色列	16	16	28		15	20
加拿大	17	9	31	6	9	18
冰　岛	18	27	30	15	26	2

续表

国家名称	职业教育竞争力	职业教育规模	职业教育质量	职业教育吸引力	职业教育对人力资源的贡献	职业教育对经济发展的贡献
挪　威	19	22	35	21	29	3
瑞　典	20	17	29	24	16	9
荷　兰	21	22	20	30	28	6
日　本	22	7	16	11	4	35
捷　克	23	29	26	14	1	19
美　国	24	3	24	16	11	26
韩　国	25	15	13	23	22	29
中　国	26	25	11	31	34	
西班牙	27	28	12	5	30	33
平均排名	19	18.2	18.9	15.9	17.7	18

综合表 1-9、表 1-10 和表 1-11 来看，在职业教育竞争力的 5 类指标上，37 个国家的排名格局具有一定的复杂性，不同国家在不同的方面有着不同的表现，同一国家不同类指标的排名也不尽均衡。

2. 职业教育竞争力提升过程中的结构性变动

为了对职业教育竞争力提升过程中的结构性变动特征进行分析，我们依据 37 个国家职业教育竞争力的综合评价指数及其排名结果，将这些国家分为高、中、低三组，即：将排名在 1—12 位的国家定义为职业教育竞争力的高水平组，包括瑞士、芬兰、新西兰、德国、比利时、丹麦、智利、澳大利亚、卢森堡、斯洛文尼亚、奥地利和法国 12 个国家；将排名在 13—24 位的国家定义为职业教育竞争力的中水平组，包括俄罗斯、英国、爱尔兰、以色列、加拿大、冰岛、挪威、瑞典、荷兰、日本、捷克和美国 12 个国家；将排名在 25—37 位的国家定义为职业教育竞争力的低水平组，包括韩国、中国、西班牙、葡萄牙、斯洛伐克、爱沙尼亚、希腊、意大利、土耳其、波兰、匈牙利、墨西哥和巴西 13 个国家。希望通过对其各项指标的排名进行简单平均，从各组平均排名的变动来观察职业教育竞争力的结构性变动规律（见表 1-12）。

表 1-12　职业教育竞争力高、中、低三组各指标的平均排名

指标类型	指标名称	高（1—12 名）	中（13—24 名）	低（25—37 名）
职业教育规模	B 类高等教育净入学率	10.9	17.2	16.0
	在职培训可获得程度	12.6	12.8	28.7
职业教育质量	高中职业课程毕业率	10.8	18.1	22.7
	B 类高等教育（第一学位）毕业率	9.7	19.9	21.5
职业教育吸引力	国际学生或外国留学生占 B 类高等教育学生总数的百分比	10.4	15.6	20.0
职业教育对人力资源的贡献	25—64 岁中等职业教育学历人口比例	11.2	16.1	15.8
	25—64 岁 B 类高等教育学历人口比例	13.4	14.1	21.3
	熟练技术工人可获得程度	22.2	12.5	22.1
职业教育对经济发展的贡献	25—64 岁中等职业教育学历人口就业率	11.8	9.6	21.4
	25—64 岁 B 类高等教育学历人口就业率	9.8	16.6	24.4
	25—64 岁 B 类高等教育学历就业人口相对收入	13.3	16.2	14.0

从表 1-12 职业教育竞争力评价的 11 项指标的平均排名来看，低、中、高三组中，在职业教育竞争力总排名上升的同时，各项指标的排名基本上也随着上升。同时还可以看出，各组的排名结构表现出了差异性。在高水平组中，排名居于前三位的分别是：B 类高等教育（第一学位）毕业率、25—64 岁 B 类高等教育学历人口就业率、国际学生或外国留学生占 B 类高等教育学生总数的百分比。在中水平组，排名居于前三位的分别是：

25—64 岁中等职业教育学历人口就业率、熟练技术工人可获得程度、在职培训可获得程度。在低水平组中，排名居于前三位的分别是：25—64 岁 B 类高等教育学历就业人口相对收入、25—64 岁中等职业教育学历人口比例、B 类高等教育净入学率。而高水平组在熟练技术工人可获得程度这一指标上排名较低；中水平组则在 B 类高等教育（第一学位）毕业率方面表现较差；低水平组在职培训可获得程度排名落后。

职业教育竞争力高、中、低三组 5 类指标排名的平均值情况见表 1-13，从各组的排名结构中，可以较为清晰地发现在职业教育竞争力提升的过程中，指标结构所发生的变化。在低、中、高三组职业教育竞争力总排名上升的同时，5 类指标的平均排名也随着上升。

表 1-13　职业教育竞争力高、中、低三组 5 类指标排名的平均值

指标类型	高（1—12 名）	中（13—24 名）	低（25—37 名）
职业教育规模	10. 8	16. 9	28. 4
职业教育质量	8. 8	22. 6	25. 1
职业教育吸引力	10. 4	15. 6	20. 0
职业教育对人力资源的贡献	17. 1	14. 3	25. 1
职业教育对经济发展的贡献	11. 8	16. 9	26. 0

在职业教育竞争力高、中、低三组中，领先的指标存在着差异性。在低竞争力组，排名相对领先的是职业教育吸引力、职业教育对人力资源的贡献；在中竞争力组，排名领先的是职业教育对人力资源的贡献、职业教育吸引力、职业教育规模；在高竞争力组，领先的是职业教育质量、职业教育吸引力、职业教育规模、职业教育对经济发展的贡献。在高竞争力组排名领先的职业教育质量、职业教育规模这两项指标在中水平组、低水平组则是排名相对较为落后的。

由此，对职业教育竞争力提升过程中的结构性变动特征，我们可以大致进行这样的概括：在职业教育竞争力的初级阶段，主要是“职业教育吸引力、职业教育对人力资源的贡献”指标在起作用；在职业教育竞争力的中级阶段，起作用的指标则是“职业教育规模、职业教育对人力资源的贡献”；在职业教育竞争力的高级阶段，则主要是“职业教育质量、职业教育对经济发展的贡献”指标在发挥作用。职业教育的发展大体上呈现出“吸引力—对人力资源的贡献—规模—质量—对经济发展的贡献”这一发展的结构变动过程。即随着职业教育竞争力的提升，职业教育的竞争力特性从对人力资源的贡献转变到对经济发展的贡献。

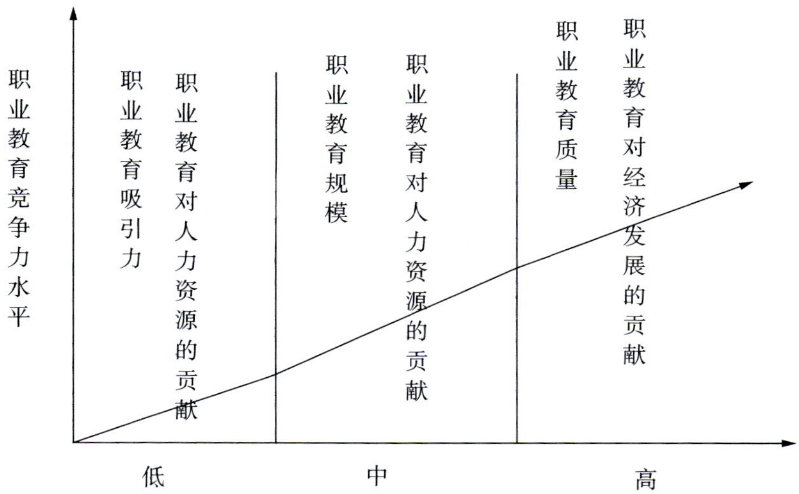

图 1-3　职业教育竞争力的结构性变动特征

3. 不同发展水平国家的职业教育竞争力比较

为了分析处于不同发展水平的国家在职业教育竞争力水平上的差异，我们分别按照人均 GDP 水平、人均公共教育支出水平及公共教育支出占 GDP 的比例，将 37 个国家进行分类，期望可以发现不同组别在职业教育竞争力水平方面的共性和差异性。

（1）不同经济发展水平国家的职业教育竞争力比较。根据 IMD《世界竞争力年鉴 2012》公布的数据[①]，我们按照人均 GDP 水平将 37 个国家分

① 此数据为 2011 年数据。数据来源：IMD. World Competitiveness Yearbook 2012 [EB/OL]. (2012-05-31) [2013-03-20]. http://www.imd.org/wcc/news-wcy-ranking/.

为 20000 美元以下、20000—40000 美元、40000—60000 美元、60000 美元以上 4 组，并计算了每组国家职业教育竞争力排名的平均值（见表 1-14）及职业教育竞争力 5 大分项指标排名的平均值（见表 1-15）。

表 1-14　按人均 GDP 的国家分类及其职业教育竞争力平均排名

人均 GDP（美元）	国家个数	国家名称	平均排名
60000 以上	4	卢森堡、挪威、瑞士、澳大利亚	9.3
40000—60000	13	丹麦、瑞典、加拿大、荷兰、奥地利、芬兰、爱尔兰、美国、比利时、日本、德国、法国、冰岛	13.6
20000—40000	10	英国、新西兰、意大利、西班牙、以色列、希腊、斯洛文尼亚、韩国、葡萄牙、捷克	20.9
20000 以下	10	斯洛伐克、爱沙尼亚、智利、匈牙利、波兰、俄罗斯、巴西、土耳其、墨西哥、中国	28.0

在职业教育竞争力排名前 10 名的国家中，瑞士、澳大利亚和卢森堡 3 个国家的人均 GDP 在 60000 美元以上，芬兰、丹麦、德国和比利时 4 个国家的人均 GDP 为 40000—60000 美元，新西兰、斯洛文尼亚的人均 GDP 为 20000—40000 美元，只有智利的人均 GDP 低于 20000 美元。随着人均 GDP 水平的提高，职业教育竞争力的平均排名也在提高，这在一定程度上反映出经济发展水平高的国家，其职业教育竞争力也比较高。

从表 1-15 中不同人均 GDP 国家组的 5 类指标平均排名来看，随着人均 GDP 水平的提高，职业教育规模、职业教育质量和职业教育对经济发展贡献的平均排名也随之提高。这表明职业教育发展和经济发展的紧密联系更多地体现在职业教育规模、职业教育质量和职业教育对经济发展的贡献上。而职业教育吸引力、职业教育对人力资源的贡献这两类指标，随着国家经济水平的提高，其发挥的作用也在逐渐弱化。表 1-15 显示，在人均 GDP60000 美元以上的这一组国家，其职业教育对人力资源的贡献的作用已经淡出。

表 1-15 不同人均 GDP 国家组职业教育竞争力 5 类指标平均排名

指标类型	60000 美元以上	40000—60000 美元	20000—40000 美元	20000 美元以下
职业教育规模	10. 3	13. 0	23. 8	25. 4
职业教育质量	16. 5	16. 3	18. 2	24. 2
职业教育吸引力	11. 0	13. 5	10. 8	25. 2
职业教育对人力资源的贡献	22. 5	14. 8	16. 6	25. 5
职业教育对经济发展的贡献	10. 3	14. 8	20. 6	23. 9

（2）不同教育投入水平国家的高等教育竞争力比较。根据 IMD《世界竞争力年鉴 2012》公布的数据①，我们按照人均公共教育支出水平，把 37 个国家分为 4000 美元以上、3000—4000 美元、2000—3000 美元、1000—2000 美元、1000 美元以下 5 组，并计算了每组国家职业教育竞争力排名的平均值（见表 1-16）及职业教育竞争力 5 类指标排名的平均值（见表 1-17）。

表 1-16 按人均公共教育支出水平的国家分类及其职业教育竞争力平均排名

人均公共教育支出水平（美元）	国家个数	国家名称	平均排名
4000 以上	3	挪威、丹麦、卢森堡	11. 3
3000—4000	5	瑞士、瑞典、冰岛、澳大利亚、美国	14. 2
2000—3000	9	芬兰、比利时、荷兰、爱尔兰、加拿大、奥地利、法国、英国、以色列	12. 6
1000—2000	8	新西兰、德国、意大利、日本、葡萄牙、西班牙、斯洛文尼亚、希腊	19. 6

① 此数据为 2010 年数据。数据来源：IMD. World Competitiveness Yearbook 2012 [EB/OL]. [2014-07-12]. http://www.imd.org/wcc/news-wcy-ranking/.

续表

人均公共教育支出水平（美元）	国家个数	国家名称	平均排名
1000 以下	12	爱沙尼亚、韩国、捷克、斯洛伐克、匈牙利、波兰、巴西、智利、土耳其、墨西哥、俄罗斯、中国	27.3

从表 1-16 可以看出，一个国家公共教育的投入与该国职业教育竞争力水平基本呈正相关关系。除了 2000—3000 美元一组的平均排名略高于 3000—4000 美元一组外，随着人均公共教育支出的提高，职业教育竞争力的平均排名也随着提高。

表 1-17 则表明，随着人均公共教育支出水平的提高，职业教育规模的平均排名也在提高，显示出职业教育的发展规模与公共教育投入是紧密相关的。而其他类指标的平均排名并没有表现出明显的提高，这是因为人均公共教育支出并不等同于职业教育支出，还有影响一国职业教育竞争力的因素除了教育投入水平之外，与一国的教育体制、职业教育在教育体系中的地位及职业教育政策环境有着非常密切的关系。公共教育投入水平仅仅是影响一国职业教育竞争力的诸多复杂因素之一。

表 1-17　不同人均公共教育支出水平国家组职业教育竞争力 5 类指标平均排名

指标类型	4000 美元以上	3000—4000 美元	2000—3000 美元	1000—2000 美元	1000 美元以下
职业教育规模	11.3	12.8	13.2	23.4	24.8
职业教育质量	23.7	19.4	13.2	16.8	23.4
职业教育吸引力	12.0	14.0	12.4	9.1	24.0
职业教育对人力资源的贡献	18.0	19.4	16.6	15.6	23.2
职业教育对经济发展的贡献	12.7	10.4	15.2	20.5	23.9

同样地，根据 IMD《世界竞争力年鉴 2009》公布的数据①，我们按照

① 此数据为 2010 年数据。数据来源：IMD. World Competitiveness Yearbook 2012 [R]. [2014-07-12]. http://www.imd.org/wcc/news-wcy-ranking/.

公共教育支出占 GDP 的百分比，将 37 个国家分为 7%及以上、6%—7%（含 6%）、5%—6%（含 5%）、4%—5%（含 4%）和 4%以下 5 组，并计算了每组国家职业教育竞争力的平均排名（见表 1-18）及职业教育竞争力 5 类指标平均排名（见表 1-19）。

表 1-18　按公共教育支出占 GDP 比例的国家分类及其职业教育竞争力平均排名

公共教育支出占 GDP 的百分比	国家个数	国家名称	平均排名
7%及以上	6	冰岛、以色列、丹麦、瑞典、英国、葡萄牙	17.0
6%—7%（含 6%）	6	美国、芬兰、比利时、加拿大、法国、新西兰	10.5
5%—6%（含 5%）	12	挪威、荷兰、澳大利亚、爱沙尼亚、奥地利、斯洛文尼亚、爱尔兰、瑞士、匈牙利、波兰、西班牙、巴西	20.7
4%—5%（含 4%）	6	意大利、韩国、斯洛伐克、卢森堡、德国、捷克	20.3
4%以下	7	希腊、土耳其、墨西哥、日本、智利、中国、俄罗斯	24.0

表 1-19　公共教育支出占 GDP 比例国家组职业教育竞争力 5 类指标平均排名

指标类型	7%及以上	6%—7%（含 6%）	5%—6%（含 5%）	4%—5%（含 4%）	4%以下
职业教育规模	19.5	7.7	21.4	22.2	21.3
职业教育质量	25.8	10.8	18.6	21.0	19.0
职业教育吸引力	13.2	9.0	18.4	15.3	20.2
职业教育对人力资源的贡献	15.3	15.2	23.3	14.2	22.3
职业教育对经济发展的贡献	9.7	17.5	16.5	21.7	25.8

职业教育竞争力和公共教育支出占 GDP 比例之间没有表现出显著的

正相关关系，职业教育竞争力的排名并没有随着公共教育支出占 GDP 比例的提高而上升。例如，公共教育支出比例在 6%—7%的国家平均排名明显高于公共教育支出占 GDP 的百分比在 7%以上的国家组，公共教育支出比例在 4%—5%的国家组平均排名高于公共教育支出占 GDP 的百分比在 5%—6%的国家组；五大分类指标同公共教育支出占 GDP 比例之间的关系也没有表现出明显的规律性（见表 1-19）。这表明，职业教育竞争力在一定程度上受到公共教育支出占 GDP 比例的影响，但是这种影响并非是简单的线性相关，而是受到社会环境、教育政策和体制等因素综合作用的结果。

（二）世界职业教育竞争力的主流趋势

世界职业教育竞争力的主流趋势可以通过对各国职业教育竞争力的优势和劣势的比较体现出来。我们将多数国家都表现出来的职业教育竞争优势定义为主流竞争优势；对应的，将多数国家都表现出来的职业教育竞争劣势定义为主流竞争劣势。在实证分析中，我们根据 37 个国家的职业教育竞争力指数及其排名，将这些国家分为两组：职业教育竞争力排名在 18 名以前的国家称为职业教育竞争力强势组；排名在 19 名之后的国家称为职业教育竞争力弱势组（见表 1-20）。

表 1-20 职业教育竞争力的强弱分组

组别	国家名称
强势组（18 个国家）	瑞士、芬兰、新西兰、德国、比利时、丹麦、智利、澳大利亚、卢森堡、斯洛文尼亚、奥地利、法国、俄罗斯、英国、爱尔兰、以色列、加拿大、冰岛
弱势组（19 个国家）	挪威、瑞典、荷兰、日本、捷克、美国、韩国、中国、西班牙、葡萄牙、斯洛伐克、爱沙尼亚、希腊、意大利、土耳其、波兰、匈牙利、墨西哥、巴西

1. 职业教育竞争力的主流优势分析

原则上我们将每个国家排名居于前 5 位的指标作为其优势指标，但由于一些国家的整体排名过于靠后，无法作为优势，所以选择的指标就略少一些。这也使得强势组和弱势组在优势指标总量上存在着细小的差别。表1-21和表1-22显示了统计的结果。

表1-21 37个国家职业教育竞争力的优势指标分布(1)

指标名称	全部国家优势指标数	强势组优势指标数	弱势组优势指标数	强、弱组优势对比
B类高等教育净入学率	16	6	10	0.60
在职培训可获得程度	17	8	9	0.89
高中职业课程毕业率	19	11	8	1.38
B类高等教育(第一学位)毕业率	16	8	8	1.00
国际学生或外国留学生占B类高等教育学生总数的百分比	17	9	8	1.13
25—64岁中等职业教育学历人口比例	15	6	9	0.67
25—64岁B类高等教育学历人口比例	15	11	4	2.75
熟练技术工人可获得程度	17	6	11	0.55
25—64岁中等职业教育学历人口就业率	17	8	9	0.89
25—64岁B类高等教育学历人口就业率	16	11	5	2.20
25—64岁B类高等教育学历就业人口相对收入	17	8	9	0.89
合计	182	92	90	1.02

表1-22 37个国家职业教育竞争力的优势指标分布(2)

指标类型	全部国家优势指标数	强势组优势指标数	弱势组优势指标数	强、弱组优势对比
职业教育规模	33	14	19	0.74
职业教育质量	35	19	16	1.19
职业教育吸引力	17	9	8	1.13
职业教育对人力资源的贡献	47	23	24	0.96
职业教育对经济发展的贡献	50	27	23	1.17

从表 1-21 对 11 项指标的统计情况来看，全部国家的优势指标共出现 182 次，其中强势组出现 92 次，弱势组出现 90 次。强势组的优势指标出现次数略高于弱势组。从两组分项的对比来看，强势组在高中职业课程毕业率、国际学生或外国留学生占 B 类高等教育学生总数的百分比、25—64 岁 B 类高等教育学历人口比例、25—64 岁 B 类高等教育学历人口就业率上的优势指标数超出了弱势组。表 1-22 显示，强势组在职业教育质量、职业教育吸引力、职业教育对经济发展的贡献方面要优于弱势组。可以说，职业教育竞争力的主流优势体现在职业教育质量、职业教育吸引力、职业教育对经济发展的贡献三个方面。

为了更直观地显示职业教育竞争力的优势分布情况，我们将各组的竞争力结构按顺序排列（见图 1-4）。

强势组：职业教育对经济发展的贡献>职业教育对人力资源的贡献>职业教育质量>职业教育规模>职业教育吸引力；

弱势组：职业教育对人力资源的贡献>职业教育对经济发展的贡献>职业教育规模>职业教育质量>职业教育吸引力。

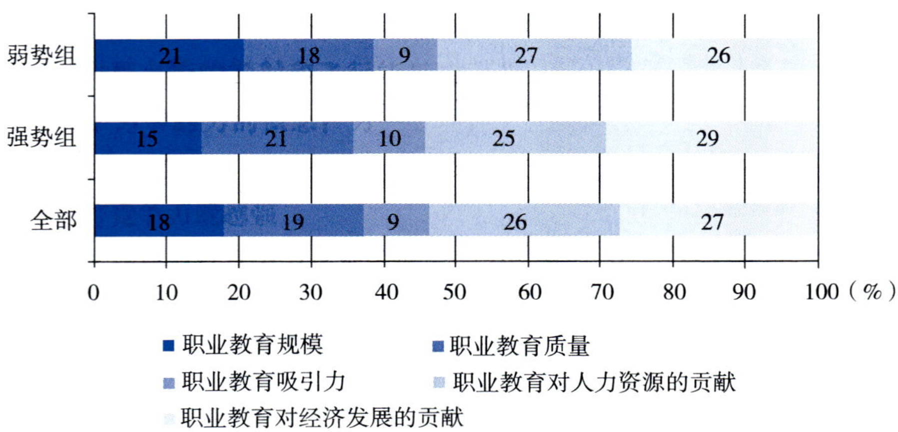

图 1-4 职业教育竞争力优势分布

两者比较，强势组和弱势组的结构差距主要体现在职业教育对经济发展的贡献、职业教育质量的提高和职业教育对人力资源的贡献、职业教育规模的淡出。

计算强势组和弱势组的优势结构差（强势组某一项的比例与弱势组某一项的比例的差）可得，强势组与弱势组的职业教育规模、职业教育质量、职业教育吸引力、职业教育对人力资源的贡献、职业教育对经济发展的贡献的结构差分别为－6%、3%、1%、－2%、3%。由此可以进一步看出，职业教育竞争力提升的主流是职业教育质量和职业教育对经济发展的贡献的提升，以及职业教育规模和职业教育对人力资源的贡献的弱化。

2. 职业教育竞争力的主流劣势分析

同样地，我们将每个国家排名居于后5位的指标作为其劣势指标（见表1-23和表1-24），其中一些整体排名比较靠前的国家，其劣势指标的选择就稍少一些。这也使得强势组和弱势组在优势指标总量上存在着细小差别。

表 1-23　37个国家职业教育竞争力的劣势指标分布（1）

指标名称	全部国家劣势指标数	弱势组劣势指标数	强势组劣势指标数	弱、强组劣势对比
B类高等教育净入学率	15	8	7	1.14
在职培训可获得程度	25	14	11	1.27
高中职业课程毕业率	18	11	7	1.57
B类高等教育（第一学位）毕业率	17	12	5	2.40
国际学生或外国留学生占B类高等教育学生总数的百分比	16	12	4	3.00
25—64岁中等职业教育学历人口比例	12	4	8	0.50
25—64岁B类高等教育学历人口比例	16	8	8	1.00
熟练技术工人可获得程度	19	8	11	0.73
25—64岁中等职业教育学历人口就业率	11	5	6	0.83
25—64岁B类高等教育学历人口就业率	17	9	8	1.13
25—64岁B类高等教育学历就业人口相对收入	13	5	8	0.63
合　计	179	96	83	1.16

表 1-24　37 个国家职业教育竞争力的劣势指标分布（2）

指标名称	全部国家劣势指标数	弱势组劣势指标数	强势组劣势指标数	弱、强组劣势对比
职业教育规模	40	22	18	1.22
职业教育质量	35	23	12	1.92
职业教育吸引力	16	12	4	3.00
职业教育对人力资源的贡献	47	20	27	0.74
职业教育对经济发展的贡献	41	19	22	0.86

从表 1-23 对 11 项指标的统计情况来看，全部国家的劣势指标共出现 179 次，其中弱势组出现 96 次，强势组出现 83 次。弱势组劣势指标出现的次数高于强势组。从两组分项的对比看，弱势组在 B 类高等教育净入学率、在职培训可获得程度、高中职业课程毕业率、B 类高等教育（第一学位）毕业率、国际学生或外国留学生占 B 类高等教育学生总数的百分比、25—64 岁 B 类高等教育学历人口就业率方面的指标数要高于强势组。表 1-24显示，弱势组在职业教育吸引力、职业教育质量、职业教育规模上要劣于强势组。可以说，职业教育竞争力的主流劣势主要体现在职业教育规模、职业教育质量和职业教育吸引力 3 个方面。

为了更直观地显示职业教育竞争力的劣势分布情况，我们将各组的竞争力结构按顺序排列（见图 1-5）。

弱势组：职业教育吸引力<职业教育对经济发展的贡献<职业教育对人力资源的贡献<职业教育规模<职业教育质量；

强势组：职业教育吸引力<职业教育质量<职业教育规模<职业教育对经济发展的贡献<职业教育对人力资源的贡献。

两者比较，强势组和弱势组的结构差距主要体现在职业教育质量、职业教育规模的提高和职业教育对人力资源的贡献的淡出。

计算强势组和弱势组的劣势结构差可得，强势组与弱势组的职业教育规模、职业教育质量、职业教育吸引力、职业教育对人力资源的贡献、职业教育对经济发展的贡献的结构差分别为-1%、-10%、-8%、12%、7%。由此可以进一步看出，弱势组与强势组的职业教育竞争力劣势相比较，弱势组的职业教育质量、职业教育吸引力的劣势特别突出。从弱势组到强势组的动态变化来看，职业教育竞争力的劣势结构中，职业教育质量、职业教育吸引力的劣势比例都在减少。

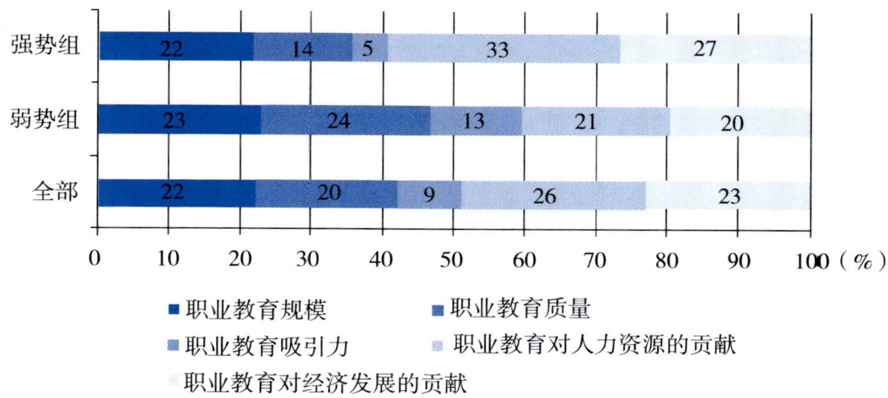

图 1-5　职业教育竞争力劣势分布

对比职业教育竞争力的主流优势和主流劣势，可以发现它们有重复的地方，这是将强势组和弱势组合并统计的结果。如果把表 1-21、表 1-22 同表 1-23、表 1-24 进行对比，可以进一步发现，强势组的优势指标恰恰是弱势组的劣势指标。这表明提升职业教育竞争力的关键在于提高职业教育质量和职业教育吸引力，进一步发挥职业教育对经济发展的贡献。

第二章

芬兰现代职业教育体系建设

芬兰认为，每个人都有权利根据自己的能力接受教育并保持终身学习。芬兰重视职业教育，政府每四年制定一次教育发展规划，为未来几年教育发展指明方向，每次教育发展规划都赋予职业教育优先发展的地位。芬兰已经形成了初等职业教育、中等职业教育、高等职业教育、继续职业教育完备的职业教育和培训体系，满足了社会对各个层次、各个领域的人才需要，提高了年轻人的就业率，增强了社会的凝聚力；同时，巩固了职业教育在整个教育体系中的地位和作用，使职业教育与培训成为提高国民整体素质的助推器。

本章从芬兰现代职业教育发展的背景、现代职业教育人才培养体系、现代职业教育质量保障体系、现代职业教育公平推进体系、现代职业教育终身学习体系等方面对芬兰现代职业教育建设与发展进行探究，以期为我国职业教育发展提供一些经验和启示。

一、现代职业教育发展背景

（一）人口与语言背景

芬兰人口较少，2013 年约 540 万人，每平方千米不超过 20 人，是一个地广人稀的国家。其中，超过84%的人口居住在城市。芬兰的移民比较少，只占总人口的1.9%。最大的移民群体来自苏联。将近五分之一的移民来自其他欧盟国家。芬兰人口主要划分为三种语言群体。92%的芬兰人说芬兰语，6%的人说瑞典语，0.03%的人说萨米语。芬兰的官方语言有两种，即芬兰语和瑞典语。语言的差异直接影响到芬兰职业教育国家核心课程要求。近些年芬兰的人口数量处于稳步增长当中。芬兰统计局预测到2030年芬兰的人口都将保持在500万以上。然而，21世纪以来，芬兰的年轻人口数量明显减少，芬兰的人口老龄化现象不断加重。据芬兰统计局预测，到2020年，超过四分之一的芬兰人将会在65岁以上。芬兰人口结构的变化深刻地影响着芬兰教育的发展变化。一方面它对芬兰的教育质量提出了更高的要求，要求最大地发挥有限的人力资源，从而弥补人口数量的不足。另一方面，它极大地影响着芬兰教育的结构。人口老龄化的趋势使芬兰未来将面临劳动力短缺的问题，职业教育的功能显得越来越重要。同时，终身学习的重要性也备受关注。因此，芬兰劳动力市场人力资源的不足对职业教育提出了更多的要求。芬兰更加注重发展和完善职业教育体系提升职业教育质量吸引更多的人接受职业教育，从而提升人力资源的数量和质量。①

（二）政治体制背景

芬兰最早的宪法颁布于1919年，1999年修订。芬兰宪法规定了公民基本权利，确立了立法、行政、司法、公共财政、国防、教育、宗教等方面的基本原则。其中，在教育方面，芬兰宪法明确提出，国家必须制定法律来保障芬兰全民的义务教育和实施免费的基础教育。同时，芬兰政府必须提供普通教育、职业教育、应用文理科方面的第三级培训及大学教育。

芬兰是一个多党制议会民主国家。立法权掌握在议会手中。芬兰行政权归属中央、地区、地方等各级政府。芬兰全国被分为6个省，15个地区

① Matti Kyrö. Vocational education and training in Finland Short description [R]. Luxembourg: Office for Official Publications of the European Communities, 2006.

和432个市。芬兰教育的中央行政管理机构是芬兰教育文化部（原教育部）和国家教育委员会。其中，后者直接对前者负责。为了提高教育行政管理的效率，芬兰政府给予了地方政府以更多教育自主权。在职业教育领域，地方政府逐步拥有了更多的财政、教学、课程、认证等方面的决定权。①

（三）经济与产业结构背景

近几十年，芬兰的经济结构顺应了知识经济时代的变化，从一个典型的农业国家逐步发展为工业国家，然后又发展为高度发达的后工业化国家，率先跨入信息化社会。近20年来，芬兰的产业结构发生了深刻变化。芬兰农业和制造业的比重不断下降。而电子工业已成为芬兰出口工业的成功典范。在20世纪90年代，芬兰经济的增长主要是依托移动电话和其他电子通信设备。现在，芬兰出口工业主要由三大部分组成，即电子工业、金属和工程工业、森林和造纸工业。其中，森林和造纸工业是芬兰传统的基础工业。同时，芬兰的工业面临着全球化的巨大挑战。在经济全球化的形势之下，很多工业都流向劳动力成本更为低廉的国家。这一趋势在芬兰的电子工业和造纸工业中都存在。芬兰产业结构的不断调整与加速变化引发了芬兰劳动力市场的震动，从而也引发了芬兰教育的深刻变革。产业结构的调整对芬兰教育的培养目标、资格要求、教育内容、教学方法、学习途径、评估方式等诸多方面提出了诉求。职业教育的功能更加凸显。而职业教育发展与提升也需要职业教育不断调整和完善，以能够适应产业结构变化、劳动力市场技能需求的变化、人才流动的需要等。

（四）教育背景

芬兰的《职业教育法》和《成人职业教育法》等其他相关法律也明确规定了应该为公民提供广泛的职业学习机会。芬兰各级正规教育也为成人

---

① Matti Kyrö. Vocational education and training in Finland Short description [R]. Luxembourg: Office for Official Publications of the European Communities, 2006.

安排了大量课程和教学大纲。在过去几十年中，芬兰教育政策的主要目标之一就是，为每个芬兰公民提供平等公平的受教育机会，最大可能地利用好芬兰全体国民的人力资源。

21世纪以来，受芬兰产业结构调整和终身学习理念的影响，芬兰教育文化部门开始重新审视职业教育，逐步重视职业教育的发展和完善。职业教育在芬兰整个教育体系中的地位不断提升，而且职业教育自身的体系也在不断发展和完善。

二、现代职业教育人才培养体系

（一）优先发展的职业教育地位

芬兰社会重视知识和创造性，秉持公平、宽容、性别平等、国际化等价值观。《芬兰2003—2008教育和研究发展计划》提出了以下优先发展的教育目标。从这些优先发展的教育目标，我们可以清晰地看出芬兰职业教育的优先发展地位。

1. 完善的教育体制

（1）在义务教育之后，同时扩展普通教育和职业教育的机会；

（2）增加多科技术学院和普通大学之间的合作，同时，厘清它们各自的角色；

（3）发展融入整个教育系统的成人教育和培训，满足成人教育的需要和劳动力市场的要求；

（4）设计方法承认各个水平教育之前的学习，使教育具有连续性。

2. 教育的内容与学习方法

（1）充分考虑国际合作和多元文化日益增长的现行趋势，让教育内容更加贴近现代世界；

（2）加强补救教学、特殊需要教学和学生福利服务，从而提高早期干预；

（3）通过加强教育与工作生活的联系、丰富教师和指导顾问的企业知识、确保以更好的教育内容和方法，来促进教育的企业能力；

（4）改善工作实践和基于工作的学习的质量；

（5）提供更加灵活的选择，来维持和提高工作人群的职业技能；

（6）改善指导顾问和有特殊教育需要的学生的教学，提升教学中信息和通信技术的使用。

3. 定量的目标

（1）确保 2015 年之前 25—29 岁年龄群体中具有中等教育水平以上的人的比例能够从 85%提高到 90%；同时，30—34 岁年龄群体中具有高等教育水平以上的人的比例能够从 40%提高到 50%；

（2）为完成中等教育的人提供机会获得初等职业教育培训的资质或学位；

（3）确保 2008 年之前从基础教育或初等职业教育中毕业的学生中有 25%进入多科技术学院和 2%—3%进入普通大学；

（4）确保中等职业教育和普通高中教育中有更好的性别平衡；

（5）为所有人提供义务教育之后的教育和培训，从而在 2008 年之前有 96%的毕业生从普通高中教育、职业教育，或者职业教育后续教育中毕业。

芬兰职业教育另一个最近的发展趋势是，对教育提供者实行基于表现的绩效财政投入。在长达 4 年的实验之后，基于表现的绩效财政投入被正式纳入到正常的财政投入系统，与整个政府预算一起实施。从而为整个职业教育的发展提供稳定、充足的财政支持。

（二）完整的职业教育体系

1. 概览

芬兰职业教育的目标在于满足学习者工作生活中技能的需要。它与整个教育系统是一体的。这使得芬兰的职业教育可以导向升学，也可以导向工作。芬兰一直力求建立统一完整的教育体系，使得任何水平、任何形式的教育都能够实现从基础教育向高等教育的过渡和发展。

从整个教育体系来看，学前教育和义务教育是所有教育的基础。在学前教育阶段，芬兰法律要求所有的市都要为 6 岁以上的儿童提供免费的学前教育。但是，这种学前教育是自愿的。现在，将近 100%的 6 岁儿童都会接受学前教育。

学前教育结束之后就进入义务教育阶段。芬兰的义务教育开始于 7 岁，结束于完成基础教育的教学大纲或者接受基础教育 10 年之后。一般，芬兰的基础教育是 1—9 年级。10 年级属于自愿学习的一年，主要是提供给那些想要提高初中教育的分数或者多学习一年以更好地为高中教育做准备的学生。10 年级之后，这些学生跟那些 9 年级毕业的学生一样申请继续高中教育。芬兰的初中水平不存在职业教育。

普通高中教育与职业教育是芬兰义务教育之后的两个学习方向。在义务教育结束之后，大约 95%的学生会继续学习。芬兰基础教育毕业后不再继续接受教育学生的比例大大低于“欧盟的里斯本目标”（2010 年具体目标：不高于 10%）。芬兰的普通高中教育和中等职业教育都是免费的，学生还能享受每天一顿的免费餐。根据芬兰教育文化部的规定，只能根据一些具体的原因收取少量的学生费用。学生需要自己花钱购买教材、工作服和其他材料，等等。

芬兰的普通大学和多科技术学院同时提供高等教育。由于学生在高中教育之后并不一定会接受高等教育，因此，所有学生高等教育的起始年龄各有不同。只有大约一半的大学新生是在同一年完成高中教育而进入高等院校的。多科技术学院的本科学位需要三年半到四年半。而硕士学位则需要五年以上。

芬兰对于普通教育和职业教育实行联合申请制度。学生通过国家联合申请系统来申请更高一级的教育。基础教育之后的高中教育国家联合申请系统同时适用于申请普通高中教育和职业教育。学生可以任选其一。高中教育之后也有国家联合申请系统同时适用于申请普通大学和多科技术学院。职业教育的录取标准包括平时的学习记录、重点科目的分数、工作经验和各种各样的入学考试。一般会向之前没有接受过职业教育的青少年有所倾斜。

联合申请系统使学生选择继续接受教育变得更加容易。同时，它也帮助当地教育提供者不需要学生直接发给他们申请书就能够获得他们想要的学生。这一系统使得申请程序比机构自己直接选择学生更加有效。每年只能选择一个高等教育场所的制度也使得普通大学和多科技术学院的利用更加有效。一个学生不可能同时去几个地方就学，但是，几个学生却有机会去一个地方就学。

总的来说，芬兰职业教育与普通教育共同构成了完整的教育体系，两种教育相互支持与补充。同时，芬兰职业教育又有自己的完整的体系。

2. 中等职业教育

芬兰的职业教育开始于中等职业教育，是与普通高中教育相平行的教育。主要有基于学校的教育与培训、学徒培训、其他类型的中等职业教育项目等形式。

（1）基于学校的教育与培训。基于学校的职业教育是芬兰职业教育最初的培训形式，主要是在职业学校中进行的。学生们大多都是之前没有接受过职业教育和培训的青少年。从 2001 年 8 月起，芬兰所有指向中等职业教育资格的项目都要花 3 年来完成，修满 120 个学分。一年需要修满 40 个学分，1 个学分相当于学生 40 个小时的学习。职业资格提供的一般资格同时适用于多科技术学院和普通大学。所有在职业学校能够获得的职业资格都能够通过学徒培训获得①。

职业教育的国家核心课程是每个教育提供者的当地课程的基础。同时，每个教育提供者都有责任为每个学生制定个性化的学习计划。芬兰国家教育委员会通过了具体的课程和要求。这些都是与不同领域的雇主、雇员、经济领域的其他代表和专家、教师和学生合作协商而制定的。

这一课程包括：

- 职业学习和工作实践学习，根据具体的职业资格要求而变化（90 学分）；

① Finnish National Board of Education. Performance Indicator for Initial Vocational Education and Training in Finland [R]. Helsinki: Finnish National Board of Education, 2011.

• 核心科目，适用于所有职业资格要求（20 学分，其中 16 个学分是必修学分，4 个学分是选修学分）；

• 自由选择学习（10 个学分）；这包含了 1.5 个学分以上的学生辅导和 2 个学分以上的最终项目。

必修的核心科目（16 个学分）是：

• 语言：芬兰语和瑞典语（4 个学分）；
• 其他的国家语言：芬兰语和瑞典语（1 个学分）；
• 外语（2 个学分）；
• 数学（3 个学分）；
• 物理和化学（2 个学分）；
• 社会、商业和劳动力市场科目（1 个学分）；
• 健康教育（1 个学分）；
• 体育（1 个学分）；
• 艺术和文化（1 个学分）。

学生可以从众多自由选择的学科中基于自己的需要进行选择。“自由选择的学习”可以是他们自己领域或者其他领域的职业教育的补充课程；可以是核心科目的补充课程和一般学习，从而能够让学生完成普通高中学习，为大学入学考试和职业资格考试做准备。学生可以基于自己的兴趣进行选择。

所有的职业资格要求都包括了为期 6 个月的“工作实践学习”（至少 20 个学分）。“工作实践学习”是一项在工作场所进行的有重点的、有监督的和有考核的学习。其目标在于，让学生熟悉真正的工作生活，提高学生的工作机会。①

职业技能展示从 2006 年 8 月开始进行。职业技能展示在“基于学校的职业培训”中对于评价学生的职业技能和知识学习起着决定性作用。在职业技能展示中，学生们展示自己实现职业技能学习目标的程度和掌握工作

---

① Finnish National Board of Education. Competence-Based Qualification Guide [Z]. Helsinki: Finnish National Board of Education, 2013: 22.

生活的职业技能与知识的程度。整个职业技能的展示都是发生在真实的工作场景中。其成绩的评定由工作场所的代表和老师共同决定。职业技能展示是学生职业学习评价的重要组成部分，同时也还有一些其他评价方式用来评价学生的职业学习。职业教育的提供者组建当地职业教育评价委员会（雇主、雇员、当地职业教育的提供者、教师和学生的代表），来确保职业技能展示的质量。委员会决定职业技能展示的安排和评价，并颁发合适证书。

获得职业资格证书的人还必须为应对自己领域内各种各样的考试进行拓展性的基础技能学习。同时，他们还要学习工作生活要求的更加专业的能力和职业技能。职业资格中的专业程度是由所学习的项目与职业资格的职称决定的。例如，在自然资源和环境领域，学习的项目包括农业、园艺、渔业、林业。

下面领域的学习都是可以获得的：

- 人文和教育；
- 文化；
- 社会科学，商业和管理；
- 自然科学；
- 科技，通信和物流；
- 自然资源和环境；
- 社会服务，健康和运动；
- 旅游，餐饮和生活服务。

芬兰将近80%的职业教育机构为市政府所拥有。18.5%的职业教育机构为私人组织和基金会所拥有。国家拥有6个职业教育机构，占所有职业教育机构总数的2.5%。在这6个职业教育机构中，有5个提供的是特殊教育。职业教育机构与普通高中教育学校通常是彼此分离的，但是也有一些教育提供者建立了包含几种不同教育机构相结合的教育中心。芬兰教育文化部鼓励职业教育的提供者增加彼此之间的合作，旨在形成职业教育的规模效应，让职业教育成为更加强大、更加有效的教育。

职业教育特殊机构为身体残疾或者具有慢性疾病的学生提供设施和服

务。学生可以直接申请进入学校，而学校也全年接受学生。其主要的原则就是让这些有特殊需要的学生融入普通群体。因为一些身体残疾会让学生并不能在所有的职业场合工作，所以，还有一些特殊教育机构致力于关注特定的残疾人群和他们特殊的需要。

（2）学徒培训。学徒培训是芬兰中等职业教育的另外一种重要形式。大多数参与学徒培训的都是成人。青少年更多地会选择“基于学校的培训”。学徒培训是基于国家核心课程，或者相关的“基于能力的资格要求”的。国家核心课程和“基于能力的资格要求”都能够成为学生个人学习项目的基础。学徒培训所指向的资格要求与“基于学校的培训”相同。资格的职称也是一样的。

20 世纪 90 年代，芬兰职业教育建立了“基于能力的职业资格系统”。这就使得那些具有工作经验的人也能够展示他们的技能，而不去考虑他们获得技能的方式和地点。这一系统是基于当时芬兰的社会现实建立的。当时，芬兰 45—64 岁的劳动力群体中大约有一半的人没有职业资格，但是由于长期的工作经验，他们早已经具备了一个合格的工人所需要的知识和技能。

国家核心课程和“基于能力的资格要求”决定了学生要完成的资格要求、培训的范围、核心任务、理论指导、时间安排、导师责任，以及其他和资格安排相关的问题。在学习项目中，学生之前的教育和工作经历必须被考虑和认可。学习项目是由学生、雇主和当地管理机构合作决定的，并且会被附加到学徒合同中。

学徒培训的实践部分在工作场所进行。同时，学徒培训还会补充理论学习。这些理论学习通常被安排在职业教育机构、职业成人教育中心，或者其他教育机构。学徒培训还会签订学徒和雇主之间的书面就业合同。这些合同是基于雇主和教育提供者之间的协议拟定的。

学徒培训强调工作实践的学习和把实践与理论指导相融合。学徒培训有 70%—80%的时间都是在工作场所中，由担负责任的实践导师指导完成。为了能够参与学徒培训，企业必须具有足够规模的产品和服务活动。同时，企业还必须为学徒提供必要的工作设备，为学徒指派负责任的导师。

学徒在签署合同时必须年满 15 岁，并且完成了基础教育或者教育提供者认为学徒具有参与学徒培训的能力。学徒的工资根据共同的劳动协议由雇主支付。学徒的工资因为领域的不同而有所不同，但是，一般都将近这一领域熟练工人工资的 80%。除非协议同意，否则雇主没有责任为学徒的理论培训时间支付工资。

学徒培训的评价是由雇主和理论教育的提供者一起进行的。工作场所培训的评价和理论教育的评价是一起的，而且都与资格证书相联系。资格证书考试的主要形式是基于能力的测试。在基于能力的测试中，学生们可以通过实践考试来展示他们所掌握的相关领域所需要的技能和知识，而不用考虑他们知识和技能获得的方式。

（3）其他类型的中等职业教育项目还有研讨会培训。青少年和成人都可以参加。研讨会培训起源于 20 世纪 80 年代，其目的是为了降低青年失业率。从 20 世纪 90 年代开始，研讨会培训的目标群体扩大到成人，但是它的重点对象依旧是失业人群。研讨会培训试图解决那些脱离劳动力市场的人群所面临的就业问题。

研讨会培训为年轻人和成年人提供了实践的、和工作紧密相关的培训，还为他们管理自己的生活提供指导和支持。作为劳动力市场的工具，研讨会培训并不是教育系统的一部分，也并不会自动地指向正式的资格考试。研讨会培训提供的是补助就业和实践培训、与工作相关的恢复性活动、工作指导、个人咨询、预防工作，为学徒培训提供支持和补充。研讨会培训的时间长短可以变化。大多数研讨会培训项目由市级政府拥有，由市级政府和劳动部门共同提供主要的财政支持。

3. 大专水平的职业教育

在芬兰，大专水平的职业教育指向的是专家职业资格证书，这是基于能力的资格证书。专家职业资格证书主要是针对有工作经验的成年人。它在《国际教育标准分类法（ISCED）》等级水平中处于水平 4。

这一系统能够让人们在能力测试中展示自己的职业技能，而不用考虑这些技能是通过工作、学习，还是闲暇时的兴趣获得的。学生们基于个人学习项目来为能力测试做准备。而这些个人学习项目都是为每个学生单独制定的。

4. 高等职业教育

芬兰的高等职业教育设在多科技术学院，它是与普通大学相平行的教育。多科技术学院旨在为学生提供知识和技能，从而让学生获得专业的专家技能。多科技术学院在地区发展中扮演着非常重要的角色。因为多科技术学院是高质量教育的提供者和地区经济的推动者，特别是对于中小型企业而言。通常，多科技术学院会提供一些专业领域的课程。学生获得多科技术学院的学位一般要花费3—4年。多科技术学院也会组织成人教育。

芬兰总共有29个经过授权的多科技术学院。其中，18个由当地政府和市级联合委员会拥有；11个是私立的。每一所多科技术学院的运营执照都由芬兰政府颁发。其执照规定了多科技术学院的责任、教育领域、学习场所的数量和教学语言。

多科技术学院的入学标准是学生具有普通高中教育或中等职业教育的成绩。学生通过国家联合申请系统申请多科技术学院。很多时候，多科技术学院还会安排入学考试。

多科技术学院提供以下领域的教育：

- 人文和教育；
- 文化；
- 社会科学，商业和管理；
- 自然科学；
- 科技，通信和物流；
- 自然资源和环境；
- 社会服务，健康和运动；
- 旅游，餐饮和生活服务。

多科技术学院的学习包括基本的学习和专业的学习、选修学习、实践培训和一个学位项目。芬兰教育文化部要求多科技术学院的学分为140学分或者160学分（3.5年或者4年的全日制学习）。学生一学年修40个学分，1个学分相当于40个学时。除非学校由于特殊的原因破例，否则，全日制学生完成学业的期限不得超过规定年限的1年以上（延期不得超过1

年）。2005 年，芬兰政府正式在多科技术学院设置硕士研究生学位。多科技术学院的硕士生学位需要修 40—60 个学分。

在学位管理中，多科技术学院为每个学生的评价提出要求和指导。当学生完成他们所有的学习时，多科技术学院就会授予学生一个相应的学位证书。

综上所述，芬兰职业教育起始于义务教育之后，在中等教育、大专教育和高等教育各个水平都有与普通教育相互独立、相互支持和相互补充的较为成熟的教育形式，从而构成自下而上的完整的职业教育体系。

三、现代职业教育质量保障体系

质量保障体系是职业教育确保和改善教育质量的工具。为了保障和促进芬兰职业教育的长期稳定发展，芬兰建立了较为完善的质量保障体系。

（一）系统的质量管理体系

为确保职业教育的质量，芬兰建立了系统的质量管理体系。芬兰职业教育的国家质量管理系统包括了国家指导、职业教育提供者的质量管理、职业教育的外部评价。芬兰在制定本国职业教育的质量管理体系过程中，还充分考虑了一些国际质量管理政策，如欧洲职业教育质量保证参考框架。①

首先，芬兰《职业教育法规》（以下简称《法规》）奠定了职业教育质量管理的基础。芬兰教育法律传统上就非常细致，为不同类型的教育制定了相关的法律条文。20 世纪 90 年代末，芬兰教育法律进行了修订。新修订的芬兰教育法律更加强调法律的统一框架，涉及目标、内容、教育水平、学生权利和责任等方方面面。其中，《法规》规定了提供职业教育的权利与责任。职业教育的提供者有组织职业教育的授权。授权规定了学生

---

① Finnish National Board of Education. Quality Management Recommendation for Vocational Education and Training［Z］. Helsinki：Finnish National Board of Education，2008.

的最大数量、教育和培训的领域。同时，《法规》还规定了职业教育的一般内容、学生的权利、职业教育的评价等，给予了职业教育的提供者很多的决策权。提供者可以对当地课程、额外的财政、培训课程的重点、与企业的合作等诸多方面进行决策。《法规》还规定了职业教育的原则、权限、运行框架、目标、责任和劳动分配、运行模式等内容。

其次，芬兰职业教育还有一系列质量管理工具。其中，中央层面的包括政府制定的教育和研究发展计划、国家预算、提供职业教育的授权、中等职业教育的资格框架和国家核心课程、"基于能力的资格证书"的要求、对于资金的运营标准和绩效拨款、职业教育的师资要求，等等。此外，教育管理部门还会以发展和信息服务的方式为职业教育提供指导。职业教育的提供者还会组织进行职业技能展示和能力测试。这些都在职业教育的质量管理中起到了重要作用。教师能力的持续改善和教师与市场的积极联系也在质量管理中有着举足轻重的地位。

再次，芬兰职业教育还有自我评价、外部评价等多种评价方式。根据芬兰的相关法律，职业教育的提供者有责任对自己机构进行自我评价。同时，它们必须将这些自我评价的结果公开。除了职业教育机构的自我评价，职业教育机构还有责任参与外部对其质量的评价。芬兰教育评价委员会就是为了对教育进行外部评价而建立的。芬兰国家教育委员会长期都有一个国家监测系统，用来监测教育结果。芬兰国家教育委员会国家监测系统通过学生职业技能的展示来对职业教育的结果进行监测①。此外，芬兰教育与文化部、芬兰教育评价委员会和芬兰教育文化部任命一些其他的评价机构，还会对职业教育进行外部评价。除了自我评价和外部评价，还有一种评价的方式在芬兰职业教育评价中被广泛使用，那就是同行业评价。同行业评价是全国性的，甚至是国际性的。

芬兰鼓励职业教育的提供者通过"国家职业教育质量管理建议"来管理和提升自己的质量。同时，芬兰政府为了实行职业教育的绩效拨款，还

① Finnish National Board of Education. National Evaluation Data Based on Vocational Skills Demonstration [R]. Helsinki: Finnish National Board of Education, 2006.

会举行一年一度的“国家职业教育质量奖”评比大赛。“国家职业教育质量奖”的评比标准是根据欧洲质量标准制定的。这也会有助于职业教育的提供者管理和提升自身质量。

（二）产教融合的培训体系

最近10年，加强培训和就业之间的合作已经成为芬兰职业教育的关键。职业教育在各个不同的领域都有不同的资格要求。而工作场所的实践学习是获得所有领域资格证书的关键。因此，芬兰不断强调职业教育在工作场所的实践学习及其质量。培训和就业之间的合作由教育和劳动行政部门共同促成。这种合作不仅仅是国家层面的，还会深入到各省和各个地区。教育机构和劳动就业办公室，以及具体的工作场所，共同推进了芬兰产教融合的培训体系。

产教融合的培训体系贯穿了芬兰职业教育的整个教育体系。以中等职业教育为例，在“基于学校的教育与培训”中就包括了为期6个月的“工作实践学习”（至少20个学分）。这种学习是一项在工作场所进行的有重点的、有监督的和有考核的学习。其目标在于，让学生熟悉真正的工作生活，提高学生的工作机会。同时，“基于学校的教育与培训”还要求学生们进行职业技能展示。从而了解学生们实现职业技能学习目标的程度和掌握工作生活的职业技能与知识的程度。在职业技能展示中，整个职业技能的展示都是发生在真实的工作场景中。其成绩的评定由工作场所的代表和教师共同决定。职业技能展示在“基于学校的职业培训”中对于评价学生的职业技能和知识学习起着决定性的作用。

“学徒培训”更是芬兰职业教育特色的直接体现，把学生的学习和就业直接联系起来指向学生的就业，关注理论和实践两方面。但是，评价主要看的还是学徒在真实的工作场所中的职业知识和技能。同样的，产教融合的体系也贯穿了大专水平和多科技术学院的职业教育[①]。

---

① Finnish National Board of Education. Quality Management of Apprenticeship Training [Z]. Helsinki: Finnish National Board of Education, 2003.

芬兰产教融合的培训体系还非常重视工作场所导师的培训。在工作场所的实践学习中，工作场所的导师在促进高质量的实践学习中占据着关键地位。工作场所的导师和整个工作场所为学生提供了指导、支持，并对学生的实践学习进行评价。工作场所的导师也必须有机会发展他们自己的指导和评价能力，获得对他们工作的指导和支持。为此，芬兰国家教育委员会颁布了《工作场所导师的培训建议》，为培训工作场所的导师提供建议。

总之，芬兰职业教育建立了产教融合的培训体系来保证职业教育的质量。

（三）灵活的教师培训体系

芬兰特别强调对职业教育的教师进行培训，通过努力确保教师的高质量来提高职业教育的质量。职业教育的教师培训一般是在专门的职业教师培训机构和应用科学大学中进行。

职业教师培训机构中的教学工作人员包括核心科目的教师、职业科目的教师、提供特殊需要教育的教师、指导咨询员。职业教育中核心科目教师的资格要求，如数学教师或者语言教师，与对普通教育的教师的资格要求一样。核心科目的教师必须拥有硕士研究生学位，至少修完 300 个学分，其中包含 60 个学分的教育学学分。职业科目的教师要求拥有一个合适的硕士研究生学位，可以是来自应用科学大学的，或者如果在这一领域并没有完全的资格要求，也要有尽可能最高的资格要求。此外，他们必须有至少 60 个学分的教育学学分和这一领域 3 年以上的工作经验。职业教师培训基于两个基本的要求：学位和工作经验。当学生申请教师培训时，学生也要有这一领域的工作经验①。

为了适应教师培训的实际需要，芬兰实行了灵活而个性化的教师培训模式。一个教师的培训资格要求可以通过一个学年的全日制学习完成，也可以通过 1—3 年的灵活的学习课程（包括网上学习）来完成。这些学习

① Department for Education and Science Policy of Finnish Ministry of Education. VET Teachers and Trainers in Finland [Z]. Helsinki: Finnish Ministry of Education, 2006: 41.

包括教育科学的基本学习、职业教育学、教学实践和论文或者一个发展项目。每个受培训的教师都应该有一个自己的学习计划。教育学学习的目的在于，为每个受培训的教师提供必要的知识和技能来指导多样化学生的学习。接受培训的教师还会被提供用来促进自身专业发展的技能，从而让每个教师都能够紧跟自己领域知识的变化和工作实践的变化。随着教师培训资格要求的提高，教师被要求拥有更高的学位。同时，职业教育的教师培训和政策制定也越来越强调，要确保和加强教师的实践职业能力。

芬兰职业教育的教师培训还强调和规定了提供特殊需要教育的教师的培训。对提供特殊需要教育的教师首要的资格要求是能够教授普通科目或者职业科目。然后，提供特殊需要教育的教师还应该擅长特殊需要教育或者担任指导顾问。职业教师培训机构所提供的这些特殊教育的学习课程一共是 60 个学分。特殊需要教师培训的目标在于，培训能够全面监控其他教师和整个机构的特殊需要教学工作的专家。在指导顾问培训中，接受培训的教师要熟悉学生进行咨询的潜在社会因素和在他们机构与其他组织中广泛使用的各种各样的咨询方法。

（四）有效的财政投入体系

芬兰职业教育的主要财政来源为芬兰教育与文化部的财政投入。教育与文化部对职业教育的财政投入是中央政府向地方政府实行财政转移的重要组成部分。芬兰就业与经济部也会对劳动力培训进行财政投入，但是这些投入主要集中在中等职业教育和高等职业教育。

职业教育的财政投入是基于培训的单位价格与职业教育提供者的直接投入。每年分配给职业教育提供者的财政投入是基于学生的数量或者其他财政指标（如学年）和每个财政指标所需要的费用。职业教育的提供者能够将所收到的财政投入用于计划和实践它的服务。在这一系统中，所拨款的财政投入与其他奖励无关。

芬兰职业教育的财政投入系统使得职业教育提供者愿意努力满足实际工作中不同领域的需要。因为实际工作中不同领域所需要的教育和培训的单位价格是不一样的。这一系统充分考虑了不同领域的教育需要和实际情况。因为有的领域所需要教育和培训项目费用要高于平均水平。而有些领域对国家经济具有重要作用，需要给予特别的关注。

以中等职业教育的财政投入为例，中等职业教育的财政投入是由国家和市级政府联合投入的。法定的中央政府财政投入转移占据了中等职业教育所需运行成本的将近 42%。但是，还有 58%的财政投入需要由市级政府担负。

芬兰政府会确定每年中等职业教育的财政投入的总体单位价格，然后再确定每个具体领域的单位价格。在确定总体的单位价格之后，芬兰政府会考虑中等职业教育的全国总体成本、本年度成本的变化、法定的教育范围和质量的变化，以及一些其他的因素而最终确定中等职业教育的财政投入。中等职业教育的提供者所获得的财政投入取决于学生的数量和分配给每个学生的单位价格。分配到每个学生的单位价格是基于影响运行成本的各个因素而确定的。在中等职业教育的财政投入中，单位价格会考虑到以下因素：所提供的教育领域、教育和培训是否会特别昂贵、接受特殊教育的学生的数量、接受机构的学生的数量等。在中等职业教育的单位价格中，学徒培训部分的单位价格大约占据了整个单位价格的 63%。在特殊需要教育中，学徒培训的单位价格会更高。2006 年开始，芬兰职业教育实行基于职业教育质量的绩效财政投入体制。这使得财政投入以职业教育量化评价结果为基准。绩效财政投入的目的在于，促进职业教育的提供者持续地努力改善所提供的职业教育的质量。在其他职业教育领域，芬兰也逐渐实行了相同的或者类似的财政投入体制。从而，确保了有效的财政投入。

四、现代职业教育公平推进体系

芬兰职业教育的公平推进体系主要由对失业人员的技能培训和资助保障机制、对有特殊需要学生的职业教育培训机制两大部分组成，通过对这两大弱势群体的知识技能培训及资金资助保障，来促进他们职业技能的提升，从而能够使他们获得相应的职业资格认证，从事与自己能力相应的工作，进而改善他们自身的生活、工作质量，获得职业成就感和生活幸福感，也有利于整个社会环境的和谐稳定，增强社会的凝聚力。

（一）对失业人员的技能培训、资助保障机制

芬兰职业教育培训中的劳动力市场培训的主要目标是促进劳动力的供需平衡、满足市场对高素质技能劳动力的需求及努力防止劳动力的失业。芬兰劳工部会从每年的政府财政拨款中拿出相应比例的资金来对那些失业人员及面临失业危险的人员进行财政资助；芬兰各级成人职业教育中心、各种职业教育培训机构及能够进行职业教育培训的大学会对失业人员及即将面临失业的人员进行相关的职业技能培训①。在对失业人员的技能培训、资助保障方面政府扮演着重要的角色；另外，企业也承担着一些责任。

1. 政府层面的保障机制

在对失业人员的技能培训、资助保障方面，政府不同的职能部门各自承担着不同的职责，教育文化部主要负责对失业人员的技能培训，技能培训的实施主要是由教育文化部监管的职业教育机构来承担，包括成人职业教育中心、职业教育培训机构及大学；芬兰劳工部主要负责资助失业人员职业技能培训的费用，芬兰劳工部会将财政预算的经费分配到各省区就业与经济发展中心，各省区就业与经济发展中心将直接负责对失业人员技能培训的资助，省区就业与经济发展中心还会进一步将资金分配到地方就业办公室使地方失业人员获得相应的失业培训资助。在获得资金保障的前提下，省级及地方劳工部门有负责为失业人员购买职业教育培训课程的义务。

2. 企业层面的保障机制

除了国家层面对失业人员提供技能培训和资助的制度性保障之外，企业在员工技能培训及资助保障方面也负有一定的职责，以使员工避免失业的危险。企业可以申请和劳工部对企业员工的技能培训进行联合资助，但

① Matti Kyrö . Vocational education and training in Finland Short description [R]. Luxembourg: Office for Official Publications of the European Communities, 2006.

是企业必须符合一定的条件，如企业正在进行产品结构调整、企业引进了新的技术、企业亟须对现有员工进行再培训等。具体的联合资助事宜企业可以与当地的就业办公室进行磋商。企业在员工职业技能培训层面的积极介入有利于员工形成企业转型中所需要掌握的技能，避免因技能陈旧落后跟不上产业发展而遭遇失业的危险。

（二）对有特殊需要学生的职业教育培训机制

目前为止，芬兰特殊职业教育学校已经形成了一个覆盖全国的对特殊需要学生进行职业培训的网络，形成了对特殊需要学生进行职业培训的机制，包括对学生进行预备性的培训、康复训练及提供咨询服务，另外还积极加强国际合作、培训师资力量并送学生出国参加学习与培训。

1. 对有特殊需要学生的预备性培训、康复训练以及咨询服务的目的

对有特殊需要学生的职业教育培训方面，芬兰政府为具有特殊需要的学生提供可以接受的预备性培训、康复训练及咨询服务，并将其作为对特殊需要学生进行初级职业教育培训的一部分。对特殊需要学生的预备性培训、康复训练及咨询服务的主要目的是使那些因残疾、疾病、发育迟缓、情感障碍或是具有其他问题的学生能够获得职业技能培训的资格证，以使他们能够独立地开展生活和工作；另外一个目的是希望通过培训能够使具有特殊需要的学生在义务基础教育阶段结束之后能够顺利地进入初级职业教育阶段，通过培训使义务教育与初级职业教育之间建立良好的衔接，使特殊需要学生能够很好地向职业教育过渡；预备性培训、康复训练及咨询服务还旨在帮助那些残疾或患有疾病的成年人能够获得职业培训的资格证并进入相应的工作岗位。

2. 对特殊需要学生的预备性培训、康复训练及咨询服务的类型

芬兰对具有特殊需要学生的预备性培训、康复训练及咨询服务是与康复训练机构合作推行的，培训的目标与内容也是非常灵活多样的，都是根据学生个体自身的需要及其自身所具有的实际能力提出来的。就对特殊需要学生的预备性培训、康复训练及咨询服务的类型而言，主要分为前职业性预备性培训、康复训练及咨询服务与面向工作、独立生活的预备性培

训、康复训练及咨询服务。前职业性预备性培训、康复训练及咨询服务的目的是使参训的学员能够顺利地进入到他们所感兴趣并力所能及的职业技能培训的情境中来，这种职业技能培训一般需要 20—40 个学分（如果情况特殊也可以升至 80 个学分）；面向工作、独立生活的预备性培训、康复训练及咨询服务的主要目的是使参训学员能够更好地独立开展自己的工作并能更好地生活，这种类型的培训需要 40—120 个学分，但是由于残疾或者疾病的原因，这些参训学员很难进入获得职业资格证的更进一步的培训。

3. 建立特殊需要学生个体学习计划方案

芬兰在对特殊需要学生培训的过程中，要求每个学生都要建立一个个体学习计划方案，这样在个体学习计划方案的基础上，可以使他们在促进自身学业发展方面有更加强烈的目标感及有更多种的个人化的选择。特殊学生个体学习计划方案是由学生、监护人、学生福利工作人员、学生家乡相关工作人员及学生康复、支持网络（根据特殊学生所处的人生发展阶段，学生康复、支持网络也处在不断变化之中）来共同制定的，整个特殊需要学生个体的学习计划方案对培训的目标、内容、途径及范围等方面都作了细化，并且整个培训过程中学生的发展状况时时处于相应的监控之下，个体发展目标及相应的支持措施都会根据具体的情况作出相应的调整，使得整个培训更加符合有特殊需要学生的所求，并为后续的学生职业生涯发展和独立生活打下良好的培训基础。

五、现代职业教育终身学习体系

芬兰的职业教育将实施终身教育作为一项重要的原则，为所有年龄阶段及不同受教育程度的芬兰国民提供继续深造学习的机会；学历及非学历职业教育、培训都是面向成人开放的，包括初级职业教育培训和高级职业教育培训。芬兰职业教育的终身学习体系的构建主要体现在继续职业教育培训体系及劳动力市场教育培训体系的构建上。

（一）成人职业教育培训的政策目标

芬兰现行的成人职业教育培训政策是建立在2002年发布的《国会成人教育培训委员会报告》基础之上的，成人教育培训委员会为成人职业教育培训政策的制定及建议的提出制定了四项共同目标，并在此基础上制定了五项共同目标细则。

1. 四项共同目标

（1）要使更多的芬兰国民更加注重自我的发展，努力促使他们在工作的过程中不断地学习。

（2）成人职业教育培训应该为企业雇主及相应的工作岗位输送熟练的技术工人。

（3）要形成为成人创造高质量的自我发展机会的方法机制。

（4）成人职业教育培训要有利于民主社会的建设，防止社会分裂，增强芬兰国民的公民意识。

2. 五项共同目标细则

（1）要为国民每年至少提供一至两周的职业教育培训及每隔10年至15年对他们的职业技术能力进行全面的提升。

（2）向成年人提供充足的受教育机会，根据在职人员的受教育程度及自身学习方面的具体情况来组织他们进行职业教育培训。

（3）促进职业教育培训的公平，尤其是要通过相关的项目使受教育水平低的成人群体获得高质量的教育培训。

（4）完善教学方法，加强咨询服务，优化学习环境，重视网络在线教育，完善资格认证，加强在教师及其他培训人员能力提升方面的投资。

（5）成人职业教育培训要注重社会效益，收费要合理、适当。

（二）职业教育终身学习体系的构建

芬兰职业教育终身学习体系主要由继续职业教育培训体系及劳动力市场教育培训体系构成，也包含一些成人职业教育培训项目，比如Noste项目。

1. 继续职业教育培训体系

在芬兰，每个人都能获得职业教育培训的机会，并且有多种形式的职业教育培训可供选择，继续职业教育培训体系正是基于这样的原则而构建起来的。

（1）政府主导的继续职业教育培训。

①高中及中等后职业教育培训。高中职业教育培训，亦称初级职业教育培训，主要是针对高中教育水平阶段的年轻人的职业教育培训，但是也有针对年龄稍大一些的成年人的特殊职业教育培训形式。通过这种教育培训形式，参训人员能够获得相关的基于自身能力的职业技能资格认证，他们获得资格认证的周期比年轻学生的周期要短，这种资格认证也可以在学徒期培训中获得。

中等后职业教育培训，亦称高级职业教育培训，是专门为成年人开设的职业教育培训，目的是保持并提升成年人的职业技能，增加成人学生独立自主创业的机会，并使学员的职业生涯境况得以改善及促进就业、为终身教育的发展提供支持。

高级职业教育培训的资格证都是基于能力颁发的，成年人可以不参与培训而是通过展示自身的技能来获得高级职业培训资格证或者在经过培训之后展示能力获得资格证，但是大部分想获得资格认证的人都会参加先期的培训，而参加高级职业教育培训的人员不一定能够获得正式的资格认证，那些没有获得资格证的学员可以通过参加资格认证考试证明自己所掌握的能力来获得资格证。

芬兰约有 40 所成人职业教育中心提供高级职业教育培训，而且国家将会资助参加高级职业教育培训的学员 90%的资金。

②高等职业教育培训。成人职业技术教育是多科技术学院的一项基本的任务，在多科技术学院接受成人教育的学员同样可以获得博士学位，但是由于大部分的成人都不能进行全日制的学习，所以多科技术学院有专门针对他们自身特点的教学方式及课程设置。2002 年，芬兰根据多科技术学院发展的新形势，推出了设置多科技术学院研究生学位的实验项目，目的是培养更加高精尖的技术人才，在相关工作岗位具有至少 3 年工作经验的

人员可以申请攻读该学位。2005 年，多科技术学院研究生学位正式成为芬兰学位体系的一部分。多科技术学院除了提供学历性的职业技术教育之外，还提供非学历职业技术教育，一些开放多科技术学院（Open Polytechnic）会向学员提供部分学位课程的知识学习。多科技术学院还会向学员提供专业学习的机会，主要针对的是那些已经获得多科技术学位的学员，所修的学分为 20—60 分不等，持续时间为 1—2 年。

大学会向包括成人在内的学员提供专业性的学习培训机会以促进其职业的发展，大学会提供各种形式的继续教育，这项工作通常由大学的继续教育中心来负责，芬兰大学都设有自己的继续教育中心；开放大学（Open University）会向所有的人员开放学习进修的机会，不会考虑学员们的教育背景，在特定的情况下，开放大学的学生还被授予了申请学位学习的权利。

（2）企业主导的继续职业教育。原则上政府没有对企业员工在职培训做出具体的规定，在职培训被认作是企业的责任，芬兰只是通过立法来推进企业在职培训的发展，法律鼓励企业在转型升级的境况下对员工进行在职培训以使员工的能力与企业的发展模式相适应。1978 年颁布的有关企业内部合作的《725 号法案》要求，雇员 30 人以上的企业每年要拟定员工在职培训方案并且要对培训方案进行适时的更新；2001 年出台的《55 号雇佣合同法案》要求，当雇佣关系的解除可以通过职业教育培训的方式来加以避免时，雇主有向雇员提供在职培训的义务。在芬兰，企业可以向正规的教育机构购买学历或者非学历的职业教育培训服务来完成对员工的职业教育培训。

2. 劳动力市场教育培训体系

劳动力市场培训是芬兰积极的就业政策的组成部分。劳动力市场教育培训体系由两大部分组成：劳动力职业技能培训及职业生涯指导、预备性培训，职业技能培训主要是提升学员的职业技能，大约 50%的参训学员通过职业技能培训能够获得正式的职业教育资格认证，包含有初级、高级、专业资格认证培训及高中程度的学习培训；职业生涯指导、预备性培训是帮助学员做好自身的职业定位和生涯规划并作出符合自身条件的职业教育培训选择。

2002年出台的有关公共就业服务的《1295号法案》对劳动力市场培训作了详细的规定，要求每个求职者在5个月之内做出一份个人求职计划，该计划要反映出个体的自身能力及对高级职业教育培训的需求程度。个人求职计划为其能够获得适合自身的职业教育培训打下了基础。

大学、多科技术学院及其他的教育机构会提供劳动力市场教育培训，政府会对提供劳动力市场培训的教育机构进行财政补贴；另外，劳动就业管理部门也会购买一些相关的职业教育培训课程，如各省级就业及经济发展中心会购买一些相关的职业教育培训课程。

3. Noste 项目

Noste 在芬兰语中的意思是提升成年人的技能，Noste 项目是针对仅有基础教育水平且年龄在30—59岁的成年人的为期5年的职业教育培训项目，目的是提升中途辍学者的职业发展水平、缓解提前退休所造成的用工荒及增加就业。这一项目向30—59岁的成年人提供了免费获得初、高级职业技能、专业技能认证的机会；该项目的资金还将用于提升成年人的信息技术应用能力，如计算机操作培训，并资助25—54岁年龄段的成年人完成自己未完成的基础教育。

六、现代职业教育体系建设的经验

芬兰作为一个人口数量仅有500万左右的国家，却保持了强劲的国际竞争力，自2004年以来，芬兰已连续三次被世界经济论坛评为世界上最具有竞争力的国家之一，这不得不说是得益于其优秀的人力资源储备，而优秀的人力资源是与其良好的职业教育制度是分不开的。正是其职业教育对国民的培养才在一定程度上带动了国家经济的腾飞和整个社会的良性发展。芬兰现代职业教育经过长时间的发展，形成了具有自身特色的现代职业教育体系，分析总结芬兰现代职业教育体系建设的经验，对我国职业教育的发展具有一定的借鉴参考意义。

（一）构建完备的职业教育体系，并促进职教与普教的沟通衔接

就职业教育而言，芬兰已经形成了初等职业教育、中等职业教育、高等职业教育、继续职业教育的完备的职业教育体系。芬兰建立的完整的职业教育和培训体系，满足了社会对各个层次、各个领域的人才的需要，提高了年轻人的就业率，增强了社会的凝聚力；同时，筑固了职业教育在整个教育体系中的地位和作用，使职业教育与培训成为提高国民整体素质的助推器，终身学习和全员培训成为通向未来的桥梁①。

就芬兰整个教育体系而言，芬兰实现了普通教育与职业教育的有效衔接，1991 年芬兰颁布《中等职业和高等职业教育法》，对职业教育进行改革，建立和完善中等职业教育与高等职业教育相互衔接的机制，大力发展多科技术学院，解决等值承认职业教育、普通教育学历资格问题。芬兰在 9 年义务教育后实施第一次分流，高中后再进行分流，职高学生经考试合格可进入高等职业技术学院，个别的职高学生也可报考大学，普高学生经全国大学入学考试既可升入大学也可进入高职院校。这就形成了职高、普高与高职、大学相互衔接与沟通的局面。普教与职教的有效衔接，一方面使得职业技术教育从义务教育到职业高中、再到专科、本科、硕士形成了一个与大学教育并行的阶梯式职业教育体系，客观上满足了现代技术飞速发展对高层次教育的实际需求；另一方面，通过提升职业技术教育的地位，开展成人教育和培训，构建了一个终身职业技术教育体系，克服了人们对职业教育的歧视心理，增强职业教育的吸引力②。

（二）以质量为根本，注重职业教育质量保障体系的建设

职业教育的质量是芬兰制定职业教育政策的重要参考指标，职业教育的质量关系到整个职业教育对学生的吸引力以及职业教育的可持续发展。芬兰强调要进行劳动力市场技能需求预测并与职业教育供给相结合，鼓励

① 胡媛．芬兰职业教育改革及对我国的启示［J］．江西教育科研，2006（7）：89—91.

② 胡媛．芬兰职业教育改革及对我国的启示［J］．江西教育科研，2006（7）：89—91.

并要求劳动力市场主体积极参与中等职业教育的发展，大力推行工作本位学习，促进企业与职业学校的紧密合作，以保证职业教育供给的质量能满足劳动力市场的真正需求①。芬兰还通过相关立法来保障职业教育的质量，目的是通过立法来提升职业教育的质量和吸引力，厘清职业教育各级管理组织的权限、职责及相互之间的关系，为职业教育的发展扫除法律和制度层面上的障碍，其中芬兰《职业教育法规》奠定了芬兰职业教育质量管理的基础。芬兰还十分重视对职业教育教师进行培训，为职业教育打造高水平的师资队伍从而提高职业教育的质量。芬兰还通过大量的财政资金投入来提高职业教育的质量，其中中央政府对中等职业教育的投入占到了中等职业教育总投入的42%，地方政府占到了58%。芬兰还建立了绩效本位拨款体系以激励教育机构提高其质量和绩效，其中的质量奖是用于支持、鼓励教育提供者致力于与其基本任务相关的持续质量评估和发展活动。另外，芬兰还积极推动职业教育的国际化，使学生在全球视野中努力提升自身的技能，参与全球劳动力市场的竞争。

（三）重视公平，强调对弱势群体的保障

芬兰十分重视职业教育的公平，努力保障弱势群体获得职业教育培训的权利，并形成了有效的保障机制和措施。芬兰主要为失业人员及有特殊需要（身体残疾、情感障碍、疾病、发育迟缓）的人员提供职业教育培训方面的保障。政府在失业人员的职业教育培训中扮演了主要的角色，不仅提供职业教育培训所需的资金还提供相关的职业教育培训课程；企业也承担了一定职责，通过与政府的合作积极开展在职培训以避免员工因技能问题而走向失业的境地。芬兰积极对有特殊需要学生开展预备性的培训、康复训练及提供咨询服务，并根据每个学生的自身具体情况制订个体学习计划方案，对特殊需要学生进行有计划、有针对性的职业教育培训，以使他们独立地工作和生活。芬兰职业教育的公平理念及对弱势群体的积极保

① 刘其晴，李勇 . 21 世纪以来芬兰职业教育改革的主要特点［J］. 教育改革，2013（10）：11—12.

障，有利于使弱势群体通过技能培训获得工作的能力并有尊严地生活，有利于增强社会的凝聚力，促进社会的和谐稳定。

（四）重视终身教育，构建了终身职业教育培训体系

芬兰职业教育政策的一项重要的目标是促进芬兰国民终身学习与发展，使芬兰国民能够跟得上时代发展的需要。芬兰制定了详细的成人职业教育培训目标及目标细则，赋予了成人职业教育战略性的意义。芬兰构建了由继续职业教育培训体系与劳动力市场培训体系构成的终身职业教育培训体系，由政府主导的继续职业教育体系分为初等、中等、高等三个层次，面向不同需求程度的学员，在资金和课程方面都有所保障，企业所主导的继续职业教育主要体现在对员工的在职培训方面；劳动力市场培训体系主要是使学员为就业做好准备及获得职业技能，相比于继续职业教育更强调短时间内非正规地对成人进行职业教育培训；另外，芬兰还设立了一些成人职业教育培训项目来促进成人职业技能的提升。芬兰职业教育对终身学习的重视，有利于其劳动力保持较高技术能力水平，有利于企业的发展和转型升级，从而促进国民经济的发展。

第三章 德国现代职业教育体系建设

德国不仅是一个经济强国，而且也是一个职业教育强国，它的“双元制”成为世界职业教育的典范。进入21世纪以来，德国的人口结构、经济就业结构和教育学历结构的深刻变化不仅影响着其职业教育的需求与供给，而且也对推进现代职业教育体系建设提出了新的要求，赋予了职业教育体系建设新的内涵。德国现代职业教育体系建设具有鲜明的德国特色，它的完善的职业教育法律标准体系、基于国家资格框架的职业教育资格体系、与学校职业教育并行的强大企业职业教育体系、以法律为基础的职业教育质量保障体系、不断完善的非正规学习认证与学分转换体系，为各国职业教育提供了可资学习和借鉴的丰富经验。

一、经济社会与教育背景

（一）人口结构变化影响着技能劳动力供给

近些年，德国的人口年龄结构发生变化，老龄化趋势加剧。德国人口自2003年开始下降，已从2004年的8253.2万人下降到2011年的8175.2万人，并将继续维持这种下降趋势。死亡人数逐步超过出生人数，净移民数不足以抵消低生育率。人口老龄化现象加剧。2008 年，20 岁以下的人口占 19%，20—65 岁人口占 61%，65 岁以上人口占 20%。2011 年，德国 65 岁以上人口的比例比欧盟平均数高出 5.34%。预计到 2060 年，65 岁以上人口将占到 34%，70 岁以上的人口将比新生婴儿多出一倍。人口减少和老龄化影响着技能劳动力的供给，德国双元制职业教育近年来出现供大于求的现象。

人口构成发生变化，移民人口增加。2010 年，德国狭义上具有移民背景的人口为 1570 万人，占总人口的 19.3%。移民人口最多的原籍国家是土耳其（15.8%）、波兰（8.3%）、俄罗斯（6.7%）、意大利（4.7%）和哈萨克斯坦（4.7%）。在新移民中，移民人数最多的原籍国家是俄罗斯（60.5 万人）、波兰（58.1 万人）、哈萨克斯坦（53.7 万人）和罗马尼亚（22.1 万人）。移民人口教育技能水平普遍偏低，移民人口与本地人口差异很大，15.3%的移民没有高中学历，45%的人没有职业资格证书，而本地人口相应比例分别是 2%和 19.6%。提高移民群体的职业技能水平成为政府优先考量的问题之一。

（二）经济结构变化影响着就业结构和需求

日益加剧的国际竞争、1990 年的两德统一和 2002 年推行欧元货币对德国的经济和劳动力市场带来深刻影响。2008 年爆发的全球经济和金融危机对经济增长率和劳动力市场指标都带来严重影响。2009 年，德国和欧盟的经济增长率均出现下降趋势。但在 2010 年，德国经济增长率达到自德国统一以来的最高水平 3.7%，这得益于传统商品出口和个人消费的增长。此后，德国经济增长又快速回落，2012 年为 0.7%，2013 年为 1.7%，但仍高于欧盟 2012 年平均的 0.0%和 2013 年的 1.3%。德国经济结构发生了深刻变化，已从工业占主导的经济转向以服务行业为主的经济，服务行业已经成为国民经济的最大部门。按照欧洲共同体经济活动统计分类（NACE），物流与运输部门和非市场化服务部门（Non-marketed Service）成为吸纳就业人数最多的两个部门。2013 年，欧盟 28 国物流与运输部门和非市场化服务部门的就业人数平均占到了所有行业的 48.1%，德国为

46. 5%。德国就业形势比较乐观，失业率稳步下降。德国的就业水平远高于欧盟的平均水平。2010 年，50—64 岁年龄组失业率为 7. 1%，略高于欧盟 6. 9%的平均水平，而在 2011 年，该年龄组失业率降到 6. 0%，比欧盟平均值低出 0. 9%。2011 年，德国青年失业率下降了 1. 3%，达到 8. 6%，欧盟平均青年失业率继续攀高。

德国的就业需求不断下降。德国按行业、职业和学历划分的就业趋势预测表明，随着技术进步、教育学历层次提高和人口老龄化，德国总体就业需求呈现逐步下降趋势。从行业看，随着时间的推移和人口老龄化现象的加剧，各个行业对劳动力的需求都在减弱。在 2008—2013 年期间，建筑业、商业与其他服务和非市场化服务的需求增长均在 5%以上，在 2013—2020 年期间，仅有商业与其他服务业增长 1. 5%，而在 2020—2025 年期间所有行业的就业都将出现负增长，见表 3-1。从职业划分看，高端和低端职业保持需求增长，这是由于一些低端工作很难被机器所取代。在 2008—2013 年期间，对专业技术人员的需求最大，增长 8. 2%，而对文秘辅助人员、手工业与相关行业人员和设备与机械操作员的职业需求出现下降，中端职业的工作越来越多地被智能机器取代。农林渔技能人员需求增长一直保持到 2025 年，见表 3-2。从学历看，学历层次越高，需求就越大，反映出知识经济对人才素质的要求。在 2008—2013 年期间，对受过高等教育的高端学历人才的需求增长 5. 9%，而对仅受过初中教育的低端学历人才的需求则下降 1. 5%，而在 2013—2025 年期间，对所有学历层次人才的需求都将出现不同程度下降（见表 3-3）。

表 3-1　德国按行业划分的就业趋势

（单位：千人；年）

行业	2008	2013	2020	2025	2008—2013	2013—2020	2020—2025
第一产业与公共事业	1232	1226	1158	1112	-0. 5%	-5. 5%	-4. 0%
制造业	7630	7486	7312	7039	-1. 9%	-2. 3%	-3. 7%
建筑业	2346	2474	2379	2339	5. 5%	-3. 8%	-1. 7%

续表

行业	2008	2013	2020	2025	2008—2013	2013—2020	2020—2025
物流与交通	9548	9693	9337	9140	1.5%	-3.7%	-2.1%
商业和其他服务	10385	11110	11280	11175	7.0%	1.5%	-0.9%
非市场化服务	9207	9684	9536	9289	5.2%	-1.5%	-2.6%
全部行业	40348	41673	41003	40095	3.3%	-1.6%	-2.2%

资料来源：Employment trends by sector, Germany [EB/OL]. [2014-11-20]. http://www.cedefop.europa.eu/events-and-projects/projects/forecasting-skill-demand-and-supply/skills-forecasts-main-results/employment-trends-by-sector.

表 3-2　德国按职业划分的就业趋势

（单位：千人；年）

职业	2008	2013	2020	2025	2008—2013	2013—2020	2020—2025
1. 管理人员	2021	2075	1989	1912	2.7%	-4.1%	-3.9%
2. 专业技术人员	6694	7243	7486	7429	8.2%	3.4%	-0.8%
3. 技术员与专业技术人员助理	7947	8303	8354	8306	4.5%	0.6%	-0.6%
4. 文秘辅助人员	5291	5241	4932	4687	-0.9%	-5.9%	-5.0%
5. 服务与销售人员	6328	6704	6604	6503	5.9%	-1.5%	-1.5%
6. 农林渔技能人员	643	687	719	749	6.8%	4.7%	4.2%
7. 手工业和相关行业人员	5066	4962	4676	4446	-2.1%	-5.8%	-4.9%
8. 设备与机械操作员	2591	2516	2367	2254	-2.9%	-5.9%	-4.8%
9. 初级职业	3584	3780	3749	3703	5.5%	-0.8%	-1.2%
全部职业	40348	41673	41003	40095	3.3%	-1.6%	-2.2%

资料来源：Employment trends by occupation, Germany [EB/OL]. [2014-11-20]. http://www.cedefop.europa.eu/events-and-projects/projects/forecasting-skill-demand-and-supply/skills-forecasts-main-results/employment-trends-by-occupation.

表 3-3　德国按学历划分的就业趋势

（单位：千人；年）

职业	2008	2013	2020	2025	2008—2013	2013—2020	2020—2025
高端学历	10727	11362	11302	10991	5.9%	-0.5%	-2.8%
中端学历	23732	24513	24186	23785	3.3%	-1.3%	-1.7%
低端学历	5889	5799	5514	5319	-1.5%	-4.9%	-3.5%
全部	40348	41673	41003	40095	3.3%	-1.6%	-2.2%

资料来源：Employment trends by qualification, Germany [EB/OL]. [2014-11-20]. http://www.cedefop.europa.eu/events-and-projects/projects/forecasting-skill-demand-and-supply/skills-forecasts-main-results/employment-trends-by-qualification.

（三）教育学历结构变化影响着劳动力整体素质

德国中等教育普职结构发生逆转，规模从职教大于普教发展到普教大于职教，高中阶段职业教育学生所占比例已从 20 世纪 80 年代的 70% 以上逐步下降到 2012 年的 48.3%，低于欧盟 28 国 50.4% 的平均水平。2009 年各州文教部长常设会议（KMK）通过决议，允许职业教育学生报考大学，以加强职业教育与高等教育的衔接。高等教育结构不断优化，2012 年应用科技大学在校生已占到高等教育全部在校生人数的 31.8%。职业教育学历层次不断上移是推动教育结构变化的直接原因，满足经济社会发展对高素质人才的需求则是推动教育结构变化的根本原因。

学历结构发生变化，国民受教育水平整体提高。2011 年，德国 15—64 岁年龄组具有高中学历的人的比例为 58.7%，欧盟平均为 46.6%，德国具有高等教育学历的人的比例达到欧盟平均水平，具有初中及以下学历的人的比例仅为 13.7%，远低于欧盟 26.6% 的平均水平。双元制职业教育对德国中等教育的普及发挥了关键作用。德国既不在学也未就业的无业青年比例也低于欧盟平均水平。无业青年大量存在不仅造成人力资本和国家税收的损失，而且也产生了极高的社会成本。2011 年，德国无业青年比例为 11.5%，而欧盟平均为 13.5%。自 2006 年以来，德国无业青年比例稳步下降，2006 年为 13.7%，2007 年 12.5%，2008 年 11.8%，2009 年 11.1%，2010 年 11.9%。教育结构和学历结构变化推动着劳动力整体素质的提高，为提升国家创新能力和综合竞争力提供了技术技能人才支撑。

（四）建立完善的职业教育层次体系

德国实行 12 年义务教育，公民满 6—18 岁必须接受义务教育，其中必须完成 9 年（有些州为 10 年）全日制教育，如果不能继续接受全日制普通学校或者全日制职业学校教育，其余 3 年必须上非全日制职业学校。小学一般为 4 年，小学毕业后进入第一次分流。依据小学成绩、教师鉴定、家长意见及学生的志趣等进行分流，分别进入普通中学、综合中学、主体中学（职业预备学校 5—9 年级，学生毕业后大部分接受“双元制”职业教育）和实科中学。初中一般 5—6 年，初中毕业后在高中阶段进行第二次分流。

1. 高中阶段职业教育

主要包括四种类型学校。①全日制职业学校（Full-time Vocational school），学制至少一年，最多 3 年，以学校职业教育为主，属于联合国教科文组织教育标准分类的 3B 课程。开设的专业有商业、语言、手工艺、家庭保健和艺术等，学生毕业后可进入职业拓展学校和技术学校学习。②高级技术学校（Senior Technical School），学制至少一年，大部分为两年，属于联合国教科文组织教育标准分类的 3A 课程。在第一年实行工作本位实践培训和学校本位教学相结合。开设的专业有社会福利、商业、金融和技术等。学生毕业后可报考应用科学大学和合作教育大学。③综合高中。学制 3—4 年，属于联合国教科文组织教育标准分类的 3A 课程。开设的科目有商业、技术、营养、农学、卫生保健和福利、信息技术等。学生毕业后可报考普通大学和应用科学大学。④双元制职业教育。大部分为 3 年制，属于联合国教科文组织教育标准分类的 3B 课程。2011 年参加双元制职业教育的人数达到 57 万人，其中中间中学毕业生占 42. 9%，初中毕业生占 32. 9%，高中毕业生占 21%，没有初中毕业的学生占 3. 1%。学生毕业后可进入全日制职业学校和职业拓展学校学习。

2. 中等后非高等教育

主要有高级职业学校（Senior Vocational School），学制一般为 2 年，以学校职业教育为主，层次上属于联合国教科文组织教育标准分类的 4A 课程，开设的专业有经济学、社会事务、艺术、技术、卫生保健和护理等。2010 年在校人数达到 40 余万人，学生毕业后可报考应用科学大学和普通大学。

3. 专科层次职业教育

主要有双元制学习课程（Dual Study Programmes），学制 3—5 年，入学要求是申请人需持有与企业签署的培训合同及相关学科的高等教育入学资格证书，层次上属于联合国教科文组织教育标准分类的 5B 课程，教学上注重工学结合和理论与实践相结合，开设的学科有经济学、科学和技术等。学生毕业后可到普通大学继续学习。

4. 本科层次职业教育

主要有两种类型院校。①应用科学大学（Universities of Applied Sciences），产生于 20 世纪 60 年代末，形成与普通高等教育相并行的应用类型教育，以适应社会对实用型高级技术人才和管理人才的需求。应用科学大学以培养企业和社会所需的实际应用型人才为目标，学制 4 年。报考应用科学大学需具有文理高中或高级技术学校毕业证书。接受“双元制”职业培训的毕业生，通过补习文理高中课程，达到高中毕业水平，也可以申请报考。对于未接受过职业教育的文理高中毕业生，必须有一定的、与所申请专业相一致的 3 个月实践经历，申请者要自己寻找企业实习，并且要有带班师傅的鉴定。应用科学大学开设的学科有工程科学、经济学、商业法、社会事务、行政管理、计算机科学、设计、数学、信息技术、卫生保健和护理等。教学中高度重视实践教学环节，加大实训比例，加强实验设备条件建设，侧重培养学生的实践动手能力。学校一般都规定半年以上的实习，大多在第五或第七学期安排一个学期的实习。学生在企业的实习主要由企业的技术与管理人员指导和管理。毕业论文要与实践结合，在最后一个学期学生要到相应的企业通过调查完成论文。毕业生的工作岗位是大中型企业的技术骨干或小企业的管理者及技术骨干。②职业学院（Vocational Academies），学制一般 3—5 年，层次上属于联合国教科文组织教育标准分类的 5A 课程，开设的学科专业有社会事务、技术和经济学等。

职业学院在20世纪70年代最早产生于德国南部的巴登符腾堡州，以适应企业对具有实践经验的高级人才的需求，坚持以面向企业，面向实践为原则，采取“双元制”的办学体系和教学模式，由经济界参加教育过程，在学校与企业两个地点实施教育，所培养的人才深受企业的欢迎。16个联邦州中已有11个州建立了类似的教育机构。

二、职业教育法律标准体系

（一）职业教育立法

双元制学徒培训是德国职业教育的一大特色。德国的“双元制”可追溯到12世纪。“师傅带徒弟”是手工业作坊中传授手工艺和技能的一种重要形式，并且受到行会的监督。在16和17世纪，宗教界和实业界为给手工业学徒补习文化课程，从而创立了星期日学校。19世纪在英法等国工业革命的影响下，德国制造业蓬勃发展，改进学徒培训，培养既有技能又有文化的高素质劳动者成为必然要求。1816年，北德意志联邦颁布工商条例，规定18岁以下的学徒必须接受进修学校教育，实行学徒考试，以提高学徒培训的质量。1821年，萨克森—魏玛大公国在手工业行业法律中规定：“师傅负有严格的义务，向自己手工作坊或本行手艺的学徒传授基本知识并培训其技能，为学徒创造继续学习写作和计算的机会，督促学徒去本地区的公共绘图学校或星期日手工业学校学习。”星期日学校除了讲授文化知识外还增加了职业知识，添置了实习设备对学徒进行操作技能培训，之后逐步演变为行业进修学校，成为“双元制”职业学校的原型。1870年之后，德意志帝国国会通过一批改革零售业和手工业的法律，重新确立手工业行业的自治原则，1897年的改革确立了全新的治理结构，其核心理念是立法机关将监管手工业学徒培训的权力移交给商会，包括将控制考试的核心权力。这种“社团主义者”（Corporatist）治理教育的思想一直保留到今天，成为德国双元制职业教育的核心。同时，政府设立继续教育学校，使学徒有机会接受文化课教育，成为双元制职业教育的第二个支柱。在德国教育家凯兴斯泰纳教育思想的影响下，通过发展职业教育和学习一门国家承认的职业技能，学校成为无产者和中低阶层青年融入资产阶级民族国家的地方。通过发展职业教育，实施“公民教育”，改善民生，仍然是德国职业教育哲学思想的核心。在 20 世纪 20 年代，德国工业化进程的加快对劳动者素质提出了新的要求，工商行业按行业工种规范了对学徒培训的期限与考核要求。在纳粹统治时期的 1936 年，政府规定所有雇员规模在 10 人及以上的冶金企业和建筑企业都有义务提供与其规模相称的学徒制名额，开展企业基础职业教育。1938 年的《德意志帝国学校法》（Reich School Law）引入完整的产业教育体系，规定所有学校毕业生都必须接受某种形式的企业初始职业教育。第二次世界大战后，职业培训为恢复经济和发展生产做出了重要贡献。1964 年，德国联邦教育委员会在《对历史和现今的职业培训和职业学校教育的鉴定》中首次使用了“双元制”这一概念，正式将存在了一百多年的企业与职业学校合作的职业培训形式用概括简明的语言表达了出来。1969 年，联邦政府公布了《职业教育法》，自此，作为一个完整的职业教育与培训体系的“双元制”完成了其制度化的过程。

1. 基础职业教育立法

第二次世界大战后，德国宪法将联邦与州的教育责任进行了区分，在职业教育领域，联邦主要负责企业职业教育和弱势群体职业教育立法，州负责学校职业教育立法。1949 年的德国宪法第 12 条第 1 款规定，国民可自由选择和从事职业，第 74 条第 1 款将联邦的共同立法权扩大到经济事务和劳动法，宪法第 72 条第 2 款授予联邦对职业教育与培训的立法权。1969 年德国通过《职业教育法》（即《企业职业教育法》），这是一部确立了政府引导、行业主导、企业实施的现代产业教育体系的法律，提供了由企业职业教育和学校职业教育两个体系支撑的双元制培训制度的法律保障。法律还规定联邦经济与技术部（BMWi）或其他主管部委，经征得联邦教育与研究部（BMBF）同意后可发布国家承认的职业目录（培训职业）和职业标准（培训条例）。2005 年对该法又进行了修改，其中重要的修改内容包括国家承认学徒在国外接受的培训，将先前职业教育与培训折合成学分计入培训期限等。其他重要的企业职业教育立法还包括《手工业条例》（HwO）、《企业培训教师资格条例》（AEVO）和《保护青年就业法》（JArbSchG）等，2008 年修改后的《德国社会保障法第三卷》规定，通过提供培训补贴改善弱势青年接受职业教育的机会，从而形成较为完善的企业职业教育立法体系。

2. 州立法

州立法是学校教育的法律基础，包括职业学校和一些私立学校。宪法第 7 条第 1 款和第 30 条及第 70 条至第 75 条赋予各州在这些领域的立法权限。德国文教部长常设会议（KMK）发布学校职业教育框架课程，这些框架课程与联邦政府颁布的培训条例相一致。职业教育学校的文化课标准由各州自主制定。

3. 联邦继续职业教育立法

《联邦职业教育法》的调整对象除企业基础职业教育外，还适用于企业继续职业教育、转岗培训和再培训，商会可制定相关的继续职业教育条例。1972 年通过《工作宪法法案》（BetrVerfG），法律赋予工作委员会享有继续职业教育咨询、参与和共同决策的权力。1953 年通过的《手工业条例》对手工业行业的继续职业教育作了规定。1997 年通过《社会法典第三卷——就业保护》（SGB Ⅲ），国家采取措施使失业者融入劳动力市场，鼓励个人和机构参加和实施职业继续教育、职业再培训和定向培训。1996 年《职业发展培训促进法》（AFBG）规定，国家鼓励完成了初始职业教育的技术工人参加继续职业教育。1976 年通过《远程学习保护法》规定了函授教育的形式和证书发放。2004 年，德国通过《承认和认证继续职业教育法令》（AZWV）。

4. 州继续教育立法

各州享有继续职业教育和成人教育立法权。州教育法律和各州文教部长常设会议制定的框架协议对专业学校举办的继续职业教育作了具体规定。《教育休假法》规定雇员享有带薪休假参加继续职业教育的权益，该法目前在 12 个州实施。

（二）职业标准和课程标准

1. 职业标准

职业标准在德国被称为“培训条例”，它是以法规形式颁布的、对徒工从事某一法定职业所应掌握的职业知识、职业技能和职业能力的基本要求，核心是职业技能标准。培训条例具有约束力，从而保证了统一的国家标准。一个“培训条例”一般包含两部分内容：一是以法规形式颁布的培训规定（条例），具有法律效力，二是以附件形式出现的培训大纲，是对培训要点的具体细化。

例如，《机械制造机械师培训条例》第一部分“培训规定”包含以下主要内容。①适用范围，适用于手工业条例中机械制造师培训职业的职业培训。②培训期限为3.5年。③培训目标，使徒工掌握条例规定的技能和知识，具有从事一种需要专门知识和技能的职业活动的能力，在工作岗位上能独立制订计划、实施计划并进行检查。④培训要点，包含23个知识点和技能点：职业教育（解释培训合同）；培训企业的结构和组织；劳动和劳资合同法、劳动保护；劳动安全、环境保护和能源的合理使用；工作过程的计划和准备及工作结果的检查和评估；技术资料的阅读、运用和编制；检验、测量、用量规测量；接合；手工切削和成形；机械加工；维护；车削和铣削；生产材料和辅助材料的区分、归类和使用；热处理、硬度检验；钎焊、焊接、热分割；将部件装配成组件；液压和气动控制装置的安装和检验；通过手工及用手持式机械切削和成形加工工件；数控机床的程序设计；通过在机床上切削加工工件；结合若干种机械制造方法加工工件；机器、系统或其单元的装配和拆卸；功能的检验和调节；机器、系统或其单元的启动；缺陷和故障的确定和查找；机器、系统或其单元的修理。⑤中期考试和满师考试要求，对考试时间、考试科目、考试内容和考试形式作了规定。机械制造机械师培训大纲将每个培训要点逐一进行了细化，包含三部分内容：一是基础职业教育，是对第1至第12个培训要点的细化表述，内容涉及了解培训合同的意义和作用，了解培训企业基本情况，知晓劳动合同法基本知识，掌握劳动保护、劳动安全和环境保护知识，了解工作程序，基本职业操作技能训练要求等。二是职业专业教育，是对第 13 至第 23 个培训要点的细化表述，强调专业操作技能的训练。三是重点职业专业教育，分为“普通机械制造”“造秤”和“生产机械学”三个专业方向，列出每个专业方向的培训要点。

各个州及各企业、各个专业的安排计划都不相同。一般每个专业安排 26—36 门实践课程，总学习时间 4000—5000 小时。例如，图林根州的博世公司（EISONACH）企业职业培训中心的机电一体化专业，共安排实践课程 34 门，学习时间 4320 小时，其中学习时间最长的课程是企业岗位实习，达 1480 小时，学习时间最少的有 14 门课程，各为 40 小时，平均每门实践课程学习 128 小时。

保持修标常态化，适应经济社会要求。德国目前有 328 种国家承认的双元制培训职业。自 2003 年以来，联邦职业教育研究所代表联邦政府与社会合作伙伴和企业代表合作修订和新设了 217 个培训条例，其中修订 180 个，新设 30 个，以适应经济、技术和社会发展要求。2013 年新设 2 个培训条例，修订 12 个，有 26700 名徒工按照新标准接受企业职业教育。从 2014 年 8 月 1 日起，德国启用 9 种新修订的职业标准，涉及冰激凌制作工、汽车车身和汽车制造技工、办公室管理职员、保险与金融服务经纪人、农业与建筑机械机电工程师、室内装饰工、糖果糕点制作工、弹拨乐器制作工和周期机电工程师 9 种职业。联邦职业教育研究所目前正在修订的培训条例达到 13 个，修订后的条例有望在 2015 培训年颁布实施，涉及法律、专利律师、公证助理和屋顶工等职业。联邦职业教育研究所副所长莱因霍尔德·魏斯（Reinhold Weiß）指出，高质量的职业教育与培训为德国创新能力和竞争力提升提供了技能人才支撑，青年人学习与实践相关的技能，这些技能不仅与劳动力市场相关，符合企业的需求，而且也增加了具有吸引力的就业机会，其中的一个证据是德国青年的失业水平比较低①。

2. 课程标准

职业标准由联邦政府制定，课程标准则由各州文教部长常设会议

① The new training year begins with nine modernised dual training occupations [EB/OL]. [2014-07-31]. http: //www. bibb. de/en/pressemitteilung_ 15119. php.

(KMK) 制定。每个职业标准都有一个对应的课程标准，德国称为“框架课程”(Rahmenlehrplan)。框架课程是双元制学生在职业学校学习的、与职业标准相对应的专业理论课程。职业标准侧重规范职业操作技能，而课程标准侧重规范专业理论的学习。另外，二者的学习地点也有区别，前者是在企业，后者则是在职业学校。框架课程由各州文教部长常设会议发布，以保证课程标准的应用在各州的统一。学生在部分时间制职业学校每周学习 12 小时。三分之一时间用于文化课学习，三分之二时间用于与特定职业相关的专业理论课学习。

不同专业的学习时间和科目的数量有所差异。一般说来，专业理论课一般设 13—17 个学习领域（科目），学习时间为 40—53 周，总学习时间 900—1300 小时，安排在 3.5 年内按照职业成长规律分步进行。例如，技术电子工专业有 13 个科目，共学习 1020 小时，其中第一年学习 4 门课 320 小时，第二年学习 4 门课 280 小时，第三年学习 3 门课 280 小时，第四年学习 2 门课 140 小时。机电一体化专业设 13 个科目，共学习 920 小时①。“面包师框架课程”包含概述、职业学校教育使命、教学原则、职业概述和学习领域（科目）5 个部分。面包师专业学制 3 年，第一年学习 4 门课 320 小时，第二年学习 4 门课 280 小时，第三年学习 5 门课 280 小时，3 年总计学习 13 门科目共 880 个小时。每门科目都对学习目标和学习内容作了规定②。

3. 文化课标准

文化课科目学习内容由各州自行颁布。文化课占总课时的 20%—30%，包括体育、社会学（政治）、德语、宗教 4 门必修课程和英语、计算机等选修课程，按照年级不同平均每周学习 6—12 小时。

（三）教师资格标准

德国的双元制职业培训之所以取得成功，得益于它具有一支实力雄

① 王亚盛．德国职业教育课程体系构建及特征分析［J］．职业技术教育，2007（35）：77-80.

② Rahmenlehrplan für den Ausbildungsberuf Bäcker/Bäckerin (Beschluss der Kultusminister konferenz von 29. 01. 2004)［EB/OL］．［2014-06-28］．http：//www.kmk.org/fileadmin/pdf/Bildung/BeruflicheBildung/rlp/Baecker.pdf.

厚、类型结构合理、质量水平高的师资队伍。1810年，德国开世界教师资格制度之先河，开始实行教师资格制度。德国职业教育教师分为三类：职业学校专业理论教师、职业学校实习指导教师和企业培训教师。不同类型的职业教育教师由不同渠道培养。专业理论课和基础课教师由各种大学和专门学校培养。

职业学校的专业理论教师都要经过两个阶段的培养，并修习教育专业。第一阶段为大学学习阶段。要求在综合性大学学习8个学期以上，选两门专业课。大学阶段学习结束后，参加国家第一次考试，取得两门专业课的毕业文凭。然后在各州举办的见习学院开始第二阶段的专业实习与见习，时间为18个月。见习阶段的学习又包括两部分，即见习学院的学习及与见习学院挂钩的职业学校的实习。见习教师每周在见习学院学习5小时的理论课。其中有3小时主要课程和2小时专业课程。主要课程学习学校教育学，如课堂计划、课堂分析、学习心理学，还有学校条例和学校管理等。专业课程主要是学习专业教学法。学校实习课要在职业学校完成。实习包括在学校旁听，在教师指导下上课，独立上课等。在见习学院和职业学校实习完毕后，参加国家第二次考试，考试通过后获得正式教师证书，持正式教师证书者才有资格被聘任为职业学校教师。

职业学校实习指导教师必须具备技师或手工业师傅资格，还要持有中等教育毕业证书。另外，又要具有两年以上的实际工作经验，再接受1.5年的教育实习才能被聘为专业实习指导教师。实习指导教师由职业技术学校培养，专职与兼职教师并举。德国十分重视发挥社会上各种专门人才的作用。职业学校聘请大量兼职教师，他们多为社会名流、学者、医生、教授等。也有少数专业性很强的课程，请手工技术人员作为兼职教师。有些职业学校专职教师与兼职教师比例达到1∶1，甚至兼职教师比例更大。兼职教师是德国职业教育中一支不可或缺的教学力量。由于德国在职业教育师资队伍的数量建设上采取了切实可行的措施，从而使职教师资的数量满足了职教发展的要求。

德国相关法律法规规定了企业培训教师的资格标准，在《职业教育法》《手工业条例》和《企业培训教师资格条例》等法律法规中对企业培训教师资格标准作了规定。资格标准包括人品素质、专业素质、学历要求和工作经历等方面。人品素质是指没有违法犯罪行为，人品没有瑕疵，具备合格公民素养。人品素质是企业培训教师的最基本要求。《职业教育法》第 28 条规定："只有具备相应人品和专业资质者，才能培训徒工。"《手工业条例》第 21 条第 1 款规定："凡本人人品相宜者可以雇佣徒工（学徒），人品和专业条件均相宜者方可培训徒工。"专业素质是对企业培训教师的业务能力要求。《职业教育法》第 30 条第 1 款对专业素质内涵进行了原则性界定："人员应被认为具有必要的专业资质，他们具有在该职业实施初始培训和在培训过程中所需的职业技能、知识和能力以及教学技能、知识和能力。"企业培训教师还需要具有相应的学历和工作经历，《职业教育法》第 30 条第 2 款规定："1. 通过相应职业领域的专业考试；2. 通过了培训机构或考试部门举办的相应职业领域里国家承认的专业考试，或是通过了州立学校举办的结业考试；3. 通过了德国高等教育机构举办的相应职业领域里的专业结业考试，并具有对口职业的工作经历和实践能力。"联邦政府可对相关的教师职业资格考试作出规定，《职业教育法》第 30 条第 3 款规定："联邦经济和劳动部或其他主管部委，在征得联邦教育和研究部同意和听取联邦职业教育研究所董事会意见后，以无须联邦参议院表决同意的法规形式，可对国家承认的职业考试作出规定。"

三、职业教育资格体系

2012 年 12 月，德国向欧盟提交与"欧洲资格框架"对接的参照报告，标志着国家资格框架的设计和研制工作的正式完成。2013 年 5 月，德国宣布正式实施国家资格框架，构建了以学习结果为导向的、涵盖各级各类教育的总体国家资格框架，以增加德国资格在欧洲的透明度和可比性，增强资格间的渗透性，推动终身学习发展。

（一）资格框架结构要素

参照报告的完成标志着德国资格框架达到了欧盟规定的与欧洲资格框

架对接的 10 条标准，完成了国家资格框架的开发与构建。德国国家资格框架的目标是：增加德国资格的透明性，促进德国资格在欧洲其他国家的承认；支持学习者和人员在德国国内和其他欧洲国家之间的流动；增强资格间的等同和差异的可视性，促进不同资格的渗透性；提高资格的可信度；促进机会迁移和加强质量保障；强化资格的能力导向；加强资格过程的学习结果导向；增加接受非正规和非正式学习结果鉴定和认定的机会，促进参与终身学习。

德国采用了与“欧洲资格框架”完全一致的 8 级结构，强调以学习结果理念为引导，以四维目标构建等级标准，展现职业资格类型多样化，构建了有德国教育特色的国家资格框架。

1. 采用以学习结果为导向的理念

“学习结果”（Learning Outcomes）是“欧洲资格框架”的一个重要的核心概念，它是指“一个学习者在完成一个学习过程后知道什么、理解什么和能够做什么的陈述，学习结果从知识、技能和能力方面来定义”①。学习结果导向主要是区别于传统教育过分强调学习年限等输入和过程要素，转而更加注重学习的产出和结果要素，形成从注重输入和过程变为更加注重产出和结果的新的学习范式，是现代教育理念和特征的具体体现。

在“欧洲资格框架”的推动下，以学习结果为导向的理念对欧盟各国教育产生了重大影响，以学习结果理念作为构建国家资格框架和描述资格的指导原则，促进理念更新和学习范式转变，加强在不同学习背景下取得的学习结果的认证。德国顺应欧洲教育发展趋势，采用以学习结果为导向的理念，资格框架以能力作为统称来描述学习结果。德国对学习结果的定义是，学习者在完成一个学习过程时知道什么、理解什么、能做什么和准备做什么。德国认为，以学习结果和能力描述资格，可增进资格的可读性、可理解性、可比性和可评价性。在学习结果理念的引领下，德国着力推动各级各类教育改革。在普通教育领域，制定以能力为导向的教育标

① THE EUROPEAN PARLIAMENT AND THE COUNCIL OF THE EUROPEAN UNION. Recommendation of the European Parliament and of the Council of 23 April 2008 on the establishment of the European Qualifications Framework for Lifelong Learning [Z]. 2008.

准。在职业教育领域，引入资格模块和学习领域概念，修改和完善以能力为基础的培训条例和学校职业教育框架课程，着力培养学生的综合专业行动能力。高等教育领域，在博洛尼亚进程的推动下，以模块形式构建课程。继续教育领域，采用各种能力导向的方法构建教育标准。

2. 以能力概念作为学习结果的统称

在欧洲资格框架里，以知识、技能和能力三个维度描述学习结果，而在德国资格框架里将能力作为学习结果的统称。“能力”是德国资格框架的核心概念。在德国资格框架语境下，能力是一个综合概念，指运用知识、技能的能力和准备程度及在工作或学习情境里具有的个人能力、社会能力和/或方法能力，以经过深思熟虑的方式及对个人和社会负责的态度行事和表现自己。在这个意义上能力可理解为综合行动能力。

按照德国对教育的理解，其资格框架是基于一种宽泛的教育概念，仅是凸显了能力的部分特征，像可靠性、精确度、耐力和注意力、跨文化和宗教能力、积极的宽容和民主的行为模式及规范、伦理和宗教反思能力等方面，也都作为行动能力培养的构成要素。因而，德国资格框架里能力的概念可与职业行动能力的概念联系起来，而职业/专业行动能力是德国双元制体系里职业教育与培训的重要特征。德语国家一般对能力都有着宽泛的理解，将认知、情感和动机等成分要素考虑在能力范畴之内，把学生的成熟全面、综合行动能力及参与和反思能力作为培养目标，从而架起了职业教育与普通教育之间的桥梁，减少了两者间的差别。

3. 以四维目标构建等级标准

德国资格框架等级标准由维度、次级维度和要素三个层级构成。维度包括专业能力和个人能力，专业能力分为知识和技能两个次级维度，个人能力分为社会能力和自主性两个次级维度，四个次级维度构成构建等级标准的四维目标。方法能力是一种跨部门能力，因而在 DQR 矩阵中未单独列出。知识用广度和深度来描述。知识的广度是指与某个资格相关的普通知识、职业岗位知识或技术知识包含的领域的数量，而知识的深度是指对一个普通知识领域、职业岗位知识或技术知识领域的渗透程度。技能包括工具性能力、系统性能力及判断力。工具性能力是指有效运用思想、理论、方法、工具、技术和设备的应用性能力，而系统性能力旨在产生新的东西，它们以工具性能力为条件，需要具有评价复杂的相互关系和正确处理这些相互关系的能力。社会能力包括团队工作能力、领导能力、参与能力和表达能力，而自主性是指个体具有自主性责任/责任心、反思能力和学习能力。反思能力要求个人具有应对变化、从经验中学习及进行批判性思考和采取行动的能力。

每个次级维度包含若干关键要素，关键要素一般是等级标准所要求的最核心的知识点、技能点和能力点。例如，六级资格（相当于专科和本科层次）等级标准，总体要求是具有规划、处理和评估综合技术任务和各种问题的能力，具有在一个科学学科或一个职业活动领域里分领域的自主过程管理的能力。这些结构性的要求具有复杂性和时常变化的特点。在知识方面的要求是，具有广泛和综合的知识，包括具有某个科学学科的基本科学原理和实际运用方面的知识及对最重要理论和方法的批判性理解力——对应于德国高等教育资格框架一级资格（学士学位层次），或是具有广泛的和综合的职业知识，包括具有当前技术发展方面的知识；具有某个科学学科进一步发展，或是职业活动领域方面的知识，并且具有其他领域交叉点的相关知识。在技能方面的要求是，具有某个科学学科、继续学习领域或职业活动领域里处理复杂问题的各种极为广泛的方法，制定新的解决方案，根据不同标准甚至在要求处于经常变化的情况下评估这种解决方案。在社会能力方面的要求是，承担与专家团队一起工作的责任，或表现出领导小组或组织的责任，向他人传授技术发展信息，以可预见的方式解决团队内的问题，向专家呈现论点及对复杂的专业上的问题的解决方案，同这些专家合作推动工作的进一步发展。在自主性方面的要求是，定义、反思和评价学习和工作过程目标，自主地和持续地组织学习和工作过程①。

（二）职业资格类型

德国国家资格框架收录了包含学术学位资格和职业性资格在内的22种

① Bundesministeriums für Bildung und Forschung（BMBF） and Kultusministerkonferenz（KMK）. German EQF Referencing Report［R］. 15th November, 2012.

资格类型，学术学位资格包括学士学位、硕士学位和博士学位 3 种，分别对应六级、七级和八级资格，其余为职业性资格，包括从一级到七级的各级各类职业性资格，职业性资格成为德国资格框架的主体部分。

职业性资格分为非学位类职业资格和学位类职业资格两大类。非学位类职业资格是职业性资格的主体，种类繁多，分布在不同资格等级，又可分为以下几类。①预备职业培训证书，包括就业署职业预备培训计划证书、职前培训年证书、青年入门培训证书等小类，属于资格框架中一级和二级资格，学历层次对应国际教育标准分类划分的初中阶段教育（97 版 ISCED 2B）。②双元制职业教育与培训证书。双元制学徒培训是德国职业教育的一大特色，资格证书有 2 年制、3 年制和 3.5 年制 3 种类型。2 年制属于三级资格，而 3 年制和 3.5 年制属于四级资格，尽管三种类型属于资格框架中不同等级的资格，但它们在学历层次上都对应于国际教育标准分类划分的高中阶段教育（97 版 ISCED 3B）。德国目前有 344 种得到国家承认的双元制培训职业资格，作为附表已经全部纳入资格框架，其中 2 年制有 38 种，3 年制 253 种，3.5 年制 53 种。③全日制职业学校证书，分布在资格框架的二级、三级和四级资格中，学历上属于初中和高中阶段教育。④行业性职业资格，基本是经过行业协会考试和认证的职业资格。属于五级资格的有信息技术专家和服务行业技术员等专业技术职称，在学历层次上，德国认为它们不属于国际教育标准分类划分的任何教育阶段，然而从它们的资格等级定位上大致对应中专或专科层次。属于六级资格的有商业专家、商务管理专家和信息技术专业操作人员等小类，学历层次上对应国际教育标准分类划分的 5B，这一般被认为是专科层次。⑤“师傅”资格。分工业师傅和手工业师傅两类，师傅资格是由联邦法作出规定的、受监管的继续职业教育资格，一般在完成双元制职业教育与培训后，经过全日制学习一年，或非全日制学习 2 年至 4 年或函授课程学习 2.5 年，并具有相应实践经验，参加并通过行业协会举办的考试取得师傅头衔。师傅资格属于六级资格，学历层次对应国际教育标准分类划分的 5B 层次。“师傅”不仅具有与职业相关的知识和精湛技能，而且还具有管理和领导能力，高度的责任心和学习能力，体现出综合且均衡的素质（见表 3-4）。

表 3-4　电气工程专业工业师傅能力水平描述

职业能力		个人能力	
知识	技能	社会能力	自主性
深度和广度	工具性能力、系统性能力和判断能力	团队和领导能力，参与和表达能力	自主责任心和责任感，反思能力和学习能力
毕业生具有下列领域的知识： • 运行维护、生产； • 基础设施； • 制造和装配； • 职业及与工作相关的教育学； • 法律； • 企业管理； • 信息、通信和规划方法； • 企业合作； • 自然科学和技术规律； • 技术学（基础设施系统和操作技术，自动化和信息技术）； • 组织（公司成本管理，规划、控制和通信系统，工作保护、环境保护、卫生和安全）； • 领导和人事（人事管理、人员开发和质量管理）。	毕业生能够： • 按照相关规则，适当地安装电气设备和系统，规划、组织和监控其维护； • 确保企业新安装的机器、设备和系统的能源供应，在处理新装配组件时认识和考虑到对制造过程的影响； • 按照相关规则，规划自动化和信息系统，使之投入运营并维护它们，采取相关措施改进自动化过程，并将自动化和信息系统合并进上游系统； • 记录和评估企业管理相关性和成本相关因素，展示成本控制的可能性，计划、组织、实施和监测能提高成本意识行为的措施； • 运用计算方法和时间管理方法； • 评估组织因素和人员因素，将其作为重要的成本因素； • 认识到系统的重要性，按照要求选择它们，运用适当的系统去监测规划目标和过程； • 认识到相关规程和规定的重要性，确保能够遵守，预防风险，分析存在的不足，采取措施予以避免或解决这些缺点； • 确保人员具有工作保护、环境保护及卫生和安全方面的意识，并采取相应行动； • 按照人员质量和数量方面的规划，系统地实施人员开发计划； • 合作实施质量管理体系，为改进生产和企业可持续发展做出贡献； • 分析工作要求并使之结构化，提出合理的解决方案。	毕业生能够： • 按照公司发展目标对人员进行管理，根据相关规定和业务标准并考虑到他们个人情况、资格和兴趣，向他们分配任务； • 引导员工采取自主和负责任的行动，激发他们的动机并吸收他们参与决策过程； • 在适当时间并以适当方式激发员工工作热情，提高工作效率； • 协调和监督小组工作； • 促进员工间及与上司和工作委员会间的以目标为导向的合作和沟通； • 合作制定人员工作标准； • 对个人和小组进行评价，积极促进适合员工能力水平的素质提升； • 提升员工参与创新的准备程度，鼓励他们参加企业内外的系统性继续教育； • 运用适当的呈现方式，讨论和解释所提出的解决方案。	毕业生能够： • 规划工作过程，包括使用材料和资源，参与规划和实施新的工艺和制造过程； • 提出成本预测，监控成本发展，确保实现成本效益； • 制定有关生产质量和数量方面的管理规程，确保遵守这些规程； • 与生产主管人员合作，协调和监控维护工作及企业相关生产领域； • 与安全员合作，确保遵守工作安全、环境和卫生规定； • 与人员上游规划小组合作，提出建议并将车间数据和生产结果纳入规划过程； • 按照相关的管理规程，设计符合人体工程学原理的工作场所和地点； • 制定条例和标准，开展企业技术创新，组织和监控新的工作计划的实施； • 与他人合作，共同提出有关新技术概念的建议，帮助形成永久性工作和生产改进过程。

资料来源：Bundesministeriums für Bildung und Forschung（BMBF）and Kultusministerkonferenz（KMK）. German EQF Referencing Report［R］. 15th November，2012.

学位类职业资格，包括由应用科学大学和双元制大学（合作教育大学）授予的以实践为导向的学士学位和硕士学位，属于资格框架中六级和七级资格。自20世纪60年代末起，德国将工程师学校、高级专业学校合并组建成126所应用科学大学，培养本科和硕士层次的应用型技术技能人才①。

四、企业职业教育体系

德国的双元制是世界职业教育的典范。学生（学徒）在企业和学校两个学习地点交替进行技能培训和文化理论课学习。德国双元制的成功得益于完善的产业教育和学校职业教育两个体系的强力支撑。德国早在1969年就通过了《联邦职业教育法》，2005年又对其进行了修改，该法调整对象不是学校职业教育，而是企业职业教育，形成了企业职业教育由联邦政府负责、学校职业教育由州政府负责的德国特色。德国的职业教育法正是一部确立了政府引导、行业主导、企业实施的现代产业教育体系的法律，为产业教育体系的确立提供法律保障。

（一）政府发挥引导协调作用

政府通过法律标准引导和规范企业职业教育。德国先后颁布《手工业条例》《职业教育法》等法律，建立了较为完备的、相互补充的企业职业教育培训法律体系。不是所有职业都适用于双元制，政府通过确定培训职业（国家职业目录）来规范双元制培训。培训职业是国家承认的、向18岁以下青少年实施技能培训的国家职业目录，是职业标准制定的依据，目前有344种适用于学徒培训的职业。政府通过制定国家职业标准（培训条例）来保证双元制培训质量。“培训条例”是德国双元制语境下国家承认的、以法规形式颁布的国家职业标准。培训条例具有约束力，从而保证了

① 李建忠．德国国家资格框架的特色分析［J］．职教论坛，2013（19）：87-91.

统一的国家标准。

（二）行会发挥主导作用

德国《职业教育法》所称的“主管机构”（competent body）即指“行会”（chambers），成为行会的代名词。行会在企业教育中履行着法律赋予的职能，担当着组织者和管理者的角色。德国几乎在每个行业都设有行会，主要有工商业行会（IHK）、手工业行会（HWK）、农业行会（LWK）、律师行会（RAK）、税务顾问行会（StBK）、医师行会（AK）等主要行会，每个行会设有众多的地区一级机构，负责管理自己业务范围内的双元制职业教育。

1. 法律明确了行会的性质和地位

《职业教育法》对各相关领域的行会机构作为职业教育培训组织者即主管机构作了明确的说明。其中，第三编“职业培训组织”第一章“主管机关、主管机构”第 71 条规定：①在手工业条例中的职业培训，本法所称的主管机构是手工业行会；②除手工业企业和类似企业之外所有小型企业内的职业培训，本法所称的主管机构是工商业行会；③对农村经济及乡村经济行业内的职业培训，本法所称的主管机构是乡村、经济行会；④对于专业领域如法律事务领域内雇员的职业培训，像律师、办理专利问题的律师、公证事务所等机构，本法所称的主管机构是各行业的行会；⑤对于经济检查、税收顾问及相关领域内的从业人员，其职业培训主管机构是各行业的行会；⑥对于健康服务领域内从业人员的职业培训，如医生、牙医、兽医及药店等从业人员的职业培训，其主管机构是各行业的行会。法律还规定，如果一个行业有多个行会存在，那么则由行会自己协调指定一个行会来履行本行业企业教育的组织管理，但这需要得到上级联邦或州主管当局的批准。从以上条款可以看出，法律明确了行会作为企业教育培训的组织者和管理者的地位。

2. 行会在双元制职业教育中的职能

德国行会是依法设立和法律授权的管理指导企业教育培训、具有一定行政管理职能的专业管理机构，行会在双元制职业教育模式中的作用主要体现在以下三个方面。

（1）审查认定培训企业资质和培训教师资质。行会负责对“双元制”职业教育模式中最主要的“一元”企业培训机构进行资质审查、管理及日常监督。《职业教育法》第 32 条“资质适宜性审查监督”规定，主管机构（行会）要负责审查监督培训场所的适宜性及企业培训人员的人品和专业资质。一旦发现资质存在不足，如果这些不足可以弥补且不对受训生造成危害，行会应要求培训企业限期弥补这些不足；如果这些不足不能弥补，或者这些不足会对受训生造成危害，或者培训企业在规定期限内不能弥补这些不足，行会应将有关情况通报给州主管当局。行会还负责企业培训教师资格证书考试和资格认定。

（2）负责学徒培训合同各阶段的管理。《职业教育法》第 10 条规定，培训雇主须与受训生订立培训合同。合同的标准文本由各相关行会负责制定。培训合同包含培训的性质、课程内容、培训的不同阶段和目的，特别是培训的活动方式、培训的开始日期和培训期限、在培训场所之外提供的培训课程、每天正常培训的课时数、实习期课时数、学徒津贴及其支付方式、假期期限、解除培训合同的条件。合同签订后，培训者应随即将一份经签名的合同文件交给受训人或者其法定代理人，并立即将合同签订记录上交给相关行会。

（3）组织实施学徒考试和认证资格。《职业教育法》第 37 条规定：“凡国家认可的培训职业均应举行结业考试。”第 39 条规定：“主管机构应设立考试委员会负责安排结业考试。”同时第 40 条还规定了考试委员会的组成情况，考试委员会应至少由 3 名成员组成，委员会成员应该是该项考试所涉及领域的专家，并应具有行使主考官员所必需的能力。考试委员会的成员中，雇主方面和雇员方面应有相同数目的代表，并至少有一名职业学校的教师，成员总数中，至少应有三分之二为雇主和雇员代表，每个成员应有一名候补委员。考试委员会成员由主管机构委任，任期为 5 年，受雇人方面的成员由受雇人所属工会和主管机构辖区内关心职教政策和社会组成的独立社团推荐，而后委任之。考试委员会负责评价每位受试人的结业考试成绩，每个人的总体成绩通过或没有通过结业考试由考试委员会决定。第 43 条“结业考试的许可”和第 46 条“准许参加结业考试”规定：“关于准许参加结业考试的决定由主管机构作出，如果他们认为受培训人不具备必要的条件，那么此决定由考试委员会作出。”第 47 条“考试规则”中规定：主管机构应颁布结业考试的考试规则，考试规则要得到有关州、最高主管当局的批准。考试规则应规定准考条件、考试方式、考试的分段、评分标准、考试证书的颁发、违反规则的后果及重新考试的可能性①。

（三）企业是学徒培训实施主体

根据法律规定，只有经过行业或政府认定的企业才有资格招收学徒，只有通过了行业组织的“师傅”资格考试的人才有资格担当企业培训教师；企业的主要职责是与学徒签署培训合同，按照职业标准规定的技能、知识和能力要求，安排合格企业培训教师对学徒进行培训。企业规模不同，职业培训参与程度也不同。企业规模越大，参与程度就越大，提供和实施职业培训的比例就越高。2011 年，微型企业（1—9 人）提供实施职业培训的比例为 14.2%，小型企业（10—49 人）为 45.7%，中型企业（50—249 人）为 67.6%，大型企业（250—500 人以上）为 84.8%。小微企业由于规模小，培训设施和人员不足，因而参与提供职业教育培训的比例较低，而大中型企业由于培训需求大，加上设施完善，有合格的培训教师，职业培训参与程度较高，在企业职业教育与培训中中型和大型企业发挥着主导作用。2011 年，不同规模的企业接收学徒的比例，大型企业 27.1%，中型企业 27.2%，小型企业 26.1%，微型企业 19.5%。从趋势上看，微型企业接收学徒比例有所下降，从 1999 年的 22.5%下降到 2011 年的 19.5%，小型企业和大型企业基本分别维持在 26%和 27%，而中型企业同期从 23.1%上升到 27.2%。

中小企业由于缺乏合适的培训教师或者由于经营业务范围的限制，

① 蔡跃，王继平．从《联邦职业教育法》看德国行会在职业教育中的作用［J］．教育理论与实践，2011（2）：25-27.

常常难以提供所有培训内容。为解决这些问题，德国中小企业采取以下形式培训学徒：一是设立“跨企业培训中心”（inter-company vocational training centres- ÜBS），通常由相关的行业自治机构创办，作为对企业培训的补充。联邦教育部支持这种跨企业培训形式，提供基础设施建设方面的经费支持，联邦职业教育研究所负有协调跨企业培训中心发展的法定责任。二是“合作伙伴培训模式”，即由一家企业牵头，对培训负有全部责任，伙伴企业参与。牵头企业负责主体部分培训，各个伙伴企业则负责部分培训。这也是一种培训联盟的形式。三是“订单培训模式”（Auftragsausbildung），即部分培训安排在企业外进行，通常委托具有良好培训设施的附近大型企业进行培训，委托企业采取订单方式并支付培训费用。四是“培训联合体模式”（Ausbildungskonsortium），即若干中小企业联合起来共同接收学徒。如果一家企业不能提供相应的培训内容，那么学徒则到另一家企业接受培训（采取轮流方式）。企业间签署合作协议，采取平等合作、各自培训自己的学徒的原则。五是“培训协会模式”（Ausbildungsverein），个别企业建立一个以培训为目的的组织，负责签署合同等组织任务，同时提供培训。章程规定了各成员企业的权利和义务①。

（四）工会具有参与企业职业教育的广泛权利

法律赋予工会参与企业职业教育的广泛权利，《职业教育法》《工作宪法法案》和《雇员代表法》等法律作了具体规定，工会作为其中一方参与行会职业教育委员会、学徒考试委员会和职业标准的制定。工会在双元制职业教育中的重要作用还表现在劳资双方通过集体谈判确定学徒津贴。一个学徒的月津贴大致相当于一个技术工人起始工资的三分之一，平均每月为 761 欧元。

---

① Federal Institute for Vocational Education and Training (BIBB). Germany VET in Europe-Country report 2012 [R]. Bonn, 2013: 14-15.

五、职业教育质量保障体系

（一）职业教育质量保障体系的政策背景

德国职业教育历来在世界范围内享有较高的声誉。近几年在欧洲经济危机和青年失业率居高不下的背景下，德国青年群体的高就业率表现突出，这往往也被归功于双元制职业教育的成功。但是即便如此，德国职业教育同样面临挑战。一方面，随着高等教育的持续扩张和社会整体学历层次的提升，青年人越来越倾向于进入大学学习而不是参加职业教育培训；另一方面，企业往往难以招到适合的技能人才，双元制培训岗位的空缺比例不断提高。这可能会导致企业参与双元制培训的积极性降低，进一步加剧专业劳动力短缺的情况。

在这样的背景下，如何保持和增强德国职业教育的吸引力成为德国职业教育政策讨论的主要议题，而其核心就是德国职业教育质量的保障和提高。2005 年德国将原《职业教育法》和《职业教育促进法》进行了合并修订，新的《联邦职业教育法》明确规定，“致力于提升职业教育质量”是各州职业教育委员会和各行业职业教育委员会的一项核心任务。

（二）职业教育质量保障体系的制度框架

在德国，全国性的职业教育质量保障体系是由一系列相互连接的法规条例和质量标准构成的。这些法规和标准包括《联邦职业教育法》（BBiG）规定的职业教育基本原则，各行业《职业教育条例》规定的最低质量标准及联邦职业教育研究所（BIBB）主管委员会发布的各项关于促进职业教育质量发展的建议。

《联邦职业教育法》是德国职业教育的基本法，是独立于《教育法》之外，跨州、跨地区、跨教育部门的联邦层面的法律。其内容包括“总则”“职业教育”“职业教育的组织”“职业教育研究、规划与统计”“联邦职业教育研究所”“处罚规则”“过渡条款与衔接条款”7 大部分共 103 条。对职业教育的目标、类型、主体、组织、考核、资格授予、权利与责任等重大问题进行了规定，这些规定是各行业职业教育条例制定的基本原则。

《培训条例》由联邦经济与劳动部和联邦教育与研究部根据职业教育的专业门类颁布，是各个具体专业职业教育在实践层面的“操作指南”。《培训条例》规定了具体专业双元制职业教育的学制时间、培养目标（培训对象需要获得的知识和技能）、培训大纲、考试条例、附加条件等。《培训条例》是具有法律约束意义的培养纲要，是企业承担（双元制）职业教育培训的基础，是统一的国家职业教育标准和考试标准的保障，也是对在企业进行的职业教育的约束。目前，德国共有约 330 个行业的培训条例，这些条例所规定的职教各方面的最低标准被视为德国职业教育质量保障的底线。

此外，联邦职业教育研究所作为德国职业教育研究和发展的权威中心，在德国职业教育的质量保障体系中也发挥着重要作用。其职业教育主管委员会通过发布政策建议和咨询报告的形式，将职教研究的成果与政策制定及改革实践结合起来，对保障和提升职教质量起着促进作用。

双元制职业教育质量保障的另一个关键因素是校企合作是否成功，在这个环节上德国的行业协会发挥着重要的监督和咨询作用。行业协会根据联邦教育科研部颁布的《企业培训教师条例》（AEVO）对培训企业与培训单位（及培训对象）之间的契合程度进行把关，对培训合同进行检查和监督。更重要的是，职业资格考试是由各个相应的行业协会委员会作为第三方组织进行的，培训单位通常不参与。

（三）职业教育保障体系的特色

由于德国双元制职业教育模式的特殊性，其质量保障体系也具有不同于学校职业教育模式的突出特征。

双元制职业教育模式的核心在于教育培训的场所由学校扩展至企业，而行业协会作为企业的代表参与职业教育的目标制定、课程和培训方案设计及考核标准的制定等全部环节，因而职业教育标准的制定与职业实践的需求密切相关。这样一种设计被认为是对职业教育“输入”标准、基本条件和对培训目标进行定义，同时又持续地根据职业实践中的具体要求来调整职业培训目标，由此让这个系统实现一种永久性的质量控制。因而德国职业教育研究所将德国的职业教育系统描述成一个“学习型系统”。

除此之外的质量保障手段——如国际上比较流行的“质量管理系统”，在德国的企业职业培训领域并没有被广泛采用。尤其是德国双元制职业教育的参与企业大多数都是中小型企业，对于他们而言“质量管理系统”并不适用。

由此可以理解为什么德国职业教育质量保障的情况与多数欧洲国家不同。在那些主要进行学校职业教育的国家，职业教育质量保障更多强调“出口”，通过质量管理体系设定外部指标来进行质量保障。

在德国有关职业教育质量保障的讨论中，职业教育质量保障的内涵包括确立培训目标和原则，保证和提高教育培训质量并对此进行相应的检验和证明，这与选择和适用什么样的质量保障工具无关。质量管理系统也只是很多保障手段中的一种。德国职业教育和职业继续教育质量保障体系的核心是以《职业教育法》为基础、由各专业《培训条例》规定的全国统一的“最低标准”，这种保障方式是在历史传统中形成的，具有鲜明的德国特色。

（四）职业教育保障体系与欧盟职业教育保障标准的对接

在欧盟层面，以促进区域职业教育合作、提升职业教育质量保障为目标的“哥本哈根进程”于2002年启动，这一进程确立了区域职业教育一体化的合作机制，并初步建立起一个欧洲职业教育质量保障系统的制度框架。构成欧盟职业教育培训质量保障系统基础的是“欧洲关键能力框架”和“欧洲终身学习资格框架”（EQF），系统的核心则是欧洲职业教育与训练质量保障参考框架（EQAVET）。

欧洲职业教育与训练质量保障框架规定了职业教育保障的4个相互关联步骤（即“质量环”）——设计、实施、评估和反馈，以及10个核心指标，即“师资培训投入”“职业教育参与率”“职业教育完成率”“就业安置率”“培训技能使用情况”“失业率”“弱势群体职业教育参与情况”“劳动力市场培训需求分析预测机制”和“促进职业教育培训参与的策略”。这一套参考框架针对“国家/区域职教系统”和“职业教育机构”两类对象分别设计了一整套的数据分析和评价模式。这套系统旨在建立统一欧洲职业教育质量标准，帮助各成员国及职业教育机构对自身质量保障措施进行评估，了解学习其他成员国和职业教育机构质量保障体系的运行情况，开发职业教育质量保障的新理念，并引导相关部门和机构对如何建立和发展职业教育质量保障机制进行反思。

根据相关协议，包括德国在内的各欧盟成员国需要在各国引入这一套质量保障标准框架，因而德国联邦教育科研部于 2008 年在联邦职业教育研究所设立了欧洲职业教育质量保障的德国基准办公室（DEQA-VET）。这一办公室的主要职责是建立国内职业教育参与者与欧洲职业与培训质量保障框架之间的联系，促进信息的交换；支持欧洲职业与培训质量保障框架在德国的实施；针对德国职业教育系统发展相应的具体的手段支持职业教育质量保障；提升职业教育参与方对于应用质量保障原则、方法和工具的意识，等等。

德国基准办公室还根据德国职业教育统计的方法和特点对欧洲职业教育与培训质量保障框架的 10 个指标进行了分解，进行相应的数据收集和分析，以对欧洲职业教育与培训质量保障框架进行反馈，以及进行国家间的比较。

但与欧洲职业教育与培训质量保障框架进行对接对于德国而言更多的是在政策层面及促进欧洲职业教育合作方面的积极意义，也能够在一定程度上增强德国职业教育的开放性，并通过基于指标的国际比较为德国职业教育的政策讨论提供参考。而欧洲职业教育质量保障框架提出的指标体系对德国职教系统而言是一个在宏观上监测和评价整个职业教育系统的参考框架，对职教教育的质量保障具有一定的积极意义。但德国职业教育的质量保障的关键还是前文所说的由一个完善的法律条例体系构成的、以“最低标准”为核心的独特体系。

六、非正规学习认证与学分转换

（一）非正规和非正式学习认证

以正规学习（Formal Learning）、非正规学习（Non-formal Learning）和非正式学习（Informal Learning）对学习方式进行划分最早是英美（盎格鲁-萨克森）教育体系的划分方式，并通过 OECD 等国际组织的政策议题在全世界教育政策话语中推广。在德国，与非正式学习概念相近的是“经验学习”（Erfahrungslernen）或“工作过程中学习”（Lernen im Arbeitsprozess）。而非正规学习的概念传统上在德国并不常见，而是近年来随着欧盟发布一系列关于终身教育的决议和建议而在德国越来越多地被关注和讨论。德国传统的教育体系尤其是职业教育体系是高度制度化和结构化的，双元制职业教育和学校职业教育之外的职业继续教育或者普通继续教育项目，如果不能获得直接相应的职业资格，在德国都被归入非正规学习的范畴之中。

当前，在德国对非正规学习进修认证还没有适用于全国范围的法律基础和统一的制度建构。目前的已有认证方式有若干种，这些认证（无论是否以“认证”来命名）针对的目标群体、操作程序和适用范围各有不同，但主要都是参考现有的职业教育体系结构，将通过非正规学习途径获得的职业技能纳入现有的资格框架之中。在德国这样拥有高度制度化的职业教育体系的国家，这样的认证既针对参加继续学习的资格（对应正规学习方式的入学资格），也涉及考试评价，同时也与资格证书的授予相关。

1. 外部考试制度（Externenprüfung）

外部考试针对的是那些没有参加正规的双元制职业教育但拥有某一项具体职业技能并希望获得正规职业资格证书的人员，他们可以作为“外部考生”参加某一国家认证职业的资格考试，从而获得相应的职业资格证书。德国《职业教育法》第 45 条第 2 款和《手工业条例》（HwO）37 条第 2 款规定了这样一种特殊考试形式的合法性。

外部考试的具体程序和参加资格由各个行业协会的职业资格考试委员会决定。通常来说，参加外部考试的考生需要具备以下条件：考生在所报考的职业领域至少拥有比正规职业教育学时多一半的从业时间，例如，如果该职业正规职业教育学时为 3 年，则外部考生需要至少 4.5 年的从业时间。用于证明从业时间的文件包括工作合同、工作证书等。外国职业教育证书、从业证书等也可以被用于证明考生资格，退役军人也可获得特殊资格许可作为外部考生参加职业资格考试。

各个行业协会都有针对外部考生参加职业资格考试的辅导课程，联邦教育科研部"职业学历前景"项目下的 22 个地区项目也都有针对外部考试考生的咨询和支持服务①。

在 2005 年，德国参加职业资格考试的考生中大约有 7%的人属于外部考生。而在这 7%的考生当中，有 80%的人是在职工人。从 2000 年到 2005 年，作为外部考生参加职业资格考试的人数从 20700 人增加到 29600 人②。

2. 高级职业继续教育（Aufstiegsfortbildung）及其认证

高级职业继续教育针对的是那些已经完成基本职业教育、取得职业资格证书并已有一定年限的从业经历，希望获得更高专业职位和薪资级别的从业者。其形式是多种多样的，可以参加专业学校（Fachschule）或社会培训机构提供的相关课程，也可以是通过工作过程中非正式的经验学习来获得相关的理论和实践知识（如手工业从业者）。在德国，这些职业继续教育都被划为非正规教育范畴。

德国《职业教育法》和《手工业条例》对职业继续教育作了具体规定。根据《职业教育法》第 53 条和 54 条，联邦教育科研部可以根据与相关专业部委的协定来颁布针对具体高级职业资格的考试条例。如果还没有这样的条例，则由相关的行业协会来自行制定针对高级职业资格的考试条

---

① Bundes-ministeriums für Bildung und Forschung. Externenprüfung：Voraussetzungen，Beratung und Vorbereitung [EB/OL]. [2015-6-22]. http：//www. perspektive-berufsabschluss. de/de/501. php

② Patrick Werquin. Recognition of Non-Formal and Informal Learning：Country Practices [R]. OECD，2010：34.

例。到 2011 年，德国联邦范围内共有约 90 个相关高级职业资格的考试条例，由行会颁布的条例则多达 300 项。

3. 职业再培训（Umschulung）及其认证

职业再培训在德国始于 1972 年，针对的群体是那些因为健康、家庭等原因中断原有工作，或者因为就业市场需求变化等原因而失业的人员，他们的目的是通过重新参加职业培训获得一门新的职业技能和相应的职业资格从而实现再就业。培训人员原有的职业资格、技能、从业时间都会被考虑在内，因而职业再培训所需的学时通常比正规职业培训要短。职业再培训有双元制培训、学校职业教育、第三方组织的跨企业培训等多种形式，培训结束后培训人员需要通过相关行业协会的职业资格考试获得职业资格证书。

职业再培训在德国是解决失业人员再就业的重要手段，联邦和州政府会向失业人员发放教育券用于资助他们参加职业再培训，劳工局则在组织再培训中发挥重要作用。参加职业再培训的人员以女性居多，而完成率也比较高，2000 以来一直保持在 80%—90%。

4. IT 行业的继续教育认证

计算机和信息技术（IT）作为一个新兴的职业领域在德国经历了与传统行业不同的职业继续教育发展之路。IT 业在近一二十年发展迅速，工作需求量大，职业技能类别繁多，并且在国际和德国国内都发展出了多种不同的职业技能证书，不论是在社会职业培训机构还是高校的相关系科，IT 技术的教育和培训都已经成为一个重要的教育培训科目（专业），德国传统的职业培训系统很难将 IT 业继续教育纳入其中。为了适应 IT 业继续教育的现实需求，德国工商总会在 2002 年正式建立了适用于全国的“IT 行业继续教育系统”。

该系统将 IT 行业职业继续教育分为 3 个层次，第一个层次是专业人员（Specialist），包括软件与解决方案开发、协调、技术、管理和客户服务 5 大类的 14 个专业人员类别；第二个层次是“执行专家”（Operative Professionals），包括 IT 系统经理、IT 项目经理、IT 商业咨询、IT 市场经理共 4 类；第三个层次也就是最高层次是“战略专家”（Strategic Professionals），包括 IT 技术工程师和 IT 商业工程师两类。

IT 从业人员如果已有正规职业教育学历，或者有其他相关职业培训经历及一年以上从业经历或者没有相关培训经历但有 4 年以上 IT 行业从业经历，就可以申请第一个层次（专业人员）的继续教育认证。这一层次的认证没有公共法框架下的法定认证考试，任何经过德国认证委员会（DAkkS）认证的资格考试机构都可以主办相关资格考试。而第二和第三层次的认证属于联邦授权认可并适用于全国的公共法定考试，由德国工商总会下属的专门机构主办，每一个层次的考试都以获得前一层次的职业资格和一定年限的从业经历为前提条件。而高校 IT 专业毕业生也可参加第三层次也就是战略专家的认证考试，因而这一认证体系也将高等教育和职业教育连接了起来①。

以上是德国目前对非正规和非正式学习比较重要的几种认证方式，从中我们可以看到德国尚没有建立适用于全国的统一的非正规教育认证体系，目前已有的认证还是以现有的职业教育体系为基础，在相关法规条例框架内进行的。现有的这些认证旨在促进终身学习，并且打通不同教育层次、教育类型、学习方式之间的壁垒，希望最终实现将所有学习成果纳入国家资格框架的目标。

（二）职业教育学分转换和累积体系

在博洛尼亚进程的推动下，德国自 20 世纪 90 年代末开始引入欧洲学分转换和累积系统（ECTS），目前已经在高等教育系统内全面实施。但是欧盟同时在推行的欧洲职业教育与培训学分系统（ECVET）在德国职业教育体系内尚未得到全面应用，而是处于研究、政策讨论和试推行阶段。

参考欧洲职业教育与培训学分系统，德国联邦教育科研部于 2007 年启动了制定“德国职业教育学分系统”（DECVET）的工作。这一学分体系的主要目标是对不同轨道、不同层次和不同形式的职业教育项目的学习成绩和能力水平在统一的职业教育考核体系中进行认定和计算。制定这一系统的基础性工作包括“学习单元”的定义，学习成绩的评估、验证和记

---

① Weiterbildungs-Informations-Systems（WIS）. Überblich［EB/OL］.［2015-3-23］. http：//wis. ihk. de/informationen/spezialthemen/it-weiterbildung/ueberblick. html.

录，学分的认定，计算模型的开发和保障条件的建设，等等。该计划被分解为10个子项目，由不同的职业教育机构和研究机构负责。联邦教育部希望通过职业教育学分系统的设计和实施，实现职业教育不同轨道、层次和学习形式之间的“四个衔接”，包括“职业准备阶段与双元制职业培训阶段之间的衔接”“特定职业领域内部的不同职业资质之间的衔接”“双元制职业教育与学校职业教育之间的衔接”及“双元制职业教育与职业继续教育之间的衔接”①。

目前，这一学分系统的制定工作还在继续进行之中，联邦教育科研部希望通过该系统的建立实施，增强德国职业教育体系的透明度、通融性、灵活性和吸引力，避免时间损耗、过度和重复培训及可能存在的制度死胡同。未来，德国职业教育学分系统将与欧盟职业教育学分系统进行对接，也将会有助于基础教育、职业教育、高等教育及继续教育之间的衔接。

七、建设现代职业教育体系的经验

德国职业教育一直是许多发展中国家学习和借鉴的楷模，但很少有国家能够取得成功，其中重要的原因是缺乏像德国那样的完善的法律标准体系和产业教育体系的强力支持。德国职业教育有许多值得我们学习借鉴和深入研究的经验。

（一）依法治教是德国职业教育取得成功的重要经验

德国1969年通过的《联邦职业教育法》实际是一部企业职业教育法，确立了政府引导、行业主导、企业实施的现代产业教育体系。该法重点对双元制的培训合同要素、培训企业和培训教师资质认定、行会职权及其职业教育委员会的职能作了具体规定，从法律上保障了双元制培训制度的健

① Bundesministerium für Bildung und Forschung. Durchlässigkeit und Transparenz fördern-DECVET-Ein Reformansatz in der beruflichen Bildung［R］. Bonn/Berlin：BMBF，2012.

康运行。学校职业教育则由州立法规定。德国的经验表明，职业教育立法应坚持问题导向，注重解决核心关键问题，立法规定具体明确且具有操作性。我国在职业教育立法中应避免过多的原则性表述，增强法律的可操作性和可实施性。

（二）严格规范的职业标准成为培养高素质技术工人的关键

德国的双元制可以说是世界职业教育的典范，它的特点不仅表现在学校与企业间的交替学习形式，形成两个学习地点，而且它有着严格规范的职业标准，为提高职业教育质量提供了重要保证。职业标准在德国称为“培训条例”，它是以法规形式颁布的、对徒工从事某一法定职业所应掌握的职业知识、职业技能和职业能力的基本要求。培训条例具有约束力，保证了国家标准的统一。政府、行业企业和科研机构共同制定职业标准。标准内容明确细化技能点，保持修标常态化，适应经济社会发展要求。德国经验带给我们的启示是，要提高职业教育质量，培养高素质技能劳动者，必须高度重视适用于学校职业教育的职业标准建设，开发严格规范且具有约束力的职业技能标准。

（三）建立企业职业教育体系是推进产教融合的重要保证

德国《联邦职业教育法》明确了企业职业教育的范围，包括职业准备教育、基础职业教育、继续职业教育和职业再教育 4 个方面。法律确立了以行业企业为主导、利益有关方参与的企业职业教育体系。政府发挥引导协调作用，通过法律标准引导规范企业职业教育。行会发挥主导作用，管理指导企业教育培训，审查认定培训企业资质和培训教师资质，负责学徒培训合同各阶段的管理，组织实施学徒考试和资格认证。企业是学徒培训的实施主体，与学徒签署培训合同，按照职业标准规定的技能、知识和能力要求，安排合格企业培训教师对学徒进行培训。工会具有参与企业职业教育的广泛权利。正是建立了企业职业教育体系，德国的双元制才得以取得成功。我国需要完善和加强企业职业教育，职业教育不能由学校一家来办，应在法律框架下由学校和产业两家合作举办。

（四）建立国家资格框架是完善职业资格体系的重要前提

德国采用与“欧洲资格框架”完全一致的8级结构，强调以学习结果理念为引导，以四维目标构建资格等级标准，展现职业资格类型多样化，构建了有德国教育特色的国家资格框架。

德国国家资格框架收录了包含学术学位资格和职业性资格在内的22种资格类型，职业性资格包括从一级到七级的各级各类职业性资格，职业性资格成为德国资格框架的主体部分，职业资格已经延伸到硕士层次。建立国家资格框架是世界职业教育发展趋势，我国需要探索建立国家资格框架，明确制定资格等级标准，提高职业人才培养质量。

第四章

俄罗斯现代职业教育体系建设

本章在对俄罗斯职业教育促进经济发展进行历史性分析的基础上，以近20年来俄罗斯经济社会发展为背景，在对其经济发展特点、人口变化、劳动力市场变化及职业教育自身发展规律进行分析的同时，以21世纪伊始，特别是2007年以来，俄罗斯促进职业教育发展的法律、政策、措施为主要研究对象，分析俄罗斯职业教育发展的现状、面临的挑战及应对措施。分析认为，在当前俄罗斯面临经济发展转型、产业结构调整条件下，重构职业教育体系，满足劳动力市场对高技能人才的需求，是俄罗斯职业教育领域的重要任务。本研究主要采用历史研究、文献研究、比较研究的方法，并辅以数据分析。

一、经济与职业教育发展

职业教育是俄罗斯教育体系的重要组成部分，从彼得一世建立第一所职业学校开始，俄罗斯职业教育经历了300年的发展历程。与普通教育不同，职业教育以提高劳动者素质，培养技能型人才，提高劳动者的就业能力，促进就业为己任，其发展与社会经济的变化密切相关。苏联时期，职业教育体系培养了大批工程技术人员和管理人员，有力地促进了苏联工业的发展和综合国力的强大[①]。苏联解体以后，受俄罗斯社会经济变化的影响，俄罗斯职业教育一直处于调整和改革状态，经历了从艰难图存到变革调整，再到体系重构的发展历程。

（一）苏联时期经济发展历程

1. 十月革命后苏联经济快速发展

十月革命前，与先进的西方资本主义国家相比，沙皇俄国的经济、教育和科技都非常落后，文盲占全国人口的70%以上。1920年，苏俄工业产量只占世界工业产量的0.5%（美国占47%，英国占14%，德国占9%，法国占5%，日本占2%），甚至落后于英国殖民地的印度，其钢铁、煤炭产量也超过当时的苏联[②]。1936年，苏联工业生产量位居欧洲首位，世界第二，苏联经济高速发展一直持续到第二次世界大战前。1941年，法西斯德国对苏联的侵略，中断了苏联经济的正常发展进程。

2. 第二次世界大战后苏联经济由盛而衰

第二次世界大战后，苏联首先执行了恢复经济的第四个五年计划（1946—1950年），牢牢确立了它作为世界第二工业大国的地位。根据社会经济发展情况，战后苏联经济主要可以划分为3个大的发展阶段：起飞阶段（1950—1970年）；停滞阶段（1971—1985年）；社会经济体系危机和转型阶段（1985—1990年）[③]。

（1）经济起飞阶段：这一阶段前半段，即20世纪50—60年代，苏联经济发展迅速。在国家发展史上，20世纪50—60年代的苏联首次具有巨大的经济潜力，人民生活达到最好水平，国际声望和对世界的影响也达到最高水平。1966—1970年，苏联各主要经济指标的增速非常快，科学技术及受其影响的工业行业，如机械制造业、电子、能源、石油化工工业发展迅速。一系列工业产品生产数量超过美国，占据世界第一。

（2）经济停滞阶段：1971—1985年，苏联完成了第九、十、十一个五

---

① 张云鹏，傅维利．世界职业技术教育概览［M］．沈阳：辽宁大学出版社，1991：138.

② 叶劲松．苏联时期社会主义经济的发展［N］．光明观察周刊，2007-11-01.

③ Всемирная история［EB/OL］．［2014-07-19］．http：//www.portal-student.ru/Vsem-64.php.

年计划。工业发展的优先领域是核发电站和机械制造，这一阶段，苏联建立了统一的能源网，建立了世界上第一个核热电站，建设了大型的工业及运输设施。但从 1975 年起，苏联战后的高速增长开始下降（见表 4-1）。此后，虽然经济仍为正增长，但增速逐渐下降，到 20 世纪 70 年代末勃列日涅夫执政的最后一年，变为负增长。戈尔巴乔夫为扭转这一颓势，于 1985 年制定了改革和公开性政策。虽然经济越来越恶劣的情况是导致改革的主要原因，改革最终的失败是无从预料到的东欧和苏联随改革而来的政治不稳定化的后果①。

表 4-1　1966—1985 年苏联经济发展指标

（单位：年均增长率；年）

经济指标	1966—1970	1971—1975	1976—1980	1981—1985
国民经济领域就业人数	3. 2	2. 5	1. 9	0. 9
固定生产资金	8. 1	8. 7	7. 4	6. 4
劳动生产率	5. 2	4. 4	3. 2	3. 0
工业产品总量	8. 5	7. 4	4. 5	3. 1
农业产品总量	4. 0	2. 5	1. 7	1. 2
国家生产性收入	7. 6	5. 4	3. 9	3. 2
基本建设投资	7. 6	7. 4	5. 2	3. 3

资料来源：叶劲松．苏联时期社会主义经济的发展［N］．光明观察，2007-11-01.

（3）经济体系危机和转型阶段：到 20 世纪 80 年代中期，苏联超过半数的工业设备生产基地亏损 50%以上，这种情况当然也不利于科学技术研究成果的应用，甚至无法为国内科学技术提供应用的可能，苏联的工业品在国际市场失去了竞争力（苏联解体后）。1992 年，俄罗斯工业生产减少了 18%，国内生产总值降低了 19%，1993 年，国内生产总值减少了 12%，

① 詹姆斯·R. 米勒．发展的反面：俄罗斯经济改革的回顾与展望［J］．童建挺，译．当代世界与社会主义，2000（02）.

工业生产减少了16%[①]。

（二）苏联适应经济发展的职业教育发展战略

对苏联1950—1970年经济快速发展进行分析研究可知：20世纪30—40年代苏联积累的工业、交通、科学技术潜力及人才潜力为之后的社会经济发展奠定了坚实基础。

1. 以艺徒学校为主开展初等职业教育（20世纪20—30年代）

苏联一直非常重视职业技术教育。十月革命过后的第一天（1917年11月9日），即建立了俄罗斯苏维埃联邦社会主义共和国人民教育委员会，该委员会下设技术学校及综合技术教育局。苏维埃人民委员会多次讨论职业教育的问题。1919年俄共（布）第八次代表大会制定的党纲规定：对17岁以下男女儿童实行免费的普通义务教育和综合技术教育；广泛发展17岁以上人口的职业教育，使其掌握一般综合技术知识。

列宁签署的40条关于教育的法令中，有20条是关于职业教育的法令，这些法令直接涉及苏联职业教育体系的组织和发展。1919年《关于普及职业技术知识措施的条例》（Декрет《О мерах к распространению профессионально-технических знаний》）明确指出："工农革命最后取得胜利的必要条件是提高人民的劳动效率……而提高劳动效率的最快、最可靠的办法是在广大的人民群众中推广职业技术知识和技能……"[②] 该条例的颁布被视为苏联发展职业教育的开始。

1920年，国内战争结束后，苏联经济的恢复与发展需要大量的熟练工人，培养熟练工人作为国家重大问题被提出。俄（共）代表大会、工会代表大会、共产主义青年团代表大会等会议多次对职业教育发展问题展开讨

---

① Всемирная история [EB/OL]. [2014-07-19]. http://www.portal-student.ru/Vsem-64.php.

② В. Л. Саюшев. Профессионально-техническое образование [M/OL]. [2013-12-24] Большая советская энциклопедия: В 30 т. - М.: "Советская энциклопедия", 1969-1978. http://slovari.yandex.ru/.

论。同年 7 月 29 日，列宁签署了《关于职业技术教育义务制的条例》（Декрет об учебной профессионально-технической повинности），该条例强令要求 18—40 岁工人都要接受义务的职业技术培训。

1920 年《职业技术学校条例》（Положения о профессионально - технических школах）的批准被视为苏联职业教育发展的一个重要里程碑，按照该条例，从 1920—1940 年，工厂艺徒学校（ФЗУ—Школа фабрично-заводского ученичества）成为苏联职业技术学校的主要类型。工厂艺徒学校一般附设于大型企业，生源为具有小学教育程度的 14—18 岁的年轻人，主要培养掌握多种技术的工人，学制为 3—4 年；学生同时也是工厂学徒，领取工资。由于当时进入学校的学徒实际只有小学二三年级的文化水平，所以工厂艺徒学校同时开展普通学校教育，兼具普通教育职能。1925 年开始出现 7 年制的工厂学校（Фабрично-заводские семилетка ，ФЗС）。

为了使工人培养与经济发展相适应，1928—1929 年，经联共（布）中央两次会议讨论后，苏联决定将职业学校的领导权转交给经济部门。并于 1931 年 6 月 8 日，苏联人民委员会下达名为《关于改善最高经济委员会和苏联加盟共和国管理的工厂艺徒学校工作措施的命令 33 号命令措施》（О мероприятиях по улучшению работы школ фабрично-заводского ученичества. находящихся в ведении Высших советов народного хозяйства Союза ССР и союзных республик）。划归经济部门管理的建筑学校、报业学校、冶金学校、手工工业学校、农业学校、商业学校、烹饪学校、轻工业学校、农庄学校、农场学校、林业学校等工厂艺徒类学校为各个经济领域培养了大量所需人才。随着 7 年制义务教育的普及，大部分工厂艺徒学校招收 7 年制学校毕业生。

20 世纪 20—30 年代，工厂艺徒学校是工人系、中等技术学校，大学的生源渠道，是苏联国民教育体系中第一批综合技术学校。工厂艺徒学校存在期间，培养了约 250 万技术工人。他们在苏联国民经济恢复和社会主义改造时期发挥了很大作用。1929 年，莫斯科州各工厂进行的调查表明，各工厂突击队成员有46%—77%毕业于工厂艺徒学校[①]。

在中等职业教育和高等职业教育层次，1928年，联共（布）中央会议通过《关于改进培养新型专家的工作决议》及1929年11月通过的《关于国民经济干部的决议》，把中等技术学校和高等技术学校问题联系在一起来解决。此后，开始了中等专业教育大发展时期，在靠近大型工业和建筑基地的地方都开办了中等技术。俄罗斯联邦统计署的数据显示：1927年年底，全俄共有672所中等专业学校，到1940年，增加到2188所，全苏设有中等专业学校3773所。经历了20世纪30年代的规模发展以后，中等专业教育保持稳定增长的态势，到1981—1982学年开始，全苏共有4393所中等专业学校，学生约为456万人[②]。

教育与培训的发展为提升人力资源质量做出了直接贡献，到20世纪40年代末，工人、工程技术人员的总体技能水平均有所提高，专业人员培养数量增长显著。

2. 职业教育培养劳动后备军（1940—1945年）

20世纪30年代末40年代初，为了全面巩固社会主义，加强工业实力，提高国防能力，苏联要求进一步完善熟练工人培养体系，并指出工厂艺徒学校及其他培养工人的形式已落后于经济发展的要求。1940年10月2日，苏联最高苏维埃主席团通过了《关于国家后备军的命令》（Указ《О Государственных Трудовых Резервах》）。该命令的发布成为苏联职业技术教育一个新的里程碑，这也意味着职业教育承担着为国家培养劳动后备军的任务。

按照《关于国家后备军的命令》，1940年在工厂艺徒学校基础上创办了技工学校（Ремесленное училище，РУ）、铁路学校和工厂学校。1940—1950年，技工学校是苏联为冶金、化工、交通、矿山、石油等领域培养技术工人的主要职业技术教育机构。铁路学校与技工学校性质相似，招收铁

① 巴特舍夫．苏联职业技术教育简史［M］．黄一卿，鲁爱珍，译．北京：教育科学出版社，1989：100.

② Основные показатели эконимического и социанального развития за 60 лет с дня образования СССР. Издательство《Финансы и статистика》, 1982: 506.

路员工子弟，培养火车司机助手、修路工和铁路系统所需的各种熟练工人。工厂学校主要培养木匠、石匠、矿坑支架工等从事低技术含量工种的工人。1940 年 10 月到 11 月，苏联共开设了 600 所技工学校、120 所铁路学校、800 所工程学校。

卫国战争期间，根据战时需要，苏联对职业教育人才培养类别及学校布局进行调整，国防工业领域的学校和毕业生有所增加，煤炭工业学校也大幅增加。整个战争期间，劳动后备军学校培训了近 250 万熟练青年工人；战争后期，国家劳动后备军体系同国民经济各个部门的机构建立了密切联系，每个企业都有劳动后备军学校毕业的学生。

3. 苏联国家职业技术教育体系形成与发展（1945—1970 年）

第二次世界大战后，中学毕业生数量增长，为解决升学与就业之间的矛盾、学校教育与社会需要之间的矛盾，从 1954 年开始，苏联开始加强中等专业教育机构建设，创办了一些以完全中学毕业生为招生对象的技术学校，学习期限为 1 年到 1.5 年，培养工人和初级技术人员。1958 年 12 月 24 日，苏联最高苏维埃主席团通过了《加强学校同生活的联系以及进一步发展全国国民教育制度的法律》（Закон об укреплении связи школы с жизнью и о дальнейшем развитии системы народного образования в СССР）。该法强调了发展职业教育的意义，要求对所有职业学校进行改组，所有初等职业学校转变为学制为 1—3 年的城市和农村职业技术学校。据此，“国家劳动后备军体系”改为“国家职业技术教育体系”。

新的职业技术教育体系主要建立新型职业学校－职业技术学校（Профессионально-технические училища）。所有工厂艺徒学校和技工学校全部转为职业技术学校，包括学习期限为 1—3 年的城市技术学校，或学习期限为 1—2 年的农村职业技术学校，此类学校为初等职业学校。所有学校根据行业分成若干类别，如建筑学校、化工学校、冶金学校等。到 1965 年，这类职业技术学校数量已由 1959 年的 3100 所增加到 4237 所，开设专业也达2000多种①。

从1951年开始，中等专业教育进入重要发展时期。鉴于当时中等专业学校培养人才落后于高等学校培养专业人才的情况，1954年，苏共中央委员会和苏联部长委员会通过了“关于改善高级、中级专业人员的培养、分配和使用特别决议”（Специальное постановление《Об улучшении подготовки. распределении и использовании специалистов с высшим средним специальным образованием》），要求扩大中等教育的专家培训，在工业、建筑、农业、运输和邮电部门，根据部门特点，高、中级专业人员的配备为1.2∶1.4，或者更多一些。中等专业教育主要有两类技校：4年制技校，接收普通学校七年级毕业生；2—2.5年学制技校，接收完全中学毕业生，两类技校具有独立教学计划。

4. 重点发展中等职业教育（20世纪70年代后）

从20世纪60年代开始，随着科学和技术的发展，国际间激烈竞争及国民经济结构的调整，苏联职业教育的内容、形式、规模和结构也发生了改变。苏共中央和苏联部长会议颁布了一系列决议，要求提高职业教育水平及质量。按照苏联当时的相关法律法令规定，中等专业学校以不完全中学毕业生为招生对象，学制3—4年；以完全中学毕业生为招收对象，学习期限为2—3年，一般为2.5年②。

这一阶段，苏联将各类职业学校改组为中等职业技术学校，本着免费性与普及性原则组织教学，并担负着开展普通教育的任务。20世纪70年代末80年代初，职业教育在普及义务教育方面发挥了重要作用。1980年，8年级毕业生升入10年制（普通）中学的学生占60%，进入中等专业学校学习的学生占6%，到初等职业教育机构学习的学生占28%③。

1961—1982年，苏联职业技术教育培养了将近4900万年轻的技术工

---

① 吴式颖．俄国教育史——从教育现代化视角所作的考察［M］．北京：人民教育出版社，2006：362.

② 吴式颖．俄国教育史——从教育现代化视角所作的考察［M］．北京：人民教育出版社，2006：364.

③ 吴式颖．俄国教育史——从教育现代化视角所作的考察［M］．北京：人民教育出版社，2006：363.

人，在生产领域每年平均有 700 万工人学习新职业。每年有 3420 万工人和职员接受进修。以 1977 年为例，苏联共有 15.4 万所普通学校，861 所高校，4300 所中等专业学校。国民经济领域的工人和职员为 10640 万人，其中 1000 万人受过高等教育，占 1/10 强，1400 万人受过中等专业教育①。

苏联职业教育的发展为经济结构的调整奠定了基础。在物质生产领域，劳动人口从农业领域逐渐转移到工业领域。1928 年，农业领域集中了国民经济 80% 的就业人口，当时，工业领域和建筑领域的工作人员仅占 8%，而到了 20 世纪 60 年代末期，农林业领域劳动人口比例为 25%，工业领域 38%。与此相对应，农业领域在国民经济中所占比重也由 1928 年的 54%，减少到 20 世纪 60 年代的 24%②。中小学、技校、大学网络的建设为国家提供大量优秀人才（见表 4-2），他们是国民经济发展的生力军。

表 4-2　在国民经济各部门工作的专业人员数③

（单位：千人；年）

不同学历层次的专业人员数量	1913	1928	1941	1955	1965	1980
专业人员总数	190	521	2401	5133	12066	28612
受过高等教育	136	233	909	2184	4891	12073
受过中等专业教育	54	288	1492	2949	7175	16539

5. 苏联时期工程师范教育体系

苏联拥有世界少有的工程师范教育体系。早在 1923 年，莫斯科已建立工业师范学院。20 世纪 20 年代，苏联曾尝试在已有的高等学校培养职业学校教师，在各行业大学建立工业师范系。1954 年《关于改善高级、中级专业人员的培养、分配和使用特别决议》（以下简称《决议》）对于中等专业教育作了规定说明。苏联的中等专业教育学习年限长，实际上跨越中

① “Экономический потенциал” в Большой Советской Энциклопедии［EB/OL］.［2014-07-07］. http：//bse. sci-lib. com/article125658. html.

② ТРУДОВЫЕ РЕСУРСЫ［EB/OL］.［2014-06-20］. http：//nation. geoman. ru/demogr/item/f00/s01/e0001286/index. shtml.

③ A. M. 普罗霍罗夫．苏联百科手册［M］．中国社会科学院苏联东欧研究所，译．济南：山东人民出版社，1988：363.

等教育高年级和高等教育低年级两个阶段。《决议》还提出要组建工业师范学院，以培养职业学校教师，包括一般技术类课程教师，以及专业课教师，同时扩展职业技术教育问题的科研工作，组织在职教师的培训工作。

从 1979 年开始，斯维尔德罗夫斯克工程师范学院根据本校制订的计划，开始培养新型职业类学校教师，毕业授予“工程师—教师”资格证书。到 1987 年，全苏共有 45 所学院参与培养“工程师—教师”。同年，苏联独立的职业教育管理部门被完全取消，所有的职业学校（училища）均转交给普通教育部。

（三）俄罗斯经济发展对职业教育的影响

从 20 世纪 80 年代开始，俄罗斯发生了深刻的政治、经济和社会转型，这些变化投射到教育领域，集中地表现为教育领域的“去集权化”“去意识形态化”“多样化”。为了保证地区经济发展的需求，职业教育管理的“去集权化”发展趋势明显，从 2005 年开始，约有 40%的中等职业教育机构和 92%的初等职业教育机构从联邦交由各联邦主体所有，随后所有的初等职业教育机构和大多数中等职业教育机构将逐步移交联邦主体，甚至进一步下移到市属教育部门所有①。

在经历了转型初期最艰难的 10 年后，1999 年俄罗斯经济开始止跌回升，并保持了 10 年的持续高速增长。随着社会经济发展的全面好转，俄罗斯教育领域也由转型初期的“国家退出”转为“国家回归”。工业受到重创，工人和技术人员需求减少对职业教育的发展造成了深刻影响，俄罗斯职业教育一度陷入困境。2001 年 12 月 29 日，俄罗斯联邦政府制定了《2010 年前俄罗斯教育现代化构想》（以下简称《构想》），该构想是新时期俄罗斯各级各类教育改革的指导性文件。《构想》提出要“恢复国家对于教育领域的责任心和积极作用，使俄罗斯教育实现现代化”。《构想》确定了职业教育体系改革的使命是“建立有效的职业教育发展模式，在教育体系、权力机构、商业

① Н. Е. 鲍列夫斯克亚，В. П. 鲍利辛柯夫 . 20—21 世纪之交中俄教育改革比较［M］. 朱小蔓，译 . 北京：教育科学出版社，2006：280.

界和社会组织开展合作的基础上，将职业教育转变为地区社会经济发展的资源”①。为此，进一步明确了职业教育服务地区经济发展的原则。在新的社会经济发展条件下，俄罗斯职业教育面临新的挑战。

二、职业教育发展的现状

随着时代的变迁，以及职业教育体系本身的发展，俄罗斯对于职业教育的理解也产生了明显变化。根据俄罗斯教育发展研究所 2010 年编写的《俄罗斯现代职业教育词汇手册》（СЛОВАРЬ-СПРАВОЧНИК современного российского профессионального образования）的定义，俄罗斯职业教育（Профессиональное Образование，Vocational Education）是保证个人重要的社会品质和职业品质发展的、掌握确定职业活动类型的有组织的过程；作为这一过程的结果，由相应的职业教育机构毕业证书或者鉴定来证明个人从事确定类型的职业活动的准备程度。由此可见，俄罗斯职业教育是专业化的以职业定向为目标的教育。它是个人职业形成和发展的过程和结果，这一过程也是具体专业和职业领域确定的知识、技能和技巧的掌握过程。职业教育不仅承担着为劳动力市场提供有技能的专业人才的任务，同时也要为个人的职业发展创造条件。

（一）俄罗斯的大职教观

1992 年制定的《俄罗斯联邦教育法》是调节教育领域活动的根本法律，该法对俄罗斯职业教育做了明确规定。按照《俄罗斯联邦教育法》的规定，在对苏联职业教育进行调整的基础上，俄罗斯形成了包括初等、中等、高等、高等后职业教育和补充职业教育共同组成的连续的职业教育体系。

---

① Концепция модернизации российского образования на период до 2010 года［EB/OL］.［2014-06-12］. http：//www.dvfu.ru/umu/Mo_ RF/concept/con1_ 02.htm.

2012 年新发布的《俄罗斯联邦教育法》对俄罗斯教育体系做了新的调整，规定教育体系由普通教育和职业教育组成。其中，普通教育的目标是发展学生个性，在学生掌握基本的普通教育计划的过程中，还要掌握社会生活所需的知识、技能、技巧，以及自觉选择职业并获得职业教育的能力。职业教育的目标使学生在掌握基本职业教育计划的同时，获得可以使其在确定的职业领域开展职业活动，或者完成某一职业或者专业工作所需的一定水平和一定数量的知识、技巧、技能和能力①。

比照联合国教科文组织统计局 1997 年制定的《国际教育标准分类法》，俄罗斯的三级教育体系涵盖了初等、中等和高等职业教育。俄罗斯职业教育体系与《国际教育分类标准》有对应关系（见表 4-3）。与许多其他国家不同的是，俄罗斯职业教育包括全部高等教育和高等后教育，认为能够赋予人职业的教育均属于职业教育，从而形成了大职教观。《俄罗斯联邦教育法》对各级职业教育任务做了明确规定。

表 4-3 俄罗斯职业教育与国际教育分类标准（1997 年）对应

国际教育分类	俄罗斯对应的教育层次和类型
(ISCED 3-Upper secondary education)	普通高中教育，初等职业教育（学生为初中毕业生）
ISCED 4-Post _ secondary non _ tertiary education	初等职业教育（学生为高中毕业生）
ISCED 5B-Tertiary_ type B education	中等职业教育
ISCED 5A-Tertiary_ type A education	高等职业教育
ISCED 6-Advanced research programmes	高等后职业教育

资料来源：Приложение к Докладу на совместном заседании Государственного Совета Российской Федерации и Комиссии при Президенте Российской Федерации по модернизации и технологическому развитию экономики России от 31 августа 2010 г. “Российское профессиональное образование в контексте международных индикаторов” [EB/OL]. [2014-06-06]. http://www.mamso.ru/files/Международный%20доклад%202010_ 0.pdf.

① Закон об образовании в Российской Федерации [EB/OL]. (2012-12-30) [2014-02-17]. http://www.rg.ru/2012/12/30/obrazovanie-dok.html.

（二）俄罗斯职业教育层次

初等职业教育主要培养技术工人和服务人员，主要由两类学校提供，第一类为传统的职业学校（职业技术学校，即 училище）；第二类是新型的初等职业学校，即职业性实科学校（лицей）。两者的区别在于：实科学校提供更高层次的培养，甚至可以实施中等职业教育，主要培养高水平的技术工人；初等职业教育阶段的学习时间由学生入学时的受教育程度决定，9 年级毕业入学一般学习 2—3 年，11 年级毕业入学要学习 1—2 年。初等职业教育属于义务教育，入学基本不存在竞争。初等职业教育的教学内容以实践课为重，不同专业的实践课占总课时的 50%—70%，远远超过理论课的比例。

俄罗斯中等职业教育相当于联合国教科文组织统计局制定的《国际教育标准分类法》中高等教育的第 5 级中的 5B，也就是相当于中国的高职教育。培养具备中等职业教育程度的、有熟练技能的专门人才。中等职业学校主要有三类学校：第一类是中等专业学校，包括中等技术学校和中等专业学校（“техникум”或“училище”），也有部分中等专业学校的名称使用“中学”（школа）一词；第二类是学院（колледж）；第三类是企业（机关）技校（техникум-предприятие 或 учреждение）。其中，第一类学校是实施中等职业教育的基本专业学校；学院是独立的提高型的学校，或者是综合性大学、专科性大学、高等专科学校的分校，学习期限增加一年；企业技校也是一种独立的学校，按照中等职业教育计划开展职业教育。技校毕业生获得“技师”资格，学院毕业生获“高级技师”资格。

高等后和补充职业教育也是职业教育体系的一个重要的组成环节。《俄罗斯联邦教育法》规定，高等后职业教育向公民提供在高等教育基础上提高自身教育水平和科学教育素养的可能。高等学校提供的研究生教育属于高等后教育。补充教育的目的是为了全面满足公民的教育需求，而在职业教育的所有层次都存在补充教育，其主要任务是连续提高工人、职员、专业人员的专业技能素养。

（三）职业教育的发展现状

从1990—1991学年到2012—2013学年，俄罗斯的高等职业教育发展迅速，中等职业教育稳定发展，而初等职业教育压缩显著。

学校数量的变化显示，高等职业学校数量从514所增加到1046所，增加了一倍；中等职业学校略增，从2603所增加到2981所，增加了15%；初等职业学校则从4328所减少到1719所，仅为1990—1991学年的不到40%（见图4-1）。

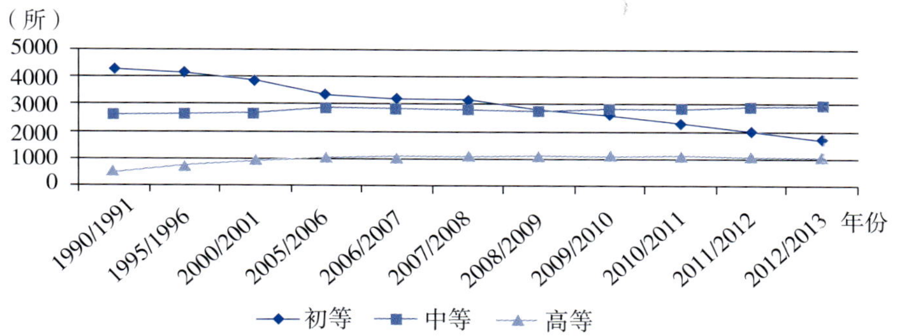

图4-1 俄罗斯职业学校数量变化

高等职业学校学生人数从1990—1991学年的2824.5万人，增加到2012—2013学年的6074万人，增加了115%；中等职业学校学生从2270万人，减少到2087万人，减少近10%；初等职业学校学生则从1867万人减少到838万人，减少了55%，为1990—1991学年的不到一半（见图4-2）。

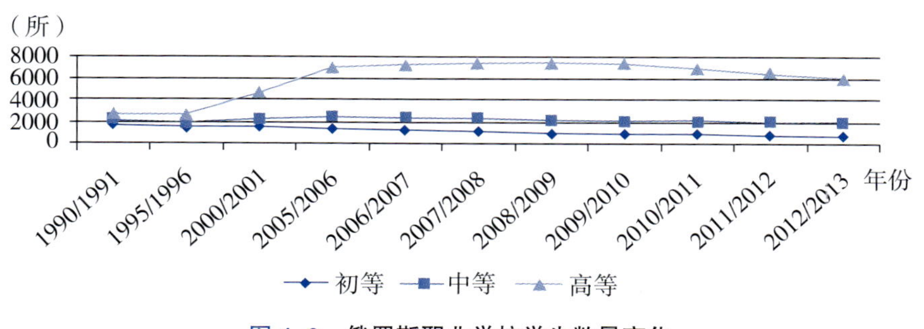

图4-2 俄罗斯职业学校学生数量变化

三、经济发展现状

（一）俄罗斯经济持续快速增长

经历了社会转型初期持续 10 年的大衰退以后，从 1999 年开始，随着经济恢复，俄罗斯 GDP 保持了持续增长。从 2000 年到 2007 年，俄罗斯 GDP 增速平均为 7.2%，远远高于同期 OECD 国家的平均水平（约为 2.5%）。2008 年世界金融危机后，面对日趋严峻的全球经济和金融形势，2009 年，俄罗斯 GDP 陡然下滑，出现了 7.83%的负增长，但在 2010 年迅速回升（见表 4-4）。

表 4-4　2005—2011 年金砖国家年度 GDP 增长率

（单位:%；年）

	2005	2006	2007	2008	2009	2010	2011
巴西	3.3	3.96	6.09	5.17	-0.33	7.53	2.73
中国	11.3	12.7	14.2	9.6	9.2	10.4	9.3
印度	9.28	9.26	9.80	3.89	8.24	9.55	6.86
俄罗斯	6.38	8.15	8.53	5.25	-7.83	4.3	4.3
南非	5.28	5.61	5.55	3.61	-1.54	2.89	3.129
世界平均水平	3.47	4.09	3.94	1.33	-2.25	4.34	2.73
OECD 国家	2.48	2.88	2.58	-0.03	-3.94	3.2	1.49

对俄罗斯近十年来的经济发展速度进行分析后可以发现，与其他新型经济体国家不同，俄罗斯人均 GDP 增长速度领先于 GDP 总量增长。尽管经济增速明显，但由于经济基础薄弱，世界银行 2010 年数据显示，俄罗斯人均 GDP 在金砖国家中最高，但也仅相当于 OECD 国家人均 GDP 的 35%，这说明俄罗斯与发达经济体国家在经济发展方面存在巨大差距（见图 4-3）。

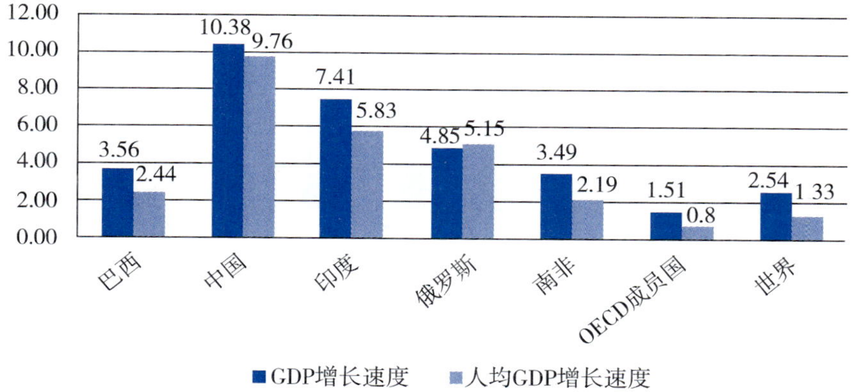

图 4-3　2001—2011 年金砖国家 GDP 平均增长速度与人均 GDP 平均增长速度比较

（二）重工业比重大，第三产业发展滞后

苏联解体后，俄罗斯继承了苏联的产业结构，重工业比重大，第三产业发展滞后。世界银行 2000 年到 2009 年的关于农业、工业和服务业等产值占 GDP 的比重数据显示，俄罗斯由 6∶38∶56 发展为 5∶33∶62。相比发达国家，服务业产值占 GDP 比重偏低，世界银行 2009 年数据显示，全球范围服务业产值在 GDP 中的平均比重为 72%，欧盟国家平均水平为 75%，俄罗斯占比为 62%（见图 4-4、图 4-5）。

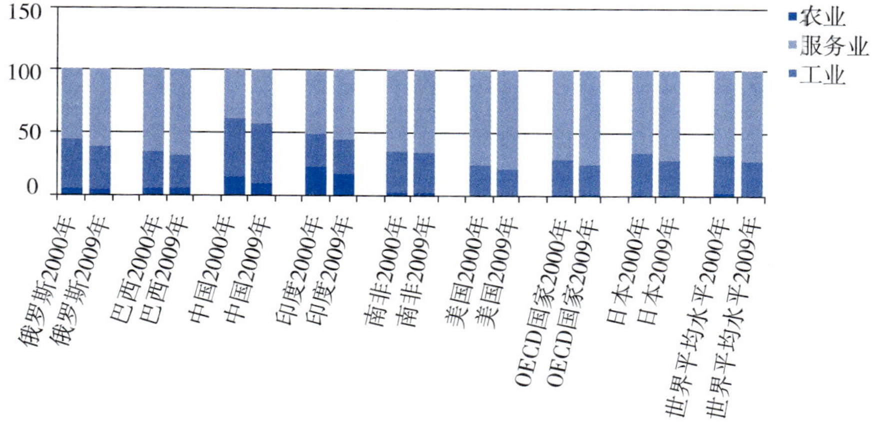

图 4-4　金砖国家农业、工业和服务业三部门产值在 GDP 中的比重

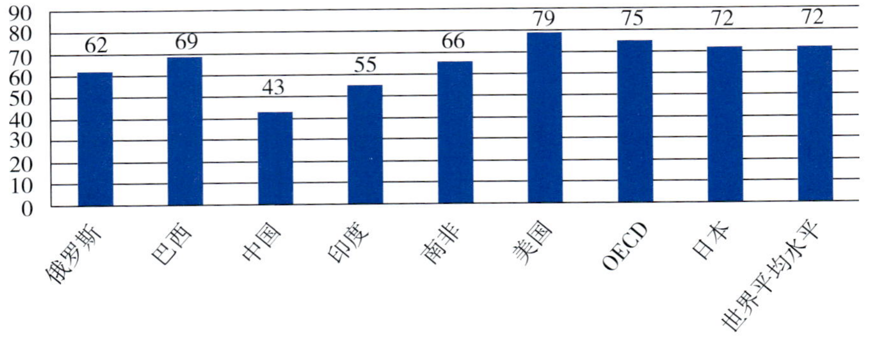

图 4-5　**2009 年金砖国家服务业产值在 GDP 中的比重（%）**

在经济转轨过程中，俄罗斯在进行体制改革的同时，提出了调整经济结构的任务。俄罗斯工业，尤其是大型重工业连续萎缩，服务行业增长较快。与此相应，不同行业从业人数也发生了明显变化，2000 年到 2009 年的情况显示：农业、狩猎、林业、渔业、矿产开采、制造业就业人口明显减少。批发和零售贸易，酒店和餐饮，交通和通信，房地产、租赁业务和服务业等行业从业人口明显增多（见表 4-5）。

表 4-5　**不同经济领域平均每年从业人数**

（单位：千人；年）

	2000	2001	2002	2003	2004	2005	2006	2007	2008	2009
经济领域总体	64517	64980	65574	65979	66407	66792	67174	68019	68474	67343
农业、狩猎、林业	8996	8509	8229	7796	7430	7381	7141	6925	6675	6580
渔业	138	134	120	116	113	138	146	145	142	141
矿产开采	1110	1205	1163	1112	1088	1051	1043	1040	1044	996
制造业	12297	12202	12082	11932	11787	11506	11359	11368	11191	10385
生产、电力、燃气和供水	1886	1918	1890	1890	1900	1912	1923	1909	1884	1900
建筑	4325	4385	4458	4555	4743	4916	5073	5274	5474	5267

续表

	2000	2001	2002	2003	2004	2005	2006	2007	2008	2009
批发和零售贸易	8806	9524	9893	10462	10843	11088	11317	11713	12020	11974
酒店和餐饮	948	982	1076	1150	1152	1163	1185	1260	1274	1272
交通和通信	5056	5113	5115	5205	5293	5369	5426	5450	5451	5393
房地产、租赁业务和服务业	4490	4657	4913	4859	4825	4879	4957	5004	5146	5210

数据来源：俄罗斯统计署。

（三）技术进步对经济增长贡献度较低

从拥有资源的情况看，俄罗斯国土面积居世界第一，俄罗斯矿产资源十分丰富，石油探明储量65亿吨，占世界探明储量的12%—13%。天然气已探明蕴藏量为48万亿立方米，占世界探明储量的1/3，居世界第1位，被称为“世界加油站”。俄罗斯经济发展模式可以概括为以丰裕的自然资源（尤其是石油、天然气等能源原材料）为比较优势参与全球分工，以出口带动整体经济增长[①]。经济发展的资源或要素优势明显，其增长动力源泉主要在于要素投入。

在工业内部结构中，俄罗斯工业结构轻重失衡，在近20年的工业发展中，主要以资源产业为核心，石油、天然气稳定地支撑着俄罗斯的第二产业，形成了以石油、天然气开采和出口为基础的经济增长模式。制造业整体在工业产值中所占的比重不到50%，轻工业尤其落后。2003年，纺织服装业在制造业中只占2%的比重[②]，远远低于金砖国家中的印度、中国和巴西。俄罗斯高科技出口占比较低。特别是在2003年以后，从占比近19%，一度跌落到2008年的不足6.5%（见图4-6）。

① 曲文轶．俄罗斯经济增长模式探析［J］．俄罗斯中亚东欧研究，2006（3）：38-44.

② 俄罗斯纺织服装业［EB/OL］．（2003-12-09）［2014-04-16］．http：//www. tnc. com. cn/info/c-001002-d-32203. html.

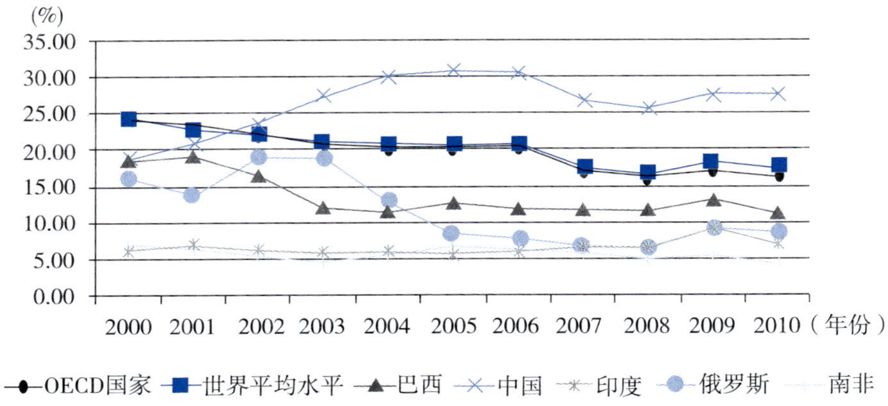

图 4-6　高科技出口（占制成品出口的百分比）

（四）人才需求对职业教育的创新要求

随着经济情况的好转（见图 4-7）对中等层次和专业人员以及技术工人的需求增长。普京总统在 2006 年的讲话中提到，“我们缺乏足够数量的中等层次的高水平专业人才，这个问题在过去的十年来没有得到关注。但是，现在政府回过头要解决这个问题，而且要通过与企业界的合作来解决”。从 2006 年开始，俄罗斯启动了改善民生的“俄罗斯国家优先发展规划”，《有质量的教育》是其中最重要的组成内容之一，它提出了以教育创新保证国家的创新性发展，保证国家走创新发展道路的思想。在“国家规划”的框架内，在地区选拔的基础上，开展了“实行创新性教学计划的初等和中等职业学校竞赛”（以下简称“竞赛”）。以“竞赛”形式，通过革新的投入机制，鼓励职业学校开展教学创新，推动地方管理机构、企业与学校间合作。共有 40 个联邦主体的 76 所国立初等和中等职业学校（45 所中等职业学校和 31 所初等职业学校）获得总额为 18 亿美元的资金支持。鼓励学校创新的政策在 2008 年年底俄罗斯联邦政府完成制定的《2020 年前国家社会经济发展长期构想》中得到进一步明确。

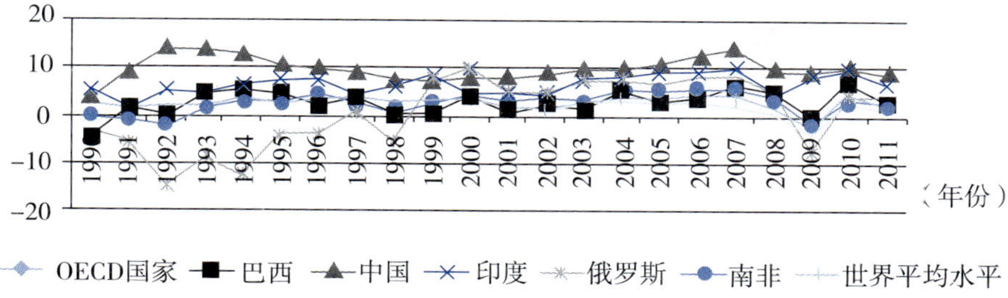

图 4-7　1990—2011 年俄罗斯 GDP 的发展变化

四、职业教育发展面临的问题与挑战

随着社会经济的稳定发展，俄罗斯职业教育的发展也逐渐开始走出困境，但受经济、人口、就业及职业教育自身发展等因素的影响，职业教育面临着新的挑战。

（一）经济结构调整对人才需求的挑战

俄罗斯经济快速增长的主要动力源于要素投入，暴露出经济的脆弱性和低可持续性，增长模式和质量堪忧。同时也隐藏着不利于长期发展的结构性风险，“经济原料化和对外依赖趋势加重，这两种趋势还导致经济改革（产业结构调整和制度变革）的拖延以及投资增长乏力等后果”①。

在经济持续 10 年增长，特别是经历 2008 年世界金融危机之后，俄罗斯开始处在新一轮的社会经济发展的转折时期，世界经济论坛（WEF）的《全球竞争力报告》显示，俄罗斯正处于由效率驱动型国家向创新驱动国家的过渡时期。调整产业结构，转变经济发展模式，由能源主导型经济向创新经济发展是俄罗斯 2020 年前社会经济发展战略的基本原则。与此同时，俄罗斯国家创新能力却在持续下降，从 2010 年的第 57 名下降至 2011

① 曲文轶．俄罗斯经济增长模式探析［J］．俄罗斯中亚东欧研究，2006（3）：38-44.

年的第 85 名（共 144 个国家）。人才培养与社会需求脱节制约着俄罗斯经济的可持续发展。

（二）人口困境影响职业学校生源

人口数量减少问题是影响俄罗斯职业教育发展的一个重要因素，从 2004 年开始，俄罗斯 14—30 岁人口数量迅速减少，到 2009 年的 5 年间，这一年龄段人口减少了近 10%，人口数量减少趋势仍将长期持续，预计到 2023 年，这一年龄组人口将减少近 40%（见图 4-8）。

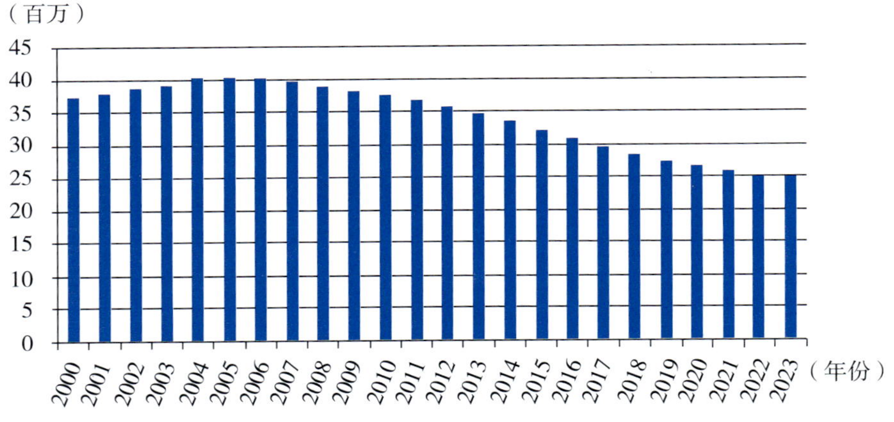

图 4-8　2023 年前俄罗斯 14—30 岁人口数量变化①

适龄人口的减少直接影响到职业学校入学学生数量的变化。统计数据显示：20 世纪 90 年代到 2005 年期间，俄罗斯高等教育快速发展，入学人数从 590 万人，陡增至 1640 万人，增长了近 120%。从 2005 年开始，高等教育入学人数增长趋缓，从 2007 年开始呈现下行趋势。中等职业学校录取人数稳中有增，2000 年前一直处于增长态势，从 2000 年起，录取人数开始减少，总体增长不足 10%。初等职业教育则从 20 世纪 90 年代初开始基本呈现迅速且稳定的减少趋势，与 1993 年相比，2010 年初等职业学校录取学生人数从 1007 万人减少到 609 万人，减

① Статистический сборник［M］. M.：Росстат，2009，стр. 9-10.

少了40%。其中，初等职业教育入学人数的减少受适龄人口减少的影响最显著（见图4-9）。

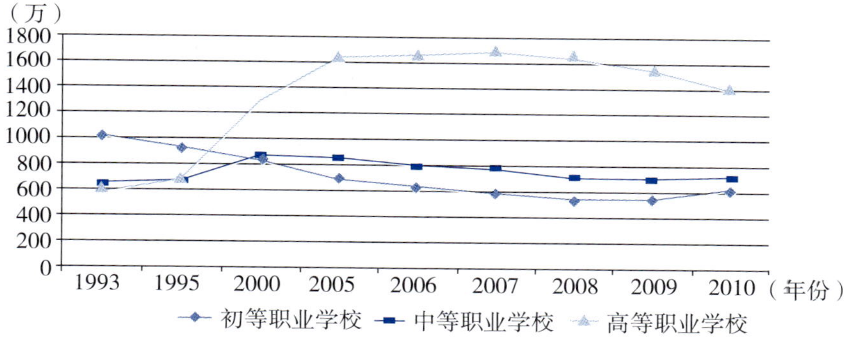

图 4-9　1993—2010 年，不同层次职业学校入学人数的变化

（三）劳动力市场对高技能人才需求增长

在从计划经济向开放的市场经济过渡期间，俄罗斯的就业结构发生了显著变化。主要体现为：产业结构调整催生新的职业；服务业扩展，农业和工业领域的就业率下降；劳动再分配从低技能职业向高技能职业倾斜，后者劳动报酬明显提高；劳动力资源的流动性增强；劳动力市场需求多样化，高技能人才需求凸显。

如果以经济活跃总人口中不同教育水平劳动人口的就业率和失业率之差来考察劳动力市场对不同教育层次劳动者的需求度，则分析显示：接受高等职业教育和中等职业教育高技能人才需求远远高于其他教育程度的劳动力人口，其中，高等职业教育劳动人口的需求最高，达到15%，中等职业教育程度的劳动力人口需求为7%以上。而对于其他教育层次的人口需求均为负值。

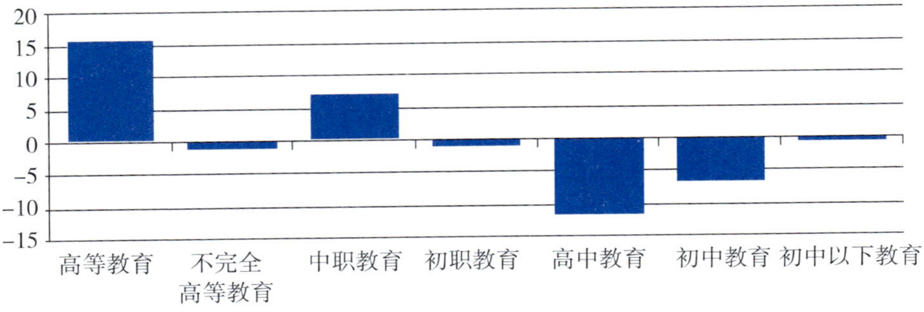

图 4-10　俄罗斯劳动力人口受教育程度分布

（四）职业学校毕业生就业影响教育需求

职业教育以培养技能人才为己任，职业学校学生在劳动力市场的需求程度及学生就业情况是衡量职业教育效果的基本指标。统计数据显示，失业人口中，不同受教育水平的失业人口所占比例不同，且随着受教育水平的提升，比例有所下降，近些年来，接受过初等职业教育的失业人口呈现缓慢且稳定上升态势，对初等职业教育的地位造成很大影响（见图 4-11）。

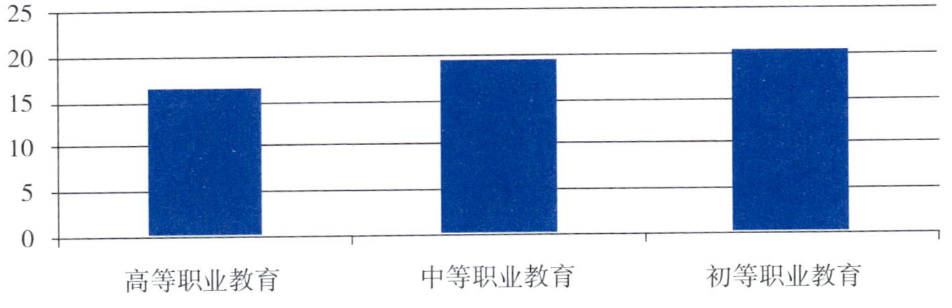

图 4-11　2012 年俄罗斯不同受教育水平人口失业比例①

从职业学校学生专业对口就业情况来看，随着教育层次的提升，对口就业水平也明显改善。俄罗斯高校毕业生总体就业率为 83%，联邦各地区

① ТРУД И ЗАНЯТОСТЬ В РОССИИ. 2013 [EB/OL]. [2014-03-17]. http://www.gks.ru/wps/wcm/connect/rosstat_main/rosstat/ru/statistics/publications/catalog/doc_1139916801766.

高等学校毕业生专业对口就业率为46.6%；而中等职业教育平均对口就业率为33.9%。不同专业毕业生的对口就业率差距很大，在中等职业教育层次，航空与火箭空间技术专业的对口就业率为58%，而森林资源加工与处理专业的对口就业率则仅有25%。高等职业教育层次，未就业学生比例最高的专业为“自然科学”“人文科学”“服务领域”，未就业比例最低的专业为“航空与火箭空间技术”“武器与武装系统”“海洋技术与信息安全专业”①。

五、重构职业教育体系

经济结构调整的结果是对高技能人才需求逐渐增长，适龄人口的数量下降扩大了劳动力接受更高层次教育的可能。同时，不同受教育程度劳动力人口的失业比例，以及职业学校毕业生就业情况的变化说明随着教育程度的提升，就业压力明显下降，且劳动报酬明显提高，因此家长和学生希望获得高等教育的愿望强烈。近年来，中等职业教育的毕业生进入大学的比例明显增长，从2000年的12%，增长到2008年的35%②，初等职业教育陷入困境。与此同时，大量的高校毕业生经过很好的理论素质培养，但缺乏劳动力市场所需的实际技能。相关研究显示：2020年前，具有高等教育文凭，但缺少技能的劳动力人口将达到1000万—1200万人，占劳动人口的20%。

俄罗斯现有的职业教育体系中，按照《俄罗斯国家教育标准》的设定，初等职业教育培养技术工人，中等职业教育培养中等层次的专业面窄的专业人员，高等职业教育培养理论知识扎实、从事管理或者理论工作的

① КОМПЛЕКСНАЯ МЕТОДИКА МОНИТОРИНГА ТРУДОУСТРОЙСТВА ВЫПУСКНИКОВОБРАЗОВАТЕЛЬНЫХ УЧРЕЖДЕНИЙ ПРОФЕССИОНАЛЬНОГО ОБРАЗОБАНИЯ. [EB/OL]. [2014-03-17]. http://www.labourmarket.ru/iforum 1/info/kompleksnaja-metodika.pdf.

② Прикладного бакалавриата в росси йскую систему образования: за чем и как? [J]. Вопросы образования, 2010 (4): 247-267.

高水平专业人员。这样的培养体系导致俄罗斯三级职业教育体系中缺少高技能人才培养环节，这类人才的培养理论上应由中等职业教育承担，实际上中等职业教育无法胜任这样的任务。人才培养断层直接导致高技能人才缺乏。重构职业教育体系成为俄罗斯职业教育政策的重要内容。

（一）逐步取消初等职业教育培养层次

早在20世纪80年代末，俄罗斯初等职业教育就开始了结构性调整，初等职业教育领域开始出现了同时可以实施中等职业教育的职业性实科学校（лицей），而且这类学校发展迅速。从2005年开始，俄罗斯大部分的初等职业教育学校交由地区教育管理机构管理，同时开始了学校结构调整。2006年，莫斯科市属初等职业学校通过与现有的中等职业学校的合并，一次性地转变为行业性职业学院（Отраслевые профессиональные колледжи）。在学习莫斯科经验的基础上，其他地区大多数初等职业学校通过与中等职业学校联合而形成了多层次、多专业的教育机构。以萨马拉州为例，2006—2011年，多层次的职业教育机构从19所增加到33所，与此相应，初等职业学校数量从34所减少到14所，在2011—2012学年，60%的初等职业学校转变为多层次的培养机构。为了适应劳动力市场需求，同时开展初等职业教育和中等职业教育的多层次综合性的职业学校，不仅向学生提供继续学习所选专业的机会，而且为在业人员提供了再培训的可能。

从2013年9月1日开始，俄罗斯新的《俄罗斯联邦教育法》生效。俄罗斯教育领域发生了许多明显的变化，该法第10条规定："俄罗斯联邦职业教育包括中等职业教育和培养学士、专家、硕士以及高技能人才的高等职业教育"；"中等职业教育完成人的智力、文化和职业发展任务，其目的是根据社会和国家需要培养技术工人、服务人员，以及中等层次的技术人员，并满足个人深化和扩展教育的需求"；"教育水平不低于基础普通教育和中等普通教育者可以接受中等职业教育。完成基础普通教育者在中等职业教育计划范围内同时接受普通中等教育。在基础普通教育的基础上，在中等职业教育的教学计划框架内，中等职业教育的获得与普通中等教育的获得同时进行”。

按照新的《俄罗斯联邦教育法》规定，原有的以培养技术工人为己任的初等职业教育将作为独立的职业教育层次不复存在，技术工人及服务人员的培养将由承担中等职业教育任务的职业学院和技校承担。

（二）增设应用型学士培养计划

为解决高技能人才缺乏问题，俄罗斯的一些大型企业开始尝试建立自己的技能培训体系。2000—2010 年，工厂大学数量显著增长。大量中小企业中技能人才的缺乏制约着它们生产技术的更新。俄罗斯工业家企业家协会在对劳动力市场需求进行论证的基础上，首先提出培养应用型学士的设想。

在此背景下，2009 年，俄罗斯联邦政府颁布《关于在中等和高等职业学校开展应用型学士试验的命令》（以下简称《命令》），2009 年 10 月 16 日，俄罗斯教育科学部颁布第 423 号《关于落实 2009 年 8 月 19 日第 667 号决议》要求，于 2009—2014 年在中等职业学校和高等职业学校开展应用型学士培养实验。此后，《2020 年前俄罗斯联邦社会经济发展长期构想》（以下简称《2020 构想》）中正式出现了“应用型学士”一词，并将创建“应用型学士”体系，培养掌握现代生产技术及新的劳动组织形式和方法的高技能人才视为培养符合经济创新发展、现代社会需求及公民需求的普及优质教育的路径之一，应用型学士计划以培养实践型高技能人才为培养目标。

应用型学士培养招收的是 11 年制普通中学毕业生，其学习期限和普通学士培养一样为 4 年。鉴于初等和中等职业学校生源减少，应用型学士培养以现有职业学校为依托，主要选定两条应用型学士的培养路径，即一条是在综合性大学，另一条是在中等职业教育机构。承担应用型学士培养的院校由俄罗斯联邦教育科学部通过竞赛选拔。2010 年，确定在 30 所院校开展应用学士培养试点工作，其中包括 7 所高校和 23 所中等职业学校。此后，开展应用型学士培养的院校逐年增加，2012 年，应用型学士培养实验进一步扩展，共有 49 所学校落实应用型学士培养计划，包括 16 所大学、

33 所初等和中等职业学校。以现有职业学校为依托开展应用型学士培养，2015 年前释放 480 亿卢布，这笔资金可以用来改变应用型学士培养的师资条件和物质技术条件。

在已有的实践基础上，新的《俄罗斯联邦教育法》将应用型学士培养纳入高等教育培养体系，规定："高等教育的目的是保证根据社会和国家需求培养对社会有用的各方面的高技能人才，以满足个人智力、文化、道德发展、社会和扩展教育水平，以及科研和教学能力。具有中等普通教育者可允许完成学士（学术型、应用型），以及专家培养计划。而拥有任何层次的高等教育的人可完成硕士计划。对学士毕业进入硕士阶段学习的人，学习期限延长一年。"

（三）探索创建新的职业教育机构

20 世纪 80 年代至 2005 年的俄罗斯职业教育现代化政策促进了职业教育对经济和社会需求做出灵活反应的机制的建立，使俄罗斯职业教育形成了多样化的学校模式，并使职业学校重聚活力。在这一过程中，各个层次的职业教育表现出共同的发展趋势，就是通过向新的教育层次的转变提升职业教育的吸引力。

早在 1992 年《俄罗斯联邦教育法》颁布以前，1990 年的《关于高等职业学校的临时决定》（《Временное положение о Высшем профессио нальном училище》）就已经赋予高等职业学校培养中等层次专业人员的职能。同时，中等层次的职业学院按照 1989 年《关于中等专业学校的临时规定》(《Временнон положение о ссуз》) 开设了培养初级工程师，以及法律和经济专业硕士的教学计划。中等专业学校的另外一个发展趋势就是向专业型大学靠拢，这类大学比职业学院和技校的人才培养范围更加宽泛，甚至可以开展初等职业学校的工作。

1992 年以后，职业教育的一体化常常以两个，甚至三个层次的职业学校的合作为基础，甚至一所学校可以同时开展两个或者三个层次的教学，如"职业学校—大学""职业学校—职业学院—大学""职业实科学校—职业学院""职业实科学校—职业学院—大学"。这一时期，中等层次的职业学院在适应新市场需求方面发挥了重要作用。

创建多层次职业教育机构，可以有效利用现有的师资资源，以及资金和物质资源。在进行资源整合的基础上保证了人才培养质量。新的职业教育机构对年轻人的吸引力明显增强，使职业教育的社会地位逐渐提升，同时也进一步增加了职业教育对企业的吸引力；成功融入到地区教育体系和社会合作结构中，培养了一批掌握现代技术，善于继续学习，根据自己及社会需求拓展并且转变职业活动的新型技术工人和中等专业人员。

（四）重建社会合作机制

《2010 年前俄罗斯教育现代化构想》提出了初等和中等职业教育优先发展计划，但没有提供相应的资金保障，每年对于初等和中等教育投入的增长的部分实际上仅可以填补通货膨胀导致的开支增长。直到 2006 年，联邦总统委员会才对于这一政策提出了具体的建议，要转变俄罗斯职业教育的“追赶型发展”的模式，提高俄罗斯职业教育的国际竞争力。

2006 年年底，优先发展初等和中等职业教育被纳入《俄罗斯国家优先发展规划》中，俄罗斯联邦政府发布《国家为国立学校培养高科技生产（所需）工人和专业人员提供支持的措施》指出：根据《2007 年联邦预算法》第 60 条，决定于 2007 年在竞争性选拔的基础上，挑选部分实施创新性教学计划的初等和中等职业学校给予拨款，其目的是通过向被选拔学校提供国家预算内资金，使学校有条件购置现代化的教学实验仪器、教学生产设备，保证学校实行创新性教育计划，保证培养高科技生产所需的工人和专业人员。2007 年，俄罗斯开展了“实行创新性教学计划的初等和中等职业学校竞赛”，该项竞赛实质上是对国立初等和中等职业学校的国家预算内资金划拨方式的变体，获胜学校获得的资金投入数量超过对学校的年度预算投资，从而通过改变投资吸引和鼓励学校进行教育创新并与企业界展开合作。

在这一政策的引导下，各地区开始探索社会合作的新模式，包括建立行业性“职业教育资源中心”。以萨马拉市为例，根据该地区的工业发展特点，2005 年，萨马拉市下达组建“职业教育资源中心”的政策，建立了

12 个“职业教育资源中心”，2010 年，增建了 7 个这样的中心，其中有 5 个是在已有基础上改建的。这 19 个“职业教育资源中心”主要培养金属加工、冶金、机械制造和金属加工、电子技术、汽车制造、建筑、服务、节能技术、农业生产、航空和工业机械制造等行业的专业技术人员。资源中心集中了一些供集体使用的昂贵的设备，以资源中心为基础可以开展与初等职业教学和中等职业教学相近专业的培养计划。

建立产教集团也是一种新的社会合作模式。产教集团联合了不同层次的学校及相应专业的生产性机构，落实经过学校与企业协商通过的教学计划，有效利用地区行业性资源优势，更好地组织初等和中等职业教育，通过加强教育机构和职业教育活动预订者——企业界的联合培养劳动力资源。

产教集团的建立吸引了企业界和相关专业人才的需求者加入到产教集团共同管理教育质量，参与对毕业生的资格鉴定，这种做法不仅使人才的供给与需求平衡，而且有利于保证人才培养质量。从 2008 年起，萨马拉市在企业界享有广泛权利的管理委员会和监督委员会开始运行，并从学校和企业两方面对职业教育质量进行共同管理。

六、职业教育体系建设的经验

职业教育与国家经济发展密切相关。苏联解体之后近 20 年，受多种因素的影响，俄罗斯对初等和中等职业教育并未予以应有的关注。不过从 2006 年开始，俄罗斯联邦政府相继出台了一系列促进职业教育发展的计划。

（一）根据人才需求及教育发展水平调整教育体系

2012 年年底，新的《俄罗斯联邦教育法》的颁布，预示着俄罗斯开始构建新的职业教育体系。根据人口发展特点、劳动力市场需求及教育发展的水平，《俄罗斯联邦教育法》规定，原有的以培养技术工人为己任的初等职业教育将作为独立的职业教育层次不复存在，技术工人及服务人员的培养将由承担中等职业教育任务的职业学院和技校承担。

在取消独立的初等职业教育层次的同时，俄罗斯在高等教育领域设立应用型学士培养体系，并以此为基础，培养劳动力市场急需的高技能人才。这些措施的实施意味着，俄罗斯专业人才的培养水平整体提升，并在中等和高等教育层次，构建与学术型人才并列的应用型人才培养体系。

（二）调整投资机制，促进官产学合作

2007—2009 年，在《国家优先发展规划》的框架内，俄罗斯教育科学部组织开展了“实行创新性教学计划的初等和中等职业学校竞赛”，有 300 所初等和中等教育机构在创新计划中获胜。2007—2008 一年，为了支持引入创新教学计划的学校，联邦预算划拨资金 66.8 亿卢布，并从其他来源配比同样数量，使对初等和中等职业教育机构的投入第一次与对高等教育的投入持平。该项措施是俄罗斯最近 20 年来第一次实施有效平衡国家、社会、社会经济组织及职业学校利益，创建有效的职业学校活动的措施。这一措施不仅促进了职业教育课程、职业教育组织形式改革，而且在一定程度上调动了企业参与职业教育的积极性。

（三）以行业为基础，构建连续的职业教育机构

随着市场经济的实行，苏联时期建立起来的企业与学校密切合作的关系破裂。1987 年，随着职业学校移交教育部管理，职业教育的行业性管理也不复存在。在一系列促进社会合作的政策引导下，特别是在“实行创新性教学计划的初等和中等职业学校竞赛”的基础上，地区开始探索社会合作的新模式，包括建立行业性“职业教育资源中心”。以创新竞赛获胜学校为基础，截至 2009 年，俄罗斯共建立了 150 多个资源中心。

（四）建立企业参与职业教育管理的机制

企业和学校合作开展毕业生资格认证是社会合作的主要内容。企业界参与认证的全过程，包括制定地区性技能要求、管理测量材料、评价职业学校的毕业生质量等。毕业生资格认证过程是一个独立的过程，为使资格

认证有据可依，2008 年，俄罗斯制定了首部《俄罗斯联邦国家资格框架》，为企业界和教育领域合作开展资格评价提供依据。2014 年 3 月 31 日，俄罗斯联邦政府批准了《研制职业标准，对其进行独立的专业和社会鉴定，并于 2014—2016 年实施的综合计划》（《КОМПЛЕКСНЫЙ ПЛАН мероприятий по разработке профессиональных стандартов, их независимой профессионально-общественной экспертизе и применению на 2014—2016 годы》）[①]（以下简称《计划》），按照该《计划》，到 2015 年前将制定至少 800 个职业标准，参与制定标准的除俄罗斯联邦劳动与社会保障部外，还有各工会及雇主联合会代表。

---

① КОМПЛЕКСНЫЙ ПЛАН мероприятий по разработке профессиональных стандартов, их независимой профессионально-общественной экспертизе и применению на 2014—2016 годы [EB/OL]. [2014-12-17]. http://www.nark-rspp.ru/?p=1961.

第五章

英国现代职业教育体系建设

职业教育是整个教育体系中较为重要的一个环节，对国家的经济及社会发展起着举足轻重的作用。英国职业教育顺应知识经济发展的需要，转换培养目标；建立国家职业资格框架；进行职业教育评价，分析劳动力市场要求与职业教育不匹配等现存问题；提出加强文化素质教育，进一步研究国家职业标准适用性等相应建议；进行学徒制等相关改革，从而取得了一定成效。

一、职业教育发展的经济社会背景

21 世纪是知识经济时代。知识经济是一种全新的经济形态，以技术与信息的生产、分配、传播及使用为发展基础，并以高质量的人才为依托，所以世界上各个国家为了争夺经济的竞争力，便对接受过良好教育的人才产生了极大的需求。因此为社会提供产品及服务的职业劳动者的综合素质就显得尤为重要，所以职业者的综合素质及职业能力成为经济发展质量与水平的重要因素。

经济和技术因素在职业教育的发展中总是起着至关重要的作用。进入 21 世纪以来，人类开始面临许多由新环境带来的挑战，这其中较为明显的就是经济全球化趋势的迅猛如潮和以信息技术为核心的新技术革命的发展速度日益加快。随着经济和技术变革的全面深化，世界的经济结构和劳动力市场产生了巨大变化，从而给世界各国的职业教育带来了许多新的问题。这些问题主要表现在以下几个方面。

（一）工作组织形式的变化引起职业教育培养目标的变化

18 世纪末到 19 世纪初的欧洲产业革命，对社会生产力的发展和人类文明的进步起到了极大的推动作用，同时也对职业教育的发展产生了深远的影响。产业革命以大机器生产代替了传统的手工业生产，使传统行业迅速更新，也使社会分工得到了进一步细化。社会分工的产生与发展，是现代职业教育制度确立的必要条件。科学技术迅速发展，使得各种机械装备日趋复杂与精细，操作过程十分烦琐，这就需要专门的技术型人才参与操作，于是便出现了培养技术型人才的客观要求。20 世纪后期，后工业社会的组织形式出现了从福特主义向后福特主义的转变。福特主义的工作组织以纵向的等级制为特征，管理者和劳动者界限分明，强调对生产过程实行自上而下的控制。工作岗位高度专业化和固定化，使工人终身被束缚在一种职业或固定的岗位上，长期从事的是一种具体的工序操作，所以这时的职业教育以培养能胜任一种岗位工作的岗位工人为目标。后福特主义时期，一线生产者完全可以实现对生产过程的控制和产品质量创新，所以工作组织形式以横向合作团队为特色，岗位分工呈现流动性、灵活性和创造性等特点。由于工作组织形式的变化，社会对未来劳动者的素质提出了新的要求，因此传统的以岗位培训为主的职业教育培养目标越来越不适应社会的需要。

（二）职业结构的变化引起劳动者素质结构的变化

英国产业结构的变动带动了产业部门中的行业结构也随之发生变化。技术的迅猛发展，使社会职业的内涵和外延处在不断变动中，由此导致了职业岗位对技能型人才的需求不断增大。知识创新速度的加快和生产技术的不断进步使得对劳动者的文化水平和受教育程度要求不断提高，非技术工人或半技术工人的数量不断下降，技术工人的需求不断上升，社会职业结构随之发生变化，开始从金字塔形转变为橄榄形，为数最多的中间层是技术工人。所以现代生产迫切要求职业教育培养既懂操作又懂生产技术原理，既能动手又能动脑的体力劳动和脑力劳动相结合的新型劳动者。

（三）产品更新周期日益缩短引起劳动者岗位技能需求变化

职业教育经历了从产品驱动到市场驱动再到过程驱动的不同发展阶段。在产品驱动阶段，产品的更新周期比较长，市场需求相对稳定，这时期的职业教育目标就是使受教育者掌握生产某种产品的具体技能。市场驱动阶段，产品的更新周期缩短，市场需求变化加快，这一时期职业教育的目标为培养掌握多种技能、能完成不同任务的劳动者。到了过程驱动时期，产品更新周期进一步加快，市场需求更加变幻莫测，越来越多的新型企业更需要既掌握知识和信息又具有心智技能的人进行生产活动。因此，现阶段的职业教育目标就是必须培养富有创造力和解决问题能力的现代劳动者。

二、职业教育体系概况

英国经历了第二次世界大战之后，政府越来越意识到技术性人才对国家发展的重要性，于是实行了一系列针对职业教育的改革，从而使得英国的职业教育出现了前所未有的发展速度，从此英国的职业教育步入了健康发展的轨道。英国职业教育总体来讲，可分中等职业教育和高等职业教育两个阶段。

（一）中等职业教育

英国的中等职业教育在综合中学、现代中学和技术中学中实施。

综合中学是目前英国中等教育中学校种类的主要形式，凡是完成了初等教育的适龄儿童不管成绩如何、智力高低，均可进入综合中学读书。在综合中学里，其课程设置一般都是前 3 年为基础课，第四、第五年为选修课，注重实用性。学生对未来的道路选择也有很大的自主权，可以在完成基础知识的学习后参加公共考试，进入大学；也可以在经过了技能性课程的培训后，直接就业。这种学校的建立，得到了大多数社会成员的拥护，并得到迅速发展，是 20 世纪六七十年代英国教育改革的一件大事。

现代中学是拥有学生最多的中学。经过 11 岁考试，没能进入文法中学而又不能进技术中学的学生，可以选择现代中学。现代中学重视实用性技能培训，所学科目也贴近社会需求，为学生出校后就业而设，注重实际操作。学校的课程包括航海技术、电子技术、汽车工程、建筑工艺、烹饪、服装裁剪、工艺美术、保育、木工、速记、打字、农业科学、园艺、插花等。而这些课程的设置均与英国的高等教育不能接轨，学完这些课程只能直接就业，若想继续学习可进入六年级，再学 2 年，学三四门课程，或转到六年级中学，毕业后参加普通教育证书（GCSE）考试，成绩优良者可进入大学学习。随着综合中学的迅猛发展，许多现代中学纷纷设置从前文法中学才准许设置的学术性课程。现在，大部分现代中学已成为综合中学，仅有一小部分现代中学还存在着。

技术中学是低于文法中学，但却高于现代中学的中间型学校。此类中学数量很少，在校学生的数量也不足全体中学生总数的千分之一。进入技术中学学习的学生是经过 11 岁考试，证明智力优异并对自己的未来职业有比较明确的考虑的学生。技术中学的学制是 5—7 年，由于技术中学是技术学院的附属物，校舍、教师均由技术学院提供，所以技术中学也主要为技术学院提供生源。由于受到 20 世纪 60 年代开始的教育综合化运动的影响，为数不多的技术中学一再收缩，不断减少，如今，技术中学在英国中等教育中的地位已无足轻重。

（二）高等职业教育

英国 16 岁后的职业教育即是高等职业教育阶段，也是英国职业教育的重要形式，主要在继续学院实施。

英国对继续教育的定义是对 16 岁离校后的青年，所接受的低于学士学位的学术和职业教育与培训。英国教育界、企业界和政府认为，高等职业教育是培养高级技能型人才的教育。英国高等职业教育的目的在于，培养创新型、有变通能力的高技能劳动力，应对雇主需求、地区发展和国内国际市场变化的需要，促进地区的经济繁荣和社会发展。英国几乎所有主要的城镇都有继续教育学院。这些继续教育学院主要为当地的成年人和16岁（即受过11年义务教育的学生）以上的青年人提供继续教育和培训。英国现在在继续教育学院学习的人数是在校大学生的2倍。继续教育学院主要针对不同工作岗位的需要和职业资格证书的不同级别，开设不同的职业技术课程，低级的水平相当于中等技术教育，高级的水平相当于高等教育。学生通过不同的职业技能培训，得到国家认可的职业资格证书，进入劳动力就业市场或提高自身水平和能力。继续教育学院也针对某些准备进入大学学习的入学者开设学术类或文化补习类课程。

（三）英国职业教育特点

英国职业教育体系有四个特点。第一，目标驱动。定期制定一系列的绩效统计数据目标（被称为公共服务协议或者公共服务协议目标），执行机构的成绩也被密切地监管着。第二，强化学生技能训练。英国的职业教育以培养学生实用的技能为特色和目标，全方位提高人才培养质量。职业院校的理论教学本着够用即可的原则，更多是对动手能力和技能的培养，为地方经济服务。第三，英国职教体系对经济和社会压力非常敏感。虽然从本质上来说是稳定的，但是表面的一些行政管理经常变化。这种灵活性可能是因为英国法律具有宽容性，不像世界上其他一些国家，任何改变都必须以新的立法为前提。第四，重视终身教育。短期培训是英国职业教育的重要形式之一，以此适应信息社会知识和技能更新的需要及新的劳动分工和职业变动的需要。

近30年来，同其他发达国家一样，英国社会经济和劳动力市场发生了很大变化，它们具有以下特点：19—24岁青年人失业率高，出现“一个正消失着的青年劳动力市场”①。教育水平普遍提高，接受普通教育直到16岁已成为发达国家的一个规范，专门化已经逐步向后推迟；人们普遍抱有

① 李建忠．沃尔夫报告与英国职业教育改革［J］．职教论坛，2012（22）．

接受高等教育的期盼，有98%的母亲希望自己的孩子以后能够上大学；受教育水平越高，收入水平就越高。就业经历和学徒培训有着高回报；青年人在教育与就业市场之间进进出出，职业变换频繁，11年间平均每人变换工作3.5次，变换职业2.5次，变换行业1.8次；18岁青年人教育生存状态发生重大变化，接受教育或培训的比例从1976年的17%上升到2009年的45%；职业结构发生根本性变化，高技能和服务行业岗位需求上升，传统的低技能就业市场迅速萎缩；经济迅速变革给劳动力市场带来重要影响，政府需要积极回应今天劳动力市场的现实。

30年来英国政府一直高度重视发展职业教育。自20世纪80年代中期建立“国家职业资格”（NVQ）以来，英国已经完成了三代国家资格框架的开发和建设，对欧洲及包括中国在内的世界许多国家的职业资格框架（制度）的建立产生了世界性的重大影响。英国许多职业学校突出产学结合特色，例如，在马格斯菲特学院，欧洲航空航天培训中心按照产业国际标准利用全功能的英国航空航天公司飞机提供培训，培养了大批高素质的机场地勤人员；英国铁路网公司90%的学徒毕业后留在公司就业；英国知名企业的学徒培训供不应求，空中客车公司的学徒毕业后既有出色的生涯前景，又有继续在大学学习的机会；英国电信公司和劳斯莱斯汽车公司的学徒培训名额竞争比英国牛津和剑桥大学的入学竞争还要激烈。

但是英国职业教育也存在着许多问题，其中根本性的问题是英国有许多好的实践案例，但没有一个好的制度，尚未建立起一套适应社会需要和学习者需求的、完善的职业教育制度，160年来制度建设的根本问题一直没有解决。正如教育大臣戈夫指出的那样：自1851年艾伯特王子建立皇家委员会以来，决策者一直在努力解决向青年人提供一种适当的技术和实践教育的问题，160年后同样的问题仍然存在。

三、建立国家职业资格框架

英国为了响应欧盟的号召，尽快地使本国的职业教育融入该进程中来，开发出了本国的国家职业资格框架，使得该框架与欧洲职业资格框架联系起来，并对学分和资格框架进行调整，完成与欧洲资格框架的对接。

（一）国家职业资格框架的修订及实施

欧洲资格框架（EQF）中最核心的部分就是把整个体系划分为8个层次，并且把这8个层次分别概括为“知识、技能和能力”3个与学习成果相关的变量，并且对这3个变量进行了详细的描述。而英国为了使本国的国家职业资格体系与欧洲的资格体系相衔接，2004年9月1日，资格与课程委员会对国家资格框架（NQF）进行了新的修改：把过去的5级国家资格框架发展到现在的8级国家资格框架（不计算入门级），原有等级1、2、3在修订的NQF中没有发生变化，原有等级4在修订的NQF中相当于4、5、6三个等级，而原有等级5在修订的NQF中相当于7、8两个等级。

国家资格框架①（NQF）的证书等级可以被英格兰、北爱尔兰和威尔士所认可（而苏格兰拥有自己的职业资格证书体系，简称SQF），该框架不仅把对于学员要求相一致的资格等级列在一起，并且还包括了同一等级里面所包含的很多学科领域的证书，而且所要求的学习时间也是不一样的，国家资格框架也表明了同一等级资格是如何相互转换和低等资格证书是如何朝着高等资格上升的，同时要求国家资格框架中的资格证书都必须经由英格兰、威尔士及北爱尔兰相关的管理机构的认证，并且由相关的授权机构颁发，这样严格的程序的最终目的就是要确保该体系中的职业资格证书的质量。

根据劳动力数据调查，在英格兰地区，2006—2007年期间，有21.5万人获得识字能力证书1级，有8.4万人取得计算入门3级，适龄工作的成年人获得资格2级比例从2001年的65%增加到2008年的71.2%。截至2011年，79%的适龄工作的成年人至少获得资格证书2级；相应地，2001年至2008年，获得3级资格证书的人数增长了6.1%；获得4级资格证书

① National Vocational Qualifications Framework [DB/OL].（2005-08-24）[2012-12-14]. http://europa. eu/legislation. sufflmaries/education-training-youth/vocational-training/clllC4-en. htm.

的人数增长了6%，截至2011年又分别增长到11.3%和6.8%；在威尔士，据统计，直到2010年拥有资格证1级或基本识字技能的人占80%，计算技能的占55%①。与此同时，相应的组织机构也做了相应的调整，例如，之前的英国教育就业部改组为教育与技能部（Department of Education and Skill，DFES），原来的国家资格委员会（NCVQ）和学校课程与评价委员会（SCAA）合并成立了国家资格与课程委员会（Qualifications and Curriculum Authority，QCA），统一管理教育考试与职业资格鉴定，隶属于教育与技能部管辖，负责英国的国家职业资格证书的认证、考核与推广②。

（二）国家职业资格框架修订的意义

传统的职业资格证书是专门为毕业生的就业而设置的，过去的职业教育和普通教育是相脱离的，从而使得职业资格证书和学历证书慢慢地发展成为一个各自独立的体系结构，英国的职业教育缺乏与学历教育相互联系统一的国家职业资格框架，所以导致职业资格证书的社会认知度不高，以及社会地位较低，而人们追求的首选目标仍然是学历文凭，这一切都归因于职业资格证书制度与学历证书教育制度没有很好地对应起来，所以修订国家职业资格框架还有另一目的即更好地与高等教育框架（FHEQ）对接起来，构建起更清晰明了的资格对应关系，使得职业教育资格与普通教育资格更为融合，促进了职业教育与学历教育的互通，提高了职业教育的社会认知度和社会地位。这次的改革使得英国的职业资格证书体系结构已经不再是仅仅为职业教育而设置的独立体，而是更好地把普通教育学术证书与职业教育证书构建成一个相互衔接、相互沟通的多维体，职业资格证书已经不再仅仅是职业者的职业能力的证明，同时也是其学习能力的体现，拥有一定水平的职业资格证书的人同样可以获得进入普通高校进行继续深造的机会，英国构建的这种职业资格证书和学术证书之间的相互等价的体

---

① National Report 2008 in UK [DB/OL]. [2014-01-02]. http //ec. Europeau/education/lifelong-learning-programme/monnet_ en. htm.

② National report for the British 2004-2005 [EB/OL]. [2013-02-24]. http: //www. Copenhagen-Bergen2005. no/.

系结构，使得职业资格证书具有了就业及升学双重功效，职业资格证书在普通教育和职业教育之间搭建起了桥梁。

四、进行职业教育评价

受英国教育部长的委托，伦敦国王学院艾莉森·沃尔夫教授对英国职业教育展开了一项独立的评估。为了让14—19岁年轻人能在劳动力市场和高等教育中获得更好的发展机会，职业教育应该怎样帮助他们提升，这是沃尔夫教授评估的主要内容。考虑到现阶段的财务困境，如何为将来的政策方向提供有实践意义的建议，这是政府对沃尔夫教授提出的要求。这次评估收集了400多条公众证明，走访了一些学院、教育机构和培训机构，与行业的主要合作伙伴进行了访谈和讨论。

（一）职业教育的主要问题

该报告认为英国职业教育存在以下主要问题①。

1. 劳动力市场要求与职业教育提供的不匹配

（1）职业教育的内容不被劳动力市场看重。英国许多一级和二级资格证书，包括被认为是反映了工作场所要求的国家职业资格，不管是在收入方面还是生涯进步方面，似乎都没有任何积极的结果。职业资格证书学习的内容实际上并没有被雇主和劳动力市场看重，可是，这些资格证书成为高中阶段（16—18岁）学生学习的主体部分。近年来引入的“基础学习证书”是“个性化”的、面向大部分14—19岁低成就学生学习的课程，内容包含职业性或学科学习。在“基础学习证书目录”上目前约有1300种这种证书，许多证书规格都非常小。其中有400种证书学分值只有5个或不到5个学分，这就是说学生可以用不到50个教学小时就可完成一个证书的学习。从劳动力市场的观点看，基础学习证书不可能取得成功，因为

① 李建忠．沃尔夫报告与英国职业教育改革［J］．职教论坛，2012（22）．

雇主只看重几种熟悉的资格证书或是“真正”的工作经历。用拉思伯恩志愿组织首席执行官的话说，就是“这些资格证书让你什么都干不了，除非你再拿一个证书”。

（2）资格证书不断变化，缺乏稳定性。劳动力市场认可稳定的和熟悉的资格证书，但英国的职业资格证书一直并且仍在处于不断变化之中。世界各国的资格证书都保持相对稳定，而英国政府几十年来一直都在引入新的类型的职业资格证书，学术资格至少从其名称看一直保持相对稳定。资格证书的品牌效应极为重要，像伦敦城市行业协会颁发职业资格证书的历史可追溯到 19 世纪，现在仍然受到人们的重视和认可。

（3）资格证书口径窄化，提供的特定职业岗位资格证书越来越多。青年人的就业模式意味着他们需要相对普通的而不是非常特定的职业资格证书。然而，越来越多的职业教育学生取得的是非常特定的职业资格证书。青年人在其头 10 年的就业中非常频繁地变换行业、职业以及特定岗位。取得特定职业资格证书人的比例很高，但并不意味着他们一定能留在原来职业里就业，并且职业资格证书等级越低，证书持有者变换工作的可能性就越大。几乎所有的发达国家都向 14—19 岁学生提供相当普通的职业教育课程，即使是在实施学徒培训的欧洲其他国家，也都有大量的离岗普通教育。英国目前对 16—19 岁学生的教育试图采取绝对的二分法：或者向学生提供狭窄的、特定的职业资格；或者是提供传统的学术资格。目前有1/4至 1/3（30 万—40 万）的高中阶段学生（16—19 岁）学习的课程既不能使他们具有资格上大学或继续升学，也不能使他们找到一份好的工作。许多初中学生（14—16 岁）学的是学校绩效排行榜鼓励的职业课程，这导致他们进入了死胡同。但是许多年轻人并没有被告知他们选择学习这些资格证书后果的真实情况。

（4）缺乏真正的工作经历和以就业为基础的技能。雇主重视“工作历史”和经历，即在一个真实的工作场所有一个合适的、带薪工作，这完全不同于在学校教育环境里获得的经历或通过政府培训计划获得的“与工作相关”的经历。英国许多 16 岁和 17 岁青年人在教育与就业之间进进出出，寻求着能有助于提升他们就业能力的教育或培训。然而面向他们的学徒名额则很少，2009年仅有6%的雇主招收16岁学徒，11%的雇主招收17岁或18岁学徒。相反，在20世纪70年代有1/4的1958年出生的青年人参加传统学徒培训，男性一般在15岁开始学徒。实际上，现在16—18岁青年人在全部学徒名额中所占比例从2004年的60%下降到2009年的41%。16岁和17岁青年人对高质量学徒培训有着巨大需求，特别是三级资格证书层次的学徒。

（5）低层次职业资格证书负回报。英国大量的实证研究表明，低层次职业资格证书，特别是国家职业资格框架对证书持有者没有重要的劳动力市场价值。国家儿童发展研究（NCDS）的分析发现，低层次资格（国家资格框架中的一级和二级资格证书）对工资没有显著效应。大规模的劳动力调查数据研究也发现，低层次国家职业资格证书和伦敦城市行业协会低层次职业资格证书的工资回报在统计上有着显著负回报，持有这些资格似乎就是低薪就业的代名词。2004年迪尔登（Dearden）等人在英国年龄组研究（BCS70）中，对1970年出生的人持有的国家职业资格二级资格证书的回报进行了深度分析，再次发现取得二级资格证书同低收入有着显著相关关系。国家职业资格一级和二级资格证书已经失去了劳动力市场价值。通过政府培训计划取得的国家职业资格二级资格证书的工资回报是-22.5%，通过学校职业教育环境取得的二级资格证书为-11.6%。研究也表明，三级职业资格证书和学徒制培训有着强势正面回报。

2. 继续学习要求与职业教育提供的不匹配

存在的主要问题是绩效指标的负向导向作用，忽视数学和语文（英语）教育，“资格和学分框架”（QCF）导致职业资格被重新贴标，学徒培训框架缺乏弹性，经费分配机制导致证书数量膨胀，职业教育教学质量高度不均衡等，这些问题都是相互关联的。

（1）学校绩效排行榜导致资格证书泡沫化。目前在关键阶段4（初中阶段）结束时用于衡量学校表现的绩效指标体系导致学生获得的“职业”资格证书数量大幅增长，16岁学生取得的所谓同等的资格证书的数量从2004年的1.5万个激增至2010年的57.5万个，它们旨在提高学校在绩效排行榜上的名次，但与学生在教育系统或劳动力市场里的长期利益没有关系。从 2001 年起，政府所属的课程开发机构，先是资格和课程署（QCA），随后是资格和课程开发署（QCDA）密集开发大量课程，以保证所有资格证书都能用以提高问责测量表现。由于放松了国家课程管理，加强了问责制，结果学校课程以空前的规模和速度从学术科目转到“职业”科目。

（2）拨款导向机制和绩效目标妨碍学生提高数学和英语技能。数学和英语成绩水平在保证学生继续学习和融入劳动力市场方面具有决定性意义。但是经费分配刺激机制和学校绩效目标则不利于学生提高数学和英语成绩水平。学校对学生进行分流，要求被分流的学生学习“关键技能”或“功能性技能”证书所要求的科目，以代替数学和英语科目学习。总体上看，取得普通中等教育证书（GCSE）数学和英语科目 A^+—C 级成绩的 15 岁学生比例仅为 44.8%，18 岁学生为 49%，或者说有一半的学生没有数学和英语科目 A^+—C 级成绩。从绝对数量上看，15 岁学生中没有取得数学和英语 A^+—C 级成绩的人数达到 32.9 万人，18 岁学生的人数达到 30.4 万人。中央政府的拨款导向强力刺激学校让学生学习一些被认为是相当于主流数学和英语科目的特定资格证书课程，以实现高位目标。

（3）“资格和学分框架”（QCF）中职业资格不完全适合 14—19 岁学生学习。自 2011 年 1 月 1 日起，在设计上突出单元和学分特点的“资格和学分框架”收录了所有由监管部门认可的职业资格，但纳入“资格和学分框架”里的职业资格需符合“QCF 规范”，任何职业资格都要体现单元和学分特色。目前所有 BTEC（商业和技术教育委员会）职业资格都已重新设计，以达到 QCF 的要求。QCF 对 14—19 岁教育的影响可以从两个方面看：首先，雇主对资格证书的认可度。英国一系列的资格证书改革降低了它们在劳动力市场上的价值，因为雇主不清楚这些资格证书的内容是什么，它们提供了什么信号？引入 QCF 需要对所有职业资格重新贴标；其次，不同资格间的等值性。QCF 使用“学分”旨在把所有的资格都放在一个共同的量表里。如果不同资格证书的学分分数相同，人们就可以把这些不同的资格看作是“等值”的，并且可以从各种不同的资格中累加学分。从 2001 年开始，资格和课程署在所有资格中建立这种等值性，QCF 的设计正是体现了这些原则。然而，“等级”和“学分”在形式上的等值不能并且也不会转化为实质性的等值。QCF 主要考虑了成人（19 岁以上）学习的需要，可能适合于那些已经就业或对职业作出了明确选择的成人，但 QCF 不应是提供给 14—19 岁学生学习的唯一职业资格类型。职业资格证书重新设计和全面再贴标导致颁证机构成本提高，这些成本最后都转嫁到了学生的考证费上。

（4）学徒培训框架僵化，缺乏适应性。学徒培训框架不能完全适应地方条件和雇主的需要。以国际标准来看，英国学徒培训的普通教育内容非常少。特别是“照常营业”学徒培训，在岗培训课程按照“国家职业标准”执行，不论个体学徒情况如何，所有的人都要接受同样工作角色的培训，这种方法也许适合成人学徒，因为他们在接受培训之前就已经就业，对他们的职业路线非常清楚。目前学徒培训框架的内容和性质不能促进青年人的教育进步，这与政府鼓励从学徒培训进入高一级学习的期望不符。在一个以工作为基础的路径里要想在教育上取得进步比 20 年前更困难了，而且高质量的学徒培训太稀少，越来越多的名额分配给了年纪较大的工作者，而不是年轻人。

（5）按证书数量拨付经费造成不恰当刺激。“等值性职业资格”及绩效测量指标给初中阶段和高中阶段的教育都带来了不恰当的刺激，让学生进入容易通过的资格证书学习，这既有损标准又有损效率。高中阶段（16 岁后）教育经费拨付的依据是资格证书而不是开设的课程。很明显的事实是，资格证书越容易，学生越容易通过，颁证机构的利润也越高。目前的经费分配制度不仅给学校提供了强烈的刺激，让学生学习容易通过的科目，而且也给颁证机构提供了强烈刺激，让科目通过变得更为容易。

（6）合格师资和办学基础能力不足。职业教育资格证书迅速膨胀不仅导致许多专业课程由那些没有接受过该领域专业培训的人教授，而且造成缺乏基本的培训设施。不可否认，英国有些学校办学质量很出色，但总体看，在规模扩张的压力下职业教育质量面临下降，缺乏必要的质量控制。这在英国也不是什么新鲜现象，早在 20 世纪 90 年代，当国家普通职业教育资格首先引入学校时，职业教育质量就已经成为需要解决的一个重要问题。

（二）职业教育改革建议及相应措施

1. 沃尔夫报告的主要建议

（1）鼓励16岁前年轻人学习最有价值的职业资格证书，同时取消对学习大量资格证书的奖励，以避免影响核心课程的学习。

（2）给予16岁后学习职业教育课程的学生以正确的引导，确保他们获得的技能能够帮助他们在将来得到职业提升或者继续深造，尤其是要确保那些GCSE英语和数学分数不高的学生继续学习这些科目。

（3）评估学徒制的实施组织和内容，确保学徒制传授的是职场中所需的技能。

（4）确保法律框架迅速从鉴定单个资格证书转移到规范颁证机构。

（5）取消所有提供给14—19岁年轻人的资格证书必须符合资格和学分框架的规定。

（6）允许职业教育学院的老师到学校任教，确保年轻人学到最合适的课程。

2. 英国政府相应的改革措施

（1）加强文化素质教育，保证英语和数学成绩达到基本标准。保证所有学生到19岁都能学习和达到GCSE英语和数学A⁺—C级成绩水平。对那些不能马上达到这些成绩水平的学生，开发高质量英语和数学课程，使他们能在以后阶段取得证书。改革普通中等教育证书，保证该证书成为基础教育阶段学生学习成就更为可信的指标，特别是要结合当前对国家课程的评估工作，改革中等教育证书学科内容。

（2）改革学校绩效排行榜。取消那些降低职业教育价值，把学生推入不能使他们进入工作或继续学习的资格路径的不恰当刺激措施。提高学校绩效测量水平的职业资格证书应是那些在内容、评价和学习进步路径方面最适合学生的职业资格证书。使用普通中等教育证书5门科目达到A⁺—C等级的比例等门槛测量指标，会导致部分学校忽视学习好的学生。绩效指标不能让学校只是关注特定学生群体而以牺牲其他学生为代价。为避免这种倾向，教育部继续使用平均积点分数（APS）等绩效测量，捕捉不同能力水平学生的全面结果。从2011年开始，绩效排行榜增加每个学校低成就学生、高成就学生和那些达到期望标准学生的表现差异等指标。

（3）积极发展学徒培训。教育部完全接受沃尔夫报告的建议，认为学徒培训被广泛看作在工作中学习的最佳途径。学习借鉴国外相关经验，保证学徒培训达到世界一流标准，简化学徒培训行政审批程序，消除官僚主义，使雇主更容易提供学徒培训，保证政府和雇主对学徒培训的投入能够产生最佳效果。增加学徒培训框架的进步性和弹性，16—18岁学徒的普通教育应为他们的继续学习和整个生涯发展打下一个坚实的基础。调整16—18岁学徒培训框架中的普通教育成分，以体现课程学习的宽泛性。尚未达到GCSE英语和数学科目A$^+$—C级成绩水平的16—18岁学徒应有机会继续补习这些科目，到2012年9月逐步取消学徒培训框架中“关键技能”部分，将“基础技能”和GCSE科目学习作为学徒培训中获得义务英语和数学素质要素的唯一得到认可的路径。除发挥行业技能委员会的作用外，鼓励雇主参与学徒培训框架的制定和资格证书的设计。加大对学徒培训的投入力度，商务、创新和技能部通过“增长和创新基金”增加学徒培训投入，提高资金分配和使用的透明度，规范中介组织行为。对雇主实行补贴，鼓励中小企业提供更多学徒培训名额，规范学徒合同管理，简化程序，提高效率。注重发挥集团培训协会（GTA）、学徒培训署（ATAs）、国家技能学院和国家学徒培训服务中心等组织机构的作用。近几年来，英国19岁以下学生学徒人数在稳步增加，从2006年的10.56万人增加到2010年的13.17万人。

（4）关注低成就学生。低成就学生是指那些达不到二级资格证书要求的学生。沃尔夫报告建议把低成就学习者（包含有学习障碍和残疾的，以及那些对正规教育极为不满的学生）的课程重点放在英语和数学核心学术技能学习及增加工作经历上，改革经费分配方案和绩效测量，重点关注核心领域和就业结果而不是资格证书数量增长。教育部接受报告的建议，认为所有学生不论其起点如何，都要有机会充分发挥他们的潜能。教育部将对那些到16岁不能直接达到普通中等教育证书资格水平的最脆弱的学生提供更多的支持。英国有很高比例的学生不能达到这个关键水平，这损害了他们继续接受教育和就业的前景。要采取有力措施，提高低成就学生的学习水平，让更多的低成就学生取得进步。高中阶段的课程学习要帮助学生达到英语和数学教学要求，为他们提供有价值的工作经历。学习和借鉴国际经验，总结和推广那些帮助弱势学生取得进步的学校好的经验，对“基础学习证书”进行独立评估，听取相关学校和学生的意见。

（5）进一步研究国家职业标准适用性问题。教育部表示：“国家职业标准”仍是成人专业资格的重要组成部分，但它在多大程度上适用于学校职业教育要作进一步研究。教育部将会同英国教育和技能委员会，就“国家职业标准”的未来，包括如何在职业资格中最佳使用这些标准等问题，征求国家级雇主机构、行业技能委员会、职业资格监管部门和其他关键合作伙伴的意见。商务、创新和技能部在《建设世界一流的技能体系》报告里表示，就国家职业标准在就业市场是否适合征求意见和进行调研，在就业市场上工作的性质正在迅速变化，个人变换职业更为频繁。

五、推进学徒制改革

学徒制是英国政府所青睐的以工作为本位的职业教育形式，也是年轻人进行以工作为本位学习的最为常见的途径。英国近几年来对学徒制进行了一系列改革。改革后参与学徒制的青年和雇主人数都有所增加，质量也得到了提升，对英国的技能开发产生了深远影响。

（一）学徒制的历史沿革

1. 中世纪学徒制的兴起与衰落

英国学徒制是在中世纪随着工艺和贸易行会的出现而发展起来的。从12世纪起，英国就一直采用这种制度对徒工进行职业和技术训练。1562年，《工匠徒弟法》把学徒制确立为一种正式的制度，但此时，由于国家并没有具体而认真地实施监督，学徒根本得不到真正意义上的职业技术训练。18世纪，随着以机器生产为基础的工厂制度的兴起，许多工人不再需要专门的技艺，而只需要重复几种操作动作直至1814年《工匠徒弟法》被废除。

2. 第二次世界大战后学徒制的复兴

第二次世界大战后英国经济经历了一个迅速发展时期，为了克服学徒制训练的缺陷，满足国内经济发展的需求，英国开始对传统学徒制进行改革。1962年，政府发表的白皮书《工业训练》强调，要开展政府工业部门和教育部门之间的合作，把职业技术教育与工业训练结合起来，加强和改善工业界政府和地方教育当局在提供学徒培训方面的伙伴关系。1964年，政府正式颁布了产业训练法，为学徒制确立了新的原则，促进了学徒制的革新与完善，比如采用税收拨款制度，让企业公平地分担培训费用；加强理论与实践的结合，规定学徒第一年必须脱产学习。该法还规定设立产业训练委员会，保证和监督学徒制的顺利进行。政府对工业训练的干预，尤其是工业训练委员会的工作，使得英国产业训练迅速发展起来。以电子计算机等为技术基础的新科技革命对英国的经济结构、职业结构和劳动力结构也产生了深刻的影响。面对新的环境，英国学徒制扩大到了一些非学徒培训的传统行业，且加强一般能力培养也成为教育和培训的目的。

3. 现代学徒制的发展

20世纪七八十年代，由于经济衰退，雇主对劳动力的需求大大减少。这种情况造成劳动力相对过剩，特别是青年失业人数急剧增加，给社会造成很大的压力。此时，为解决青年人失业问题的青年培训计划成为英国劳动力市场培训计划的主要内容，如青年机会计划（YOP）、统一职业准备（UVP）和青年培训计划（YTS），但这些都只是为解决失业问题而采取的应急性措施，缺乏长远的考虑。新的经济形势要求英国重建职业教育体系和模式，调整青年培训计划。因此，在传统学徒制基础上发展现代学徒制成为英国职业教育与培训改革的另一目标。1993年11月，英国政府正式宣布实施现代学徒制计划，并于1994年9月首次在14个行业部门试行该计划。到1995年9月，该项培训计划扩展到全国54个行业中。至此，现代学徒制正式在英国开始全面实施。到1997年3月，英国共有72个现代学徒制培训框架。2003年2月，英国财政部和教育部又共同实施了一项

《国家现代学徒计划》。

4. 近年来学徒制的改革

20 世纪末，英国感到技能短缺正在威胁全球化趋势中的国家竞争力。2004 年 2 月，学习与技能委员会公布了以 27 个行业的 72100 位雇主为对象的国家雇主技能调查结果，调查表明：22%的企业雇主报告在他们的行业中有技能缺口；企业雇主认为 240 万（11%）的被雇佣者不精通当前的工作；83%的雇主认为技能缺乏加大了其他劳动者的工作量；52%的雇主认为技能缺乏导致为顾客服务的目标久久不能实现；44%的雇主报告生意或订单流向了别的竞争者；41%的雇主报告在新产品开发中的延期；38%的雇主报告营业成本增加，导致利润下降。2004 年 5 月，英国教育和技能部长查尔斯克拉克宣布，英国将实施彻底的学徒制改革，为更多年轻人提供学习技能的机会。同时，由于取消了原来对年龄的限制（25 岁），成人也将从中得到在职培训的机会。如果学生对某个行业比较感兴趣，学徒制会为这些学生提供机会，让他们每周花两天的时间在工作场所学习一种技艺，包括工程技术汽车业企业管理后勤和艺术行业新设前学徒制（Pre-apprenticeship），其培训对象是那些有可能进入学徒制，但是还没有准备或者由于各种原因不能进入学徒制的学生。

（二）学徒制的现状

1. 培训内容

2001 年 9 月，英国现代学徒制顾问委员会向学习与技能委员会递交了一份名为《现代学徒制：工作的道路》的报告，学习与技能委员会采纳了该报告的基本建议。此报告明确了英国学徒制的发展目标，预测了学徒制将给英国带来的利益，并提出应有一个清晰明了的学习内容框架来定义英国学徒制的核心学习内容。据此，2005 年，学习与技能委员会公布了学徒制的蓝图，统一规定了由四要素组成的学徒制学习内容框架。

（1）能力本位要素学习。能力本位要素由部门技能委员会部门机构和雇主依照相应行业的国家职业标准决定。该部分的学习内容主要以英国国家职业资格的形式，运用测试能力的方法进行评估。英国国家职业资格以国家职业标准为基础，陈述了在一个特定的工作环境中合格的工作者应具备的能力标准，包含了各职业的主要方面。学徒制的学习者应该达到国家职业资格的二级水平，高级学徒制的学习者应该达到国家职业资格的三级水平。

（2）知识本位要素学习。学徒制的蓝图提出，知识要素的学习应成为从学徒制升入高级学徒制和高等教育的必要条件。知识要素单独或作为能力要素的一部分进行认定，并且采用了技术证书的形式。引入技术证书意在加强 NVQ 能力要素的获得。技术证书通常与职业相关，如英国商业与技术教育委员会和英国伦敦城市行业协会等与职业相关的资格。学徒制中需要认证的技术证书具体依据学徒制的水平和所对应的职业范围而定。

（3）可迁移或“核心”技能的学习。可迁移或“核心”技能是升学、就业、终身学习、个人发展中最为重要的基本技能。学徒制的学习者须获得一级水平的数字应用关键技能与交流关键技能。高级学徒制的学习者须获得二级水平的数字应用关键技能与交流关键技能。“核心”技能的评定包括终结性的测试。此外，学习者持有的其他相关资格在有效期限内可以认定为已获得相应的“核心”技能。外部核心技能的评定将逐步情境化、整合化。

（4）雇员权利和义务的学习。雇员的权利和义务包括工作者的权利和责任、在各大行业内本职业所起的作用、公共法律和政策对行业的影响、安全学习者的概念。这一要素可通过技术证书或就职计划的一部分实施，作为国家职业资格的一部分取得。

2. 学徒制的类型

（1）青年学徒制。青年学徒制是面向 14—16 岁青年、学成后主要获得二级水平资格的 2 年制项目。学生每周可花 2 天在实际工作环境中学习，实地工作经验的学习为 50 天或 2 年。从 2004 年 9 月开始，青年学徒制向第 10 学年的学生开放。第一年有 1000 名青年参加，2006 年年初有 2000 多学习者参与到 6 个行业当中。2008 年开始第五次招收学习者。

2008—2009 年推行的专业化文凭（Specialised Diplomas）实施学徒制框架中部分要素的培训。可以预计，将有更多的青年选择完成专业化文凭后进入学徒制的学习，而且他们所要学习的学徒制框架的要素将减少，工作本位学习的花费将更少。专业化文凭可能通过与以工作为本位的学习提供者的联系加强自身发展，这将激发更多的学校提供学徒制的兴趣。青年学徒制在一定程度上使从学术学习向工作本位学习的过渡更为顺利，并为专业化文凭提供借鉴。

（2）计划引领的学徒制。计划引领的学徒制从 2004 年 9 月开始实施，旨在寻找一条将学术教育和职业教育相结合、满足雇主和学习者需求的新道路。计划引领的学徒制有较大的灵活性，其在各个学院的规划与实施依据实际情况而变化。该类型的学徒制包含三部分的学习内容：第一部分是结合工作经历的学院学习（计划引领的要素），时间不超过一学年，不需要雇主的参与，因此未找到雇主的学徒可以先开始学院里的学习，延长寻找雇主的时间；第二部分为全日的雇佣经历（雇主引领的要素）；第三部分的学习内容与技能培养、日常教学相结合，培养学习者的基本或额外技能，比如，9 月至次年 5 月进行每周 4 天的学院学习，一周的另外一天在工作场所工作；6 月至 7 月（可延长）在工作场所进行全天的工作。

（3）前学徒制。前学徒制是基础或入门级别的课程，学习对象是有潜力当学徒但还未做好准备的人。并不是所有学习者离开学校时都参加工作。有些人可能没有获得普通中等教育证书（GCSEs）就过早地离开了学校，或者有些人需要在参加工作前得到一些帮助。而前学徒制正适合于以上所说的学习对象。前学徒制旨在帮助学习者获得解决问题、在工作中与他人相处的信心和技能，以及宝贵的工作经验，甚至是一种资格。前学徒制向学习者提供不同类型的工作经验，帮助其阅读、写作、学习数学，提供国家职业资格中一级水平的训练和终身技能的培养，还奖励取得优秀成果的学习者。学习者完成前学徒制后，就可以进入学徒制的学习。前学徒制的课程教学在学院、培训提供者或工作场所实施，学习期限可由学习者自由选择。

（4）学徒制。此学徒制为狭义的学徒制，于 2004 年推行。它向 16 岁以上的学习者提供与普通中等教育证书处于同一水平的另一种学习选择。学习者在学习的初期就开始与雇主建立雇佣关系。学习者进行全日的工作并且得到报酬，每周大约 80 英镑。同时，学习者也可先脱产学习国家职业资格的二级水平，获得核心技能。学徒制通常需要 1—2 年来完成，完成学习后学徒可进入高级学徒制的学习。

（5）高级学徒制。高级学徒制于 2004 年开始推行，旨在取代高级现代学徒制，向 16 岁以上的学习者提供与第六学级或学院处于同一水平的另一种学习选择。但是参加高级学徒制的学习者需要获得 5 个普通中等教育证书，或者已经完成学徒制的学习。学习者在学习的初期就开始与雇主建立雇佣关系。学习者进行全日的工作并且得到报酬，每周大约 80 英镑。高级学徒制通常需要 1—2 年完成（工程类高级学徒制可能需要 4 年），学习者最终将取得国家职业资格中三级或四级水平的资格、核心技能培训、技术证书。

（6）成人学徒制。成人学徒制于 2007 年 8 月 1 日推行，学习对象为 25 岁以上的学习者。成人学徒制结合学徒制和高级学徒制实行。

以上 6 种学徒制都没有固定的培训期限规定。各类学徒制的期限会因特定的课程和所要取得资格的水平和类型的不同而有所区别，一般期限为 1—5 年。

3. 学徒制的管理

（1）学习和技能委员会（the Learning and Skills Council，LSC）。学习和技能委员会通过在全国各地的 47 个办公室和培训机构对学徒制进行管理并提供资金支持。当地的学习和技能委员会与培训机构或雇主签订工作本位的合同，负责设定提供给雇主和培训机构的资金数额，这些资金用于支付实施培训和学习内容评价的花费。该委员会设定的学徒制目标很简单，即增加成功的学习者的数量。对英国学徒制来说，这意味着完整地完成学徒制框架学习的学习者数量将显著增加。

（2）部门技能委员会（Sector Skills Councils，SSCs）。部门技能委员会是具有独立地位、由雇主领导的某一行业部门的组织，负责依据《学徒制蓝图》的准则，为各类行业部门开发相对应的学徒制。当前，英国有 25 个部门技能委员会，他们由来自各类行业部门的工商业代表组成，这些代表决定并规划他们各自部门的课程。2005 年 11 月，部门技能委员开始负责学徒制学习内容框架的质量保障体系，确保学徒制能在满足雇主需求的同时与《学徒制蓝图》所设定的学徒制学习内容框架相一致。

六、职业教育体系建设的经验

英国的职业教育也是随着经济社会的发展，不断地进行改革创新的。他们所采取的一系列行之有效的改革措施、严格的职业资格证书制度和灵活开放的教育教学制度，值得我们学习和借鉴。

（一）培养学生关键能力，建立科学的人才培养模式

职业型人才立足于劳动力市场，必须具备职业型人才所应该具备的技能、知识及能力结构。与普通高校相比，从职业院校出来的毕业生的优势应该是动手操作能力强、职业素养高及市场适应能力强，所以高职院校应该以培养学生的“关键能力”为发展目标，改变以往盲目追求大而全、一味模仿普通高校的错误做法。我们应该充分利用地区资源优势，以及产业结构的特点发展当地院校的教学特色，树立以就业为目标的人才培养模式，要做到这一点，就必须注重实践，实行校企联合，按照企业的需求设置课程模式，同时应该做好实践工作，切实地做好实习工作、加强实训基地与实践课程的建设。为了满足竞争激烈的劳动力市场发展的需求，大力提高学生的技能操作水平和人才培养的综合质量。

（二）改革考核评价机制

确立科学的考核标准体系，根据社会职业的种类、性质来制定各种别、各层次的教育培训能力要素和达标标准，并对此进行详尽的解释和界定。组织相关人员，主要是高职院校中获得较高职业资格的专业教师和企业中的高级技术工人、工程师及管理者，成立专门的职业教育考核机构，负责相关标准的制定和考核，并对承接实训实习及现场评定职责的单位进行认证。考核应以累积的实习成绩与工作现场考察结果为主，以培养学生

关键能力为导向。

（三）建立健全职业资格证书制度和劳动就业准入制度

劳动及行业部门应按照加入 WTO 后产业结构的变化和国际通行的职业资格标准，制定和完善职业资格标准及其实施细则，努力使职业资格得到国际认可。积极开展和推动“学历证书”和“职业资格证书”相互沟通的工作，通过“双证”沟通，融职业学校教育和职业培训为一体，构建大职教体系。“双证”沟通后，职业学校的全日制在校生实行“一教两证”，即：一套教学体系，学生毕业同时颁发学历文凭证书和职业资格证书；持有职业资格证书的社会人员实行“证书换文凭”，即：对持有一种以上职业资格证书且有继续学习深造愿望的人员，可按规定的程序在职业学校注册，并将职业资格证书折算成一定的学分，再按“缺啥补啥”的原则，修满规定的学分后颁发学历文凭。严格执行先培训后上岗和持证上岗制度，并加强对就业准入制度的监督。

（四）深化三项改革

一是深化管理体制改革，调整优化职业学校布局结构。坚持有利于提高现有职业教育资源的合理配置和效益、有利于提高职业教育的整体质量和办学水平的原则，坚持政府统筹与市场调节相结合的原则，坚持实事求是、分类指导的原则，走数量、质量、结构、效益协调发展的道路，推动各级各类职业学校布局调整和结构优化，使职业学校数量适当减少，区域分布更加合理。通过学校的联合、连锁及合并，组建职教集团和品牌学校；二是深化办学体制改革，借市场之力，广泛吸纳社会资金办学，积极鼓励国有民办、企业参股、中外合作等多种形式的办学模式；三是深化教育教学改革，拓展学校的办学功能。实行学历教育与职业培训并重，面向市场，调整专业结构。通过“学历证书”和“职业资格证书”的沟通，以职业资格为导向，改革教学大纲、教材、教法和考试评价办法。树立“以能力为本位”的教育思想，以培养学生综合职业能力和创新精神为重点，突出“宽专业、多方向、厚基础、强技能、活模块”，促进教学方法和教学手段现代化，形成职业教育的教学特色。实行更加灵活的教学、招生和学籍管理制度，要创造条件实行弹性的学习制度，积极推进学分制。扩大“3+2”（3 年中职加 2 年高职）或 5 年一贯制高职办学模式的试点范围。加强职业教育与其他教育的沟通和衔接，构建人才成长的“立交桥”。着眼于建立与社会主义市场经济体制和教育内在规律相适应、不同类型教育相互沟通和相互衔接的教育体制，为各类职业学校毕业生提供继续学习深造的机会，同时拓宽职业学校的生源渠道。逐步扩大中等职业学校毕业生进入各类高等院校学生的人数和比例，打通高等职业学校毕业生进入本科高等学校学习的通道；另一方面，逐步扩大综合高中的试点范围，实现高、中等职业教育和高、中等普通教育的沟通和衔接。

第六章 日本现代职业教育体系建设

第二次世界大战之后，日本经济迅速崛起并长期持续发展的主要经验就是将教育作为经济发展的先决条件。这一时期，日本高质量的全民基础教育和后期中等教育（高中阶段）的迅速普及为产业建设培养了大量的合格人才；而日本现代职业教育体系的建立，则成为日本社会获取高质量产业工人和专业技术人才的快速通道。全民教育与职业教育构成了推动战后日本经济发展的核心驱动力。

正规的学校职业教育、公共职业能力开发、日本传统的企业内部教育培训机制形成了日本职业教育与职业能力开发的三大基本途径。职业教育是培养学生从事特定职业所必需的知识、技能、能力、态度的教育。而职业教育的完成不仅限于学校教育阶段的基础养成，更要满足学习者能力提高和职业发展的需求，提供多次的、可反复的职业技能开发和培训的机会，而作为雇主的用人单位同样承担着开展企业内部培训，提升劳动者技能的社会责任。通过学校教育体系中的职业教育培养学生掌握特定专业知识、技能的同时，培养学生的社会独立性和职业自立性，以宽口径应对多样化的职业需求和社会需求；通过终身学习背景下的职业培训与技能开发，使学习者不断获取职业生涯的必要能力、技能和知识更新，通过企业内部培训紧密结合岗位需求、职业能力开发与培训，是劳动者在终身学习环境下不断提高自身职业能力和价值创造能力的有效途径。

一、现代职业教育的发展历程

推动日本经济发展的核心动力不仅是第二次世界大战后高质量的基础教育，更是具有悠久历史的日本职业教育及独具特色的职业技能开发与培训体系。渗透于基础教育全过程、各学科的职业观教育、开始于基础教育后期（高中阶段教育）的职业教育、高等教育阶段的专业学位研究生教育，以及遍布于全国的国家和地方公立为主的职业训练与技能开发机构，形成了日本职业教育与职业技能开发训练体系的制度特色。日本在20世纪70年代以工业现代化为主导成功跨越中等收入陷阱进而迈入经济发达国家的行列，而日本的职业教育体系的建立为20世纪日本创造经济神话增添了强大的内驱动力，现代职业教育体系的建立也将为后产业经济时代日本实现创新发展和价值创造的社会发展目标奠定人才基础，培养社会经济发展急需的价值创造人才。

（一）战前职业教育的发展契机

近代手工业和商品经济的出现，使日本近代职业教育的兴起先于普通学校教育，最早出现在17世纪初至19世纪中叶的江户幕府时代。一种普遍存在于城镇街区的庶民教育机构——私塾，在19世纪中叶之前一直承担着日本普通平民职业教育与职业培训的主要职能：识字、写字、打算盘，外加基本社会公德意识培养。这种几乎遍布于日本各地的民间教育机构在以京都为代表的关西地区被称为“寺子屋”（讲学堂），而在以东京为代表的关西及以外地区则被称为“手习指南所”（授业所）。由于日本平民基本职业技能培训历史悠久，因此在19世纪60年代（1868年）日本明治维新之初，日本平民的识字率远远高于欧美国家的平均水平①。直到1872年日本明治政府颁布了第一部关于日本教育制度的法令——《学制》之后，才

① 石川謙．近世庶民教育史［M］．東京：東京大学出版会，1947.

开始创建的近代学校教育体制，较之江户时代注重生产与产品流通而广泛建立的、以传授识字、写字、记账、计算等商业技能为目的的“寺子屋”（讲学堂）、“手习指南所”（授业所）滞后了将近百年。日本江户时代，在位列“士农工商”身份等级末端的“町人阶层”（商人）中，率先出现了重视社会生产与流通过程的“实学”的萌芽，使“学问”由贵族化的“虚学”走向平民化的实学，催生了“学为所用”的日本实学理念。进入明治时期，随着明治维新带来的日本文明开化，在“实学”理念的延长线上，逐步出现了“实业”的概念。日本明治时期著名的启蒙思想家福泽谕吉（庆应义塾大学的创办者）最早重视“实业教育”，在传统文化和教育理念的基础上，主张实业教育要学习西方（西欧）的技术和教育思想，福泽谕吉将商业教育、经教育称为“实业教育”，亲自创办“庆应义塾”并担任首届塾长，为日本“实业教育”的兴起与发展做出了杰出的贡献。

第二次世界大战前的日本职业教育习惯上被称为实业教育，1899 年颁布实业学校令开始，所有的工业学校、学徒学校、商业学校、农业学校、水产学校、商船学校等实施实业教育的学校统称为实业学校。当时的日本政府热衷于设立近代之前日本教育体系中不曾有过的工业学校，以大力引进近代工业技术。然而，实业学校的兴建和发展对经费和师资投入的需求远远超过普通学校教育。对此，时任日本文部大臣的井上毅主持制定了《实业教育国库补助法》，对促进实业教育的发展起到了重要作用①，尤其是带动了学习和引进西方工业技术的热潮。工业学校最初主要以染色、纺织等日本传统产业学科为主，之后迅速建立了机械、电气等传授近代工业技术为主的新兴学科。根据日本文部省统计资料，在近代实业学校存在期间，所有实业学校的毕业生的 70% 以上都实现了根据在校期间所学专业对口就业，成为掌握近代工业技术的骨干力量，为日本近代产业经济的发展做出了突出贡献。

日本第二次世界大战前实业学校的入学资格、学业年限基本与日本的旧制中学相同。实业学校毕业生相当于中学毕业水平，同时享受战争时期

---

① 海後宗臣．井上毅の教育政策［M］．東京：東京大学出版会，1968.

可暂缓应征入伍、获得直接升入上一级学校入学资格的政策优惠。当时日本的“实业专门学校”——高级职业技术专科学校的入学者中，实业学校毕业生约占三分之一[①]。而日本近代实业学校的课程设置和教学内容主要包括日语、历史、数学、物理等普通学科，同时包括作为该实业学校办学目标的专业课程及专业实习。实业学校没有文部省统一规定的教育课程，也没有普通学校教育的教科书审定制度，因此，每一个工业学校的学科课程都有所不同，形成第二次世界大战前日本实业教育的多样化特色。直到第二次世界大战末期，日本针对实业学校的主要学科课程，开始编纂和发行统一的标准教科书，统一了工业教育，对日本工业教育水平的大幅度提高带来了深刻影响。

（二）第二次世界大战后日本职业教育的制度确立

第二次世界大战后，日本全面改革了教育体制，实行“六、三、三、四”学校教育制度体系。随着9年制义务教育的普及，儿童义务教育年限延长至15岁。这样一来，所有的职业教育被迫推迟至15岁，或者15岁以上年龄段才能开始实施。而与此同时，第二次世界大战后日本学制的单一化使得普通中学毕业生的升学途径只能是普通高中，战前各种实业学校所承担的职业教育与职业培训的职能，只能由作为普通高中学科之一的职业学科来承担，独立的职业高中的削减也导致高中职业科的就读人数相应减少，同时实验和实习所必要的设施设备在战争中遭到毁坏，职业教育办学条件极度困难，日本战后职业教育的发展面临现代学校教育制度下的全新挑战。在这种情况下，为了使日本国民通过产业教育树立起正确的劳动观、价值观，掌握必要的产业技术和生产制造技能，在战后日本经济复苏和经济快速发展过程中发挥更大作用，1951年日本颁布了《产业教育振兴法》[②]，确立了国家和地方政府依法对产业教育的振兴予以奖励。国家通过制定产业教育振兴综合规划，改善产业教育的内容和方法，扩充产业教育

---

① 佐々木享．官立実業専門学校の入学試験制度の歴史［Z］．名古屋大学教育学部紀要（教育学科），1984：30.

② 産業教育振興法，昭和26年法律第228号，最终改为：平成18年法律第120号。

设施设备，制订并实施产业教育教师和指导员培养计划，促进校企联合共同实施产业教育，根据产业教育的特殊性和专业性特点，制定产业教育教师资格和教师编制基准。该法律同时制定了产业教育的具体扶持政策和投入保障机制。

与第二次世界大战前的实业教育具有显著区别的是，战后职业教育体系中，类似工业科等专业的教育课程编制全面执行国家统一的教育课程标准——高中学习指导要领，对于教科书的编写和选用也同样遵循国家统一的教科书检定程序。高中职业学科的授课时数的半数以上为国语、社会、数学、理科（科学）等普通教育课程，以确保高中教育的共通性。职业学科开设与职业教育相关的专业学科的课时数，在高中课程制度体系中，作为选修科目和课时实施，即便是包括实习在内，全部专业课程的课时数也不足全部高中规定课时数的50%。而工科为主的传统职业教育，素来重视工业制图和实习，例如，1951年修订的工科学习指导要领明确规定了职业学科与专业相关的所有科目的实习与教科之间的相互关系与功能定位。这一学习指导要领的起草与制定，深受德国等西方职业教育发展模式的影响。由当时的学者长谷川淳翻译的《职业分析》（Verne C. Fryklund, Trade and Job Analysis, 2nd. 1947）于1949年由实业教科书株式会社出版发行，该书对职业教育中的普通与专业学科的功能定位和学科目标进行了分析与研究，将职业分析法这种并不为日本社会所认知的全新教育方法介绍给日本教育界，对当时日本职业教育的发展带来积极影响。

20世纪50年代日本的高中入学率只占学龄人口的50%左右，而到了1973年前后这一比例迅速升高至90%以上，而这一时期，高中职业学科的入学比例在1960年前后还能保持在40%左右，之后随着高中职业学科逐渐减少，1990年前后，升入职业高中的学生比例下降到高中生总数的25%以下[①]。同时，由于日本传统的性别观念与女性的社会分工大大影响了女生选择工科类职业高中的积极性。尽管日本所有的工业高中都实行男女共

① 佐々木享．工業高等学校の隆盛と衰退——50年の軌跡を顧みる［J］．産業教育学研究，2000，30（2）．

学制，但是直至1990年，在日本工业高中就读的女生人数只占工业高中学生总数的6%左右①。

1978年以后，随着第二次世界大战后日本第三次教育课程标准改革的全面实施，高中学习指导要领规定，与职业教育相关的实验和实习的总时数，要达到所有专业学科授课时数的1/2以上。进入21世纪之后，日本进行了战后第五次教育课程改革，修改了学习指导要领，将“信息教育”列入中阶段职业教育必修学科课程。在高中职业教育课程标准改革的同时，日本在职业教育设备、设施建设方面相继出台了一系列鼓励政策和措施。1951年颁布的《产业教育振兴法》明确规定了职业教育基础设施建设由国库出资扶持，对职业教育的振兴起到了决定性的促进作用，尤其是对职业教育相关的实验、实习带来了较大的积极影响。

（三）现代职业教育的时代需求

全球化背景下知识经济发展的一个显著特点是：经济和社会赖以发展的战略资源发生了根本性变化。面对经济全球化发展的严峻挑战，新型职业教育体系的建立不仅要立足日本国内经济和社会发展的全局视角，关照职业教育与职业发展的关系，更应该深入思考全球化发展的共同目标和资源、环境、安全等共同问题与职业教育的发展方向。传统意义上的自然资源、物质资源和人力资源三大经济战略资源中，人力资源已经异军突起，成了一国经济和社会发展最重要的战略资源。日本作为率先进入知识经济发展阶段的发达国家，首先面临社会转型对人力资源的高度依赖。不仅如此，由于日本国土面积狭窄，自然和物质资源匮乏，从20世纪90年代起，日本政府多次强调“日本资源匮乏，唯有依靠人力才是发展的唯一出路”。日本危机感表明，当今世界谁拥有人力资源优势就等于拥有了综合国力竞争优势，而知识经济的发展带来了日本人力资源结构的根本变化。以知识为基础的社会结构的转变、软实力与科学技术进步带来的创新的重要性逐渐增强，也使得社会发展

① 佐々木亨．高校における男女共学の現状と家庭科［Z］．名古屋大学教育学部紀要（教育学科），1992：38.

对知识、技能、人才的依赖程度越来越高。信息化催生出了新产业、新工种、新职业，而产业结构的转变又带来了职业的多样化、雇佣的流动化、工作与生活的协调发展。产业结构与就业结构的根本改变成为全球化时代的社会发展新趋势，给日本职业教育和职业培训带来新的观念和新挑战。

然而，从 20 世纪 90 年代开始，在日本社会逐步由产业经济时代向以知识经济为主导的后产业经济时代转型的过程中，出现了一系列严峻的社会问题，其中与职业教育和青年培训紧密相关的“NEET 现象”（青年人无学业、无职业、无培训的三无现象）及自由职业者逐渐增多，日本产业结构的改变带来青年就业难的社会问题。严重的社会问题和产业结构转型带来的人才供需矛盾冲击着少而精、专而细的日本第二次世界大战后学校职业教育培养模式。与此同时，传统的日本式的人才培养机制一直沿用各级各类毕业生一经被企业录用，首先要通过企业内部的学习与培训，掌握和提高职业能力的惯例。然而，近年来由于日本经济持续下滑，占日本企业总数 90%以上的中小企业受经济形势所累，已无计划对新员工开展企业内部培训，企业放弃或者主动削弱了人才培养的重要职能，日本人才培养体制出现了新的问题。由此导致企业希望招聘具有能够马上投入实际工作的“即战力”应届毕业生，而不具备职业能力的大批年轻人陷入就业难的困境。这种由社会转型和经济结构调整带来的职业教育结构问题已在日本浮出水面，撼动了战后长期运转有效的日本传统人才培养机制，使日本传统的人才培养体制受到冲击，日本职业教育发展面临新的挑战和前所未有的机遇。

二、职业技能人才的培养体系

日本的现代学校教育制度下的职业教育体系始建于 20 世纪 50 年代初期。1949 年 6 月，日本教育刷新委员会——第二次世界大战后日本文部省教育咨询机构提交了建议实施职业教育振兴计划的审议报告，提出要明确中等职业教育的定位与培养目标，避免高中教育的单轨制，国家重点资助职业学校恢复和更新设备设施，培养和确保职业教育师资力量，要建立健全保障职业教育发展的法律体系，增加政府补贴，扩大财政预算振兴职业教育。1951 年 6 月，日本颁布了《产业教育振兴法》①，国家以财政出资的方式向职业学校在校生提供每人每年 1.5 万日元的就学奖励金以扶持和奖励职业教育。此举对于促进和振兴日本现代职业教育起到了决定性作用，虽然奖励金额很小却引发了职业教育的蓬勃发展，成为战后日本现代职业技术教育发展的里程碑。

（一）学校职业教育体系

目前日本的职业教育体系包括学校教育和社会培训两大类别，其中学校正规职业教育主要分布在中等教育后期的高中阶段和高级职业技术学院层次的高等教育阶段。

1. 综合高中职业专攻科（高中职业科）

日本高中课程分为普通科（高中普通课程）和专攻科（高中职业课程）。专攻科主要分为工科、商科、农科、水产、福祉、护理、信息、家政的传统学科、新兴学科和综合学科。日本的综合高中与普通高中执行同样的国家课程标准——高等学校学习指导要领，学生同样享受政府提供的高中就学奖励政策。从高中生学科结构来看，就读于高中普通科的学生仍占大多数，选择职业科和综合科的学生大约占高中生总数的 27%。从文部科学省最近两年的学校基本统计结果报告中可以看到，2012 年，日本全国高中在校生总数 3347127 人，其中普通高中在校生 2423902 人，占总数的 72.7%；8 类专门学科职业高中在校生 643684 人，占总数的 19.2%，其他专业学科在校生 104979 人，占总数的 3.1%；综合学科在校生 174262 人，占总数的 5.2%②。2013 年，日本共有全日制高中在校生 3310820 人，其中高中普通科（普通班）人数最多，共 2398261 人，占全日制高中生总数的 72.4%；职业专攻科总人数 912559 人，占高中生总人数的 27.6%。职业专攻科（职业班）在校生人数依次为工业科：260559 人，占总数的 7.9%；

① 産業教育振興法，昭和 26 年法律第 228 号，最后修改：平成 27 年法律第 46 号。

② 文部科学学校基本调查平成 24 年度结果（概要）［EB/OL］．［2013-11-01］．http://www.mext.go.jp/b_menu/toukei/chousa01/kihon/kekka/k_detail/1329235.htm.

商业科：209299 人，占总数的 6.3%；综合学科：173679 人，占总数的 5.2%（见图 6-1）。2013 年日本高中在校生人数比前一年减少了 36307 人，但选择职业学科的学生比例没有明显变化，高中的职业课程已经成为日本高中阶段中等教育的重要组成部分。

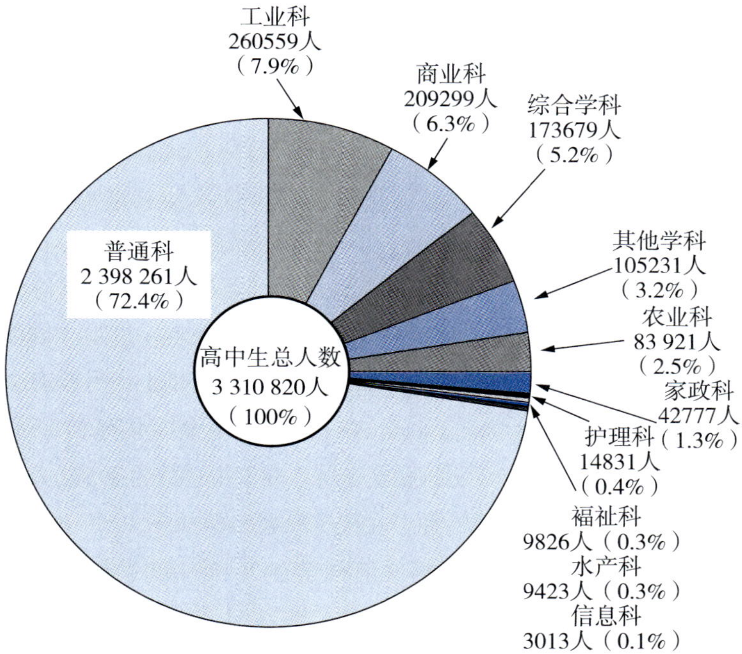

图 6-1 2013 年度日本高中在校生学科结构

数据来源：文部科学省 . 平成 25 年度学校基本调查结果概要 [EB/OL]. [2014-06-10]. http://www.mext.go.jp/b_menu/toukei/chousa01/kihon/kekka/k_detail/1342607.htm.

2. 专门学校（职业高中）

日本的专门学校是根据 1948 年颁布的第二次世界大战后日本学校教育法规定，在初中教育的基础上设立的专科高中。作为高中阶段的职业教育以专门学科教育为主，分为农业、工业、商业、水产、家政、护理、信息技术、社会福祉 8 类专业学科。学校通过培养学生的专业性和职业性，促使其发挥个性，形成专长，实现自我价值的同时，也培养学生养成参与社会活动与承担社会责任的能力，树立正确的劳动观和职业观，掌握职业生活必备的基本专业技术与技能，为此而进行系统的、专门的职业教育。

近年来，日本的专门学校向社会输送了大量有作为、掌握基本专业技能的人才，同时也承担了培养学生树立勤奋的劳动观、正确的职业观、丰富的情感和创新能力的重要使命，专门学校是日本教育体系中富有特色的复合型人生陪练场。

3. 高等专门学校（高级职业技术专科学校）

20 世纪 50 年代后期，日本进入经济高速增长期，亟须适应现代化产业生产需要、具有应对现代化科学技术革新能力的技术工人。为满足经济发展需求，1962 年由于产业界的强烈要求，为了培养实践型技术工作者，日本建立了第一所国立高等专科学校（高专），重点是培养产业技术人才。高等专门学校不同于大学的教育体制，是在初中教育基础上设立的 5 年一贯制（商船科高专 5 年半）的高等教育机构，在结束 5 年制的本科教育基础上，另设有 2 年制的专攻科，进入高一级的专业学习。截至 2012 年，日本全国共有 57 所高等专门学校，其中国立 51 所，公立 3 所，私立 3 所。在校生总数为 49582 人，共设有 235 个学科，专攻科开设 117 个专业，在校生总数 3164 人[①]。

高等专门学校规模较小，根据文部科学省 2012 年度学校基本调查统计结果[②]，该年度高等专门学校的在校生人数在日本高等教育体系中仅占 2%，但它以独特的培养模式和高水平的教育质量形成日本职业教育的一大亮点。日本的高等专门学校以丰富广泛的人文教育为目标，均衡开设英语、数学、国语等普通课程；通过实验、实习为主的时间性学习方式，使学生掌握与普通大学同等的专业技术知识，特别是毕业研究以培养掌握应用能力的合格工程师为目标，参与专业学术发表能完成高质量的专业研究成为高等专科教育的一大特色。高等专门学校大体上可分为工程和商船两大系列，工程系列的学科包括机械工学、电气工程、自控工程、信息工

① 学校基本调查平成 25 年度结果速报［EB/OL］.［2013-11-01］. http：//www. e-stat. go. jp/SG1/estat/List. do？bid=000001049738&cycode=0.

② 文部科学省学校基本调查［EB/OL］.［2013-11-01］. http：//www. mext. go. jp/component/b_ menu/other/_ icsFiles/afieldfile/2012/12/21/1329238_ 1_ 1. pdf.

程、物质工程、建筑工程、环境工程等学科；商船系列只包括商船运输学科，此外，有些学校还设有信息设计、信息交流、国际物流等学科。

高等专门学校以坚实的理论基础和重视实验、实习、实践技能训练为指导理念，通过小班制、导师制提供适合学生自身能力和发展水平的个性化指导。毕业生中的40%以上选择继续升入高等专门学校的专攻科（高级专业课程），或者以插班制形式直接编入普通大学三年级继续学习。高等专科学校毕业生可授予准学士学位，专攻科修业期满后，可经过日本大学评价和学位授予机构的学历学位认定，获得学士学位。日本高等专门学校几年来的毕业生需求率一直超过毕业人数的10倍以上，实现就业率100%，具有较高的社会认可度。

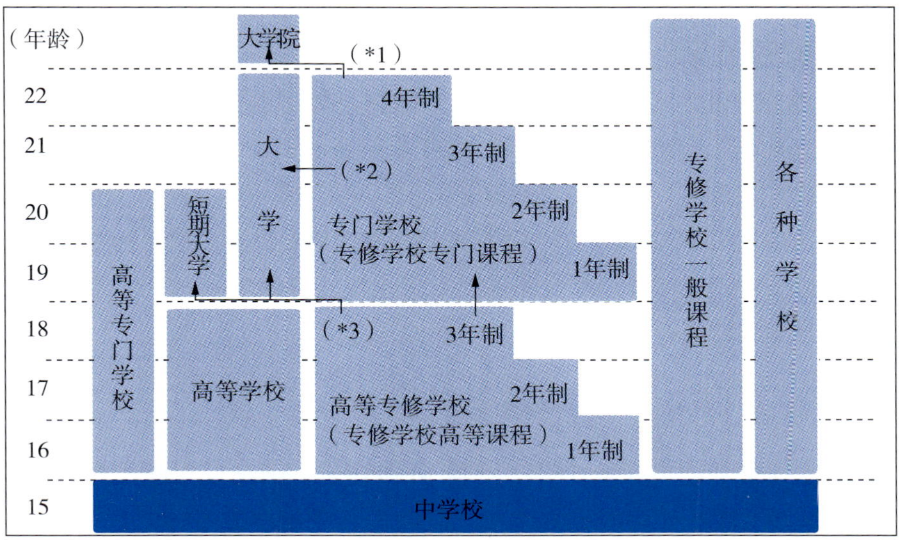

图 6-2　日本专修学校的制度定位

数据来源：文部科学省．生涯学习政策局　专修学校：助力创造未来［EB/OL］.［2014-05-24］. http//www. mext. go. jp/a menu/Shougai/SenShull/12-80727. htm.

4. 专修学校（职业技术学校）

1976年，作为一种新的学校制度，日本设立了专修学校。学校教育法将专修学校定位于“培养就业，或者现实生活的必要能力，提高个人素质修养”为目标的学校教育。专修学校在学校教育法的定位是培养实践能力的职业教育、专业技能的正规学校教育，重点培养多领域的专职人才。专修学校分为专门课程、高等课程、一般课程，学制相对灵活，根据入学资格和学科的不同，学习年限从1—4年不等。专门学校（专门课程）入学资格为高中毕业，或者专修学校3年制高等课程毕业；高等专修学校（高等课程）的入学资格为中学毕业，学制3年；普通课程对于入学资格没有特别规定，以短期技能培训和资格培训为主。专修学校学毕业后可选择升学、就业等多向性发展。根据2013年文部科学省学校基本调查数据，日本全国现设有专修学校3218所（国立10所，公立196所，私立3012所），在校生总数达到660584人。专修学校毕业后，可直接获取，或有资格考取相关职业的国家资格证书。其中可直接获取的专业资格包括：候补测量员、乙类电器工程员、料理士、乙类证书保育员、看护员等。专修学校毕业后将可获取只参加国家专业资格考试的资格的专业包括：建造士（2级土木工程）、汽车装配士（1、2、3级）、航空整备士（2级）、助产士、保健师、消防员等30余种。另有一些职业资格需要专修学校毕业后积累一定年限的实际工作经历才允许参加国家专业资格检定考试，包括：一级建筑师、建造师、测量师、电气工程主任技师等。日本的专修学校承担着国家职业资格能力的主要培养和培训工作。

普通高中专业课程、综合课程、专门学校、专修学校、高等专门学校构成了日本学校职业教育体系的基本框架。

（二）公共职业能力培训体系

日本《职业能力开发促进法》第16条规定，国家设立职业能力开发短期大学校、职业能力开发大学校、职业能力开发促进中心。另外，《职业能力开发促进法》第96条进一步规定，国家设立的公共职业能力开发设施的运营委托独立行政法人高龄及残障者求职雇用支援机构代为管理。因此，日本的公共职业能力开发和培训机构实质上是由国家（厚生劳动省）设立的独立行政法人机构代为设立与管理，从机构功能和培训形式上分为职业能力开发短期大学校、职业能力开发大学校、职业能力开发促进中心及残障者职业能力开发学校。由于此类职业能力开发培训机构属于非学历技能培训，因此职业能力开发培训机构不列入日本学校教育系列。

日本《职业能力开发促进法》规定，日本国家和都道府县各级地方行政机构要设立专门的公共职业能力开发设施，以培训劳动者在不同阶段系统学习和掌握相关职业的必要知识。该类设施包括以下几类。

1. 职业能力开发综合大学校

由厚生劳动省所属独立行政法人高龄·残障·求职者雇用支援机构运营掌管的日本职业培训核心机构。主要负责培养手工技能领域专业职业培训指导员，同时开展必要的调查和研究。为了体现大学校的特殊性，通过开设综合核心课程实施引领日本手工技艺发展方向的工艺创新。开设专业课程和应用课程的长期培训的同时，也可开设短期普通职业训练与培训的公共设施，以培养高级技能人才为目的，遵循《职业能力开发促进法》的各项规定，不纳入学校教育法规定的学校教育（大学、短期大学）系列，因此被称为“大学校”。开设短期、长期训练课程并通过高级职业培训以开发和提高专业性、实用性职业能力；开设厚生劳动省规定的职业资格长期培训课程的公共设施。此类职业能力开发大学校全日本共设有10所，大学校分别开设专门课程（2年制）和应用课程（2年制）。应用课程以专门课程毕业者为培训对象。大学校的教育目标是培养技能创新人才。综合课程毕业后，可由独立行政法人大学评价和学位授予机构授予日本唯一的生产技术学士学位（Bachelor of Science in Manufacturing Technology）。

2. 职业能力开发短期大学校

此类机构一般指国家作为公共职业能力开发培训机构设立的职业能力开发短期大学校。即独立行政法人高龄·残障·求职者雇用支援机构附属的12所职业能力开发短期大学校。但是，在取得厚生大臣许可的前提下，各都道府县及地方行政也可设立短期职业能力开发大学校，截至2010年年底，日本各都道府县共设有此类大学校13所。同时，在达到厚生省规定的设立标准的前提下，可由都道府县知事认定设立作为职业资格与职业技能培训法人机构的能力开发短期大学校，截至2010年，日本共有11所此类性质的培训机构。此外，日本企业作为内部培训机构也可设立相应的职业能力开发短期大学校，松下、马自达等大型企业都设有此类职业培训教育机构。能力开发短期大学校作为培训劳动者以掌握相关职业必备的高级技能及相关知识的公共设施，开设短期、长期训练课程，从事高级职业培训。

3. 职业能力开发促进中心

这是开设短期课程，进行普通和高级职业培训的公共设施。而日本的残疾人职业能力开发校则是专门面向由于身心残障无法接受普通职业培训的残疾人，提供根据自身残障等级和能力，接受普通或高级职业培训的公共设施。作为终身学习的重要途径，公共职业能力开发设施向劳动者提供各不同阶段的不同等级的相关职业技能和必要的职业知识。

（三）企业内部教育培训机制

日本的企业内部教育培训也是日本专业技能培养的主要形式。尤其是日本企业的入职培训对于提高新员工的专业能力、协作精神、团队意识和岗位职责的履行能力具有较高的有效性。学校教育主要掌握基础知识，而职业必备的专门知识和技能主要依靠企业的内部培训，员工一边工作一边提高职业技能。企业内部教育在日本很受重视，对所属职工进行教育培训是日本企业的一大重要工作。据统计，现在日本大企业对各类人员的再教育普及率几乎达到100%，中小企业也达到80%，企业内部教育是人力资源开发的最佳途径。

1. 企业内部教育与培训目标

日本的企业内部教育与培训是企业为提高所属职工的岗位工作能力而在企业组织进行的教育训练。其内容涉及专门的技术训练、经营、办事能力的教育及作为企业职工的品德教育等，它是以发展生产为直接目的，通过对企业全员进行技术训练、文化教育和品德教育以提高企业职工素质，增强其竞争力。日本高度发达的企业内部教育已成为职业教育的典范，是日本职业教育体系的重要组成部分，企业内部教育在日本被视为除了家庭教育、学校教育外的第三个受教育的场所。日本几乎每个企业都有自己的人才培养计划，规定各级各类人员的学习要求、学习内容和训练方法。部分大企业根据自身需求自主投资办学以培养管理干部和技术人员，一般的大中型企业都设立有专门的职工培训中心，小型的企业则采用企企合作、企校合作的方法对职工进行教育。

2. 企业内部教育与培训形式

日本的企业内部教育由学徒制度演变而来。学徒制度就是师傅带徒弟的方式，师傅在劳动的过程中将技术传授给徒弟，而徒弟则无偿或低薪地提供劳动作为学习技术的代价。日本企业内部教育进行得较早且较成功的主要有纺织、造船、钢铁及印刷等行业。纺织工教育的内容主要有修身、读书、习字、算数等。

现代的日本企业内部教育是全员化和层次化的教育。日本企业内部教育的最大特点是实行全员培训，但对不同层次人员又有不同的训练内容和要求。企业内的所有员工都有受教育的机会，经营者、管理者、监督者、骨干工人和新工人等都有相对应的企业内部教育。经营者除了要进一步提高业务能力外还要扩展视野，关注外部的形势和动向。

日本的企业内部教育还会按职工的专业层次分类，分为对科学家及高级技术人员、一般技术人员和技能者的教育。而按照教育内容分类则可以分为岗前培训、教养教育、劳动关系教育和特别教育等。日本企业内部教育的全员化和层次化体现在每一个职工身上。职工从入职到退休一直在持续接受各种培训和教育，因而日本的企业内部教育表现出明显的连续性和终身性特征。日本已经建立起了一套完整而高效的企业内部教育系统。日本的企业内部教育一般由企业的人事部或劳动部所属的教育机构，包括企业内学校等具体组织实施。

培训以现场操作培训为主，并根据不同岗位的需要来决定培训内容和方式。培训一般采用企业内部教育、校企联合教育和外企教育等几种教育形式，而教育方法则主要采用岗位培训法、小组讨论法、实验室训练法、角色扮演法和实例研究法等。高质量的企业内部教育一直是日本的不懈追求。企业内部教育的师资队伍健全，技能类教师、管理经营类教师、道德品质类教师一应俱全，而且这些教师都来自企业，对企业的情况很熟悉，教学具有针对性、适用性。企业内部教育评价结果科学化，日本企业很重视对受教育职工的考核，为了实现评价结果的科学化，日本企业建立了一套健全的技能鉴定制度。从课程的设置、教育内容的选择、教学过程的关注，教师队伍的配备到评价结果，日本的企业内部教育已经形成了完备的系统。

3. 日本企业内部培训面临挑战

目前日本的企业内部培训正面临着非正式雇用带来人员流动性增大、产生结构改变带来培训成本提高等一系列亟待解决的课题。日本企业以长期雇佣为前提，集中录用应届毕业生，一经录用便展开系统的入职培训、在岗培训等内部培训已成为家喻户晓的日本式用人惯例。然而，随着产业结构和经济发展模式的转变，日本企业不再固守终身雇用制，雇用形式呈现出多样化发展趋势，非正式员工逐渐增加、固定员工相对减少等因素导致企业员工队伍流动性不断增强，给企业的内部培训增添了一定难度。另一方面，日本青年人早期离职率不断升高，在某种程度上打消了企业进行内部培训的积极性。与此同时，受到激烈的国际竞争和严重的产业空洞化的影响，日本中小企业经营困难、举步维艰，尤其是培训预算的大幅度削减导致近七成的日本企业对于内部培训都感到力不从心。

近年来，随着日本自由职业者、青年无业者、毕业生早期离职的不断增加，实现青年劳动者从学校到社会的平稳过渡，仍存在许多亟待解决的问题。为了应对国际市场的激烈竞争和日本国内少子高龄化等严峻的社会现状，日本企业寄希望于学校教育培养出具有社会适应性、价值创造能力、自立自强的生涯规划能力的成熟型人才，因此“速战力”逐渐成为企业录用新员工的重要评价指标。

三、学校职业教育的质量保障与职业资格

日本的学校职业教育以培养学生具有从事相关职业或某种特定职业所必备的知识、技能、能力、态度为基本目标。而通过结合具体职业领域进行职业观、价值观和能力素质的养成极其有效。日本学校职业教育重视学生职业观、价值观的培养，以培养学生基础知识、泛用能力奠定坚实的职业能力基础，重视社会与职业的紧密联系，不断充实和加强实践性、体验性教育活动。学校职业教育要重点培养学生掌握基础知识、基本技能的应

用和操作能力，爱岗敬业的精神，掌握在所学专业领域相连、相近、相关的其他领域运用知识技能和专业发展的广泛职业适应能力。学校职业教育要充分认识到实践与产教结合的重要性，重新认识和评价职业教育对社会发展和学生成长的重要意义。

（一）学校职业教育投入保障体系

日本的学校职业教育包括普通高中的专修课程、综合课程，专修学校（中等职业技术学校）、专门学校和高等专门学校（高中起点），作为学校教育的重要组成部分执行《教育基本法》规定的教育基本目标及《学校教育法》规定的各级各类学校的设置标准、教育标准和学校评价标准，而日本国家和地方政府对普通学校的经费分担机制同样适用于职业教育学校。《学校教育法》等相关规定，保障了职业教育的基本设备设施在普通高中的基础上根据学科需要，配备必要的专业设备设施和教具。学校设置标准规定的高中阶段职业专修课程包括农业学科、工业、商业、水产、家政、护理、信息技术、社会福祉等 8 大传统职业课程和数理、体音美、外语、国际关系等适合于专业教育的其他学科。在设备设施和人员编制等办学条件等基本保障方面，开设职业类课程的高中设置标准以普通高中设置标准作为最低基本标准，办学者必须保证学校的编制、设施、设备等不低于《学校教育法》规定的高中设置标准，同时必须努力提升各项办学条件。尤其是设立专攻科（高职专业学科）原则上按照统一标准执行，各地方行政机构可根据实际情况酌情配备必要的设备设施和编制，以保障教育质量和教育水平的不断提高。

与此同时，根据《产业教育振兴法》① 的相关规定，国家或地方政府依法对公立学校的职业教育所需设备设施的预算内经费给予全额或部分资助，资助范围包括公立中学用于产业教育的实验实习等基本设施设备、中学或者高中产业教育实验实习共同便利设施、中学职业指导设施设备、产业教育教师培训或用于教师培养的设备设施、国家和地方政府对于短期职业教育的设

① 《产业教育振兴法》，1951 年制定日本法律第 228 号，2006 年最终修改，日本法律第 80 号。

施设备，人员费用同样予以补助。2008 年日本文部科学省修订《产业教育振兴法实施规则（文部科学省政令）》，调整了产业教育设施设备的装备标准，为保证产业教育设施设备达到规定标准，国家提前实行了产业教育设施设备装备补助制度。作为国家对产业教育设施设备的援助，职业高中的办学机构在完善和装备产业教育的实验实习设施设备时，国家将为其提供部分装备费用。发放对象为学校法人（私立），补助范围包括标准设施设备与普通设备、专科设施设备、特殊设施设备、农场设施设备的装备。国家补助比例为所需预算的三分之一，冲绳地区各学校补助比例为所需经费的五分之三。《产业教育振兴法》和文部科学省颁布的《产业教育振兴法实施规则》从法律和行政层面有效保证了职业教育的办学条件和经费投入。

（二）学校职业教育质量保障体系

日本学校职业教育过程的质量保障主要通过学校评价来实现。日本文部科学省制定了各级各类普通教育的学校评价指南，也制定了“高等专门学校评价指南”等针对职业教育学校的教育管理与学校运营的评估标准，以保证职业教育实施过程的质量。办学标准、教育标准和评价标准共同组成了日本包括职业教育在内的学校教育质量评估保障体系。教育标准和教育质量标准具有内在联系和因果关系。开展学校评价的目的是为了对学校教育活动和其他的管理工作进行持续性的改善与提高。在学校职业教育质量的保障机制方面，首先由《学校教育法》规定了职业教育的办学目标和教育标准，因此职业教育各级各类学校在课程教学等学校教育范围内的教育活动按照《学校教育法》和实施规则执行。职业教育的预算投入和设施设备同时对于职业教育的条件装备等，另有《产业教育振兴法》及相关实施规则，从法律和行政方面保障了职业教育机构的条件装备。日本文部科学省规定学校评价要采取 PDCA 循环模式进行，以促进学校管理改革和教育质量的有效提高，即，制定本学校目标（Plan）、实施教育改革（Do）、自我评价检查（Check）、不断改善提高（Action）4 个基本程序。文部科学省要求各学校需要在制定全校教育目标的同时，设定预期成果，以及实现预期计划的中期目标和年度目标。

无论是普通教育，还是学校职业教育，根据文部科学省的统一要求，在明确的教育标准和办学目标的前提下，有效组织教育活动并通过各级各类学校建立在自我评价基础上的学校评价体系，对学校教育过程和结果进行有效监控，确保学校教育质量，实现教育目标（见图 6–3）。

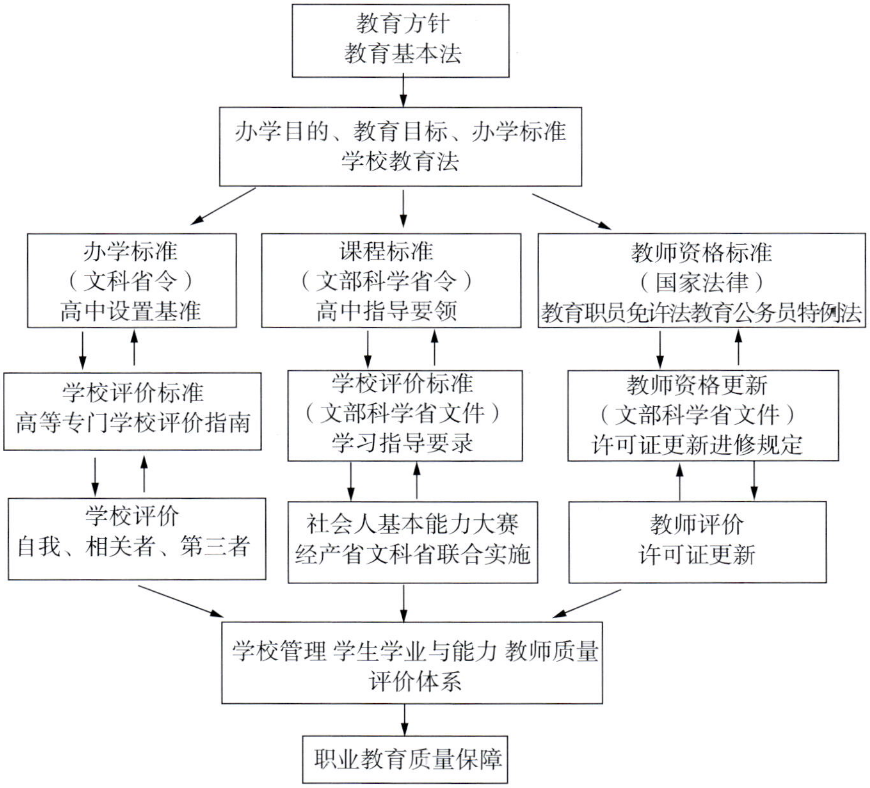

图 6–3　日本学校职业教育质量评价与保障体系

注：根据日本教育法律、法规体系研究整理而成。

（三）学校职业教育与职业资格

日本职业能力开发培训实业由厚生劳动省掌管，所依照的基本法律为《职业能力开发促进法》。该法律是国家对于职业技能开发与培训的基本规定和政策主张。日本早在 1969 年 7 月就颁布了《职业能力开发促进法》，后经 1985 年再次修改成现行法律文本，该法律规定了日本职业能力开发的基本理念和基本方针，是日本职业教育、职业技能开发依据的上位法律，即职业技能开发的基本大法，而《教育基本法》和《职业能力开发促进法》则进一步明确规定了日本学校职业教育发展的基本框架与方向。

日本的专修学校是基于 1976 年的中等职业教育制度而建立的职业教育机构，在学校教育法中的定位是“以培养学生的职业能力或实际生活必备能力，以及提高能力素养为目的”，实施实践性职业教育、专业性技术教育的学校教育机构，全方位多领域培养专业技能人才。专修学校根据入学资格不同分为高中毕业起点、开设专门课程的专门学校，中学毕业起点、开设高等课程的高等专修学校，无特定起点要求的普通培训课程。作为日本职业教育主体的专修学校可取得就职必要的职业资格，职业资格有不同种类和不同等级，专修学校学习者可根据自己想要从事的职业、具体岗位目标及所需要的资格和等级，制订个性化学习计划、选择适合的课程和科目参加学习。而专修学校毕业或结业后，根据不同学科和课程类型，可直接取得“国家资格”（见表 6–1），或者取得参加“国家资格考试”的考试资格（见表 6–2），而另有一些专业性较高的职业资格只有在专修学校毕业之后并具有相关专业的实际工作经验之后方可取得（见表 6–3），或者取得参加国家考试的资格（见表 6–4）。

表 6–1　专修学校毕业同时即可取得的国家资格

类别	资格名称	入学资格	修业年限	认定者
工业	测量士（补）	高中毕业	1 年以上	国土交通大臣
卫生	营养士 烹饪师	高中毕业 中学毕业	2 年以上 1 年以上	都道府县知事
教育社会福祉	保育士	高中毕业	2 年以上	厚生劳动大臣
	幼儿园教谕	高中毕业	2 年以上	都道府县教委
	介护福祉士 *	高中毕业	2 年以上	厚生劳动大臣

* 2012 年以后毕业者只能取得考试资格，不再直接获得“介护士”资格。

资料来源：文部科学省．专修学校制度概要［2014–09–08］. http：//www. mext. go. jp/a_menu/shougai/senshuu/1280727.

表 6-2　专修学校毕业时即可取得的国家考试资格

类别	资格名称	入学资格	修业年限	认定者
工业	建筑士（2 级土木）	高中毕业	2 年以上	都道府县知事
	汽车装配士（3 级）	高中毕业	2 年以上	国土交通大臣
	汽车装配士（2 级）	高中毕业	2 年以上	国土交通大臣
	汽车装配士（1 级）	2 级资格	2 年以上	国土交通大臣
	航空云航装配士（2 等）	高中毕业	3 年以上	国土交通大臣
	消防设备士（甲等）	高中毕业	2 年以上	都道府县知事
	危险物品处理员（甲种）	高中毕业	2 年以上	都道府县知事
医疗	技能检定（2 级）	中学、高中	因课程而异	厚生劳动大臣
	准护理师	中学毕业	2 年	都道府县知事
	护理师	高中毕业	3 年以上	厚生劳动大臣
	保健师	护理师资格	1 年以上	
	助产师	护理师资格	1 年以上	
	诊疗放射技师	高中毕业	3 年以上	
	临床检查技师	高中毕业	3 年以上	
	理疗士	高中毕业	3 年以上	
	操作治疗士	高中毕业	3 年以上	
	视能训练士	高中毕业	3 年以上	
	齿科卫生士	高中毕业	3 年以上	
	齿科技工士	高中毕业	3 年以上	
	义肢装具士	高中毕业	3 年以上	
	临床工学技士	高中毕业	3 年以上	
	按摩推拿针灸士	高中毕业	3 年以上	
	柔道整复士	高中毕业	3 年以上	
	语言听觉士	高中毕业	3 年以上	
	急救救命士	高中毕业	3 年以上	
卫生	制果卫生师	高中毕业	1 年以上	
	理容师	高中毕业	2 年以上	
	美容师	高中毕业	2 年以上	
商业实务	社保劳务士	高中毕业	2 年以上	
	税务士	高中毕业	2 年以上	国税审议会长
文化教养	学艺员	高中毕业	4 年以上	文部科学大臣

参考资料：文部科学省．专修学校制度概要［2014－09－08］．http：//www. mext. go. jp/a_menu/shougai/senshuu/1280727.

表 6-3　专修学校毕业且具有一定实际工作经历方可取得的国家资格

类别	资格名称	入学资格	修业年限	认定者
工业	测量士	高中毕业	1 年以上	国土交通大臣
	第 2 种电气主任技师	高中毕业	2 年以上	经济产业大臣
	第 2 种电气主任技师	高中毕业	2 年以上	

参考资料：文部科学省．专修学校制度概要［2014-09-08］．http：//www.mext.go.jp/a_menu/shougai/senshuu/1280727.

表 6-4　专修学校毕业且具有一定工作经验方可取得的国家考试资格

类别	资格名称	入学资格	修业年限	认定者
工业	测量士	高中毕业	2 年以上	国土交通大臣
	2 级土木施工管理技师	高中毕业	2 年以上	
	1 级土木施工管理技师	高中毕业	2 年以上	
	2 级建筑施工管理技师	高中毕业	2 年以上	
	2 级电气施工管理技师	高中毕业	2 年以上	
	1 级电气施工管理技师	高中毕业	2 年以上	
	1 级建筑师	高中毕业	2 年以上	
农业	2 级造园施工管理技师	高中毕业	2 年以上	厚生劳动大臣
卫生	管理营养士	高中毕业	2 年 3 年 4 年	
教育社会福祉	社会福祉士	高中毕业	2 年以上	
	精神保健福祉士	高中毕业	2 年以上	

资料来源：文部科学省．专修学校制度概要［2014-09-08］．http：//www.mext.go.jp/a_menu/shougai/senshuu/1280727.

目前，日本的专修学校作为仅次于大学的高等教育机构发挥着重要的专业技术人才培养功能。近年来，已取得各种职业资格为目的，大学或者短期大学毕业后再次进入专修学校学习的学生人数逐年增多，截至 2010 年年底，日本共有专修学校 3000 所，在校生总数大约 56 万人，其中约有 2.5 万人是为了获取各种职业资格证书而在高等教育机构毕业后重返专修学校学习的学生。专修学校教育体系是日本职业技术人才培养的主渠道，以灵活应对社会需求和实用性较强的课程设置，实现培养高度专业技术、技能人才的目标。

四、公共职业能力开发的保障机制与结果检定

日本的公共职业能力开发预培训所依据的主要法律是《职业能力开发促进法》①。这部于1969年颁布的法律其宗旨是为了和1966年先期颁布的《雇用对策法》② 相互呼应，通过综合地、有计划地采取联合措施，充实和加强职业训练和职业能力检定的内容，并且促进职业能力开发培训的顺利实施，有效保证劳动者主动接受与其职业相关的教育训练和职业能力检定的机会，开发和提高劳动者在自身岗位上必须具备的能力，使劳动者工作安心、地位提高，促进经济和社会发展。日本职业能力的开发主要依靠国家和都道府县地方政府设立的公共职业训练机构，对于劳动者和各类事业主提供各种必要的就业培训援助。法律规定了事业主有责任对雇用的员工进行职业培训，以努力开发和提高员工职业能力。《职业能力开发促进法》的基本宗旨就是对于事业主和劳动者双方的职业能力开发和促进活动给予政府层面的官方支持和帮助。与此同时对于劳动者根据个人资质和工作岗位需要，自主参加公共职业能力开发机构的职业能力开发培训结果及企业内部培训的结果要根据厚生劳动省指定的相关标准进行结果检定。

（一）公共职业能力开发的法律保障

《职业能力开发促进法》规定了国家对劳动者职业能力开发给予援助的基本原则。该法律与日本现行的另一部法律相互补充，进一步充实了职业培训与技能训练的相关政策保障，确保劳动者自主接受职业训练与培训

---

① 《职业能力开发促进法》，1969年颁布，日本法律第64号，2014年修改，日本法律第51号，2015年4月1日施行。

② 《雇用对策法》，1966年日本法律第132号。

的机会，以促进职业能力的开发与提高，为劳动者社会性、经济性地位逐步提高和发展奠定基础。日本的《教育基本法》保障了公民平等受教育的权利和义务，而《职业能力开发促进法》则保障了劳动者接受职业培训提高职业能力的权利。

《职业能力开发促进法》规定了国家与地方政府机构的职责。国家和地方行政机构要充分尊重事业主的努力，对于其自行开展的对于员工的职业训练与技能培训活动要予以扶持和支援。同时规定了国家和地方行政机构要支援劳动者以提高、开发个人职业能力为目的的自发行动（对于劳动者本人主动参与的培训项目予以支持和经济援助）。根据法律规定，国家和地方政府兴建公共职业培训设施最大限度承担公共职业能力开发与培训的职责，对事业主开展的企业培训予以资助和支持，建立健全职业能力评价机制。

《职业能力开发促进法》规定了事业主负有开展和实施企业内部职业技能培训的职责，同时还负有支持劳动者本人自发参与职业能力开发与提高培训的责任。事业主可选派劳动者在工作时间之内，或者工作时间之外接受其他机构实施的国家公共职业能力开发与提高培训；对于劳动者本人自发的训练与学习活动提供咨询、协商，并在工作分工和时间协调上给予方便、提供培训休假（不能以年假代替培训休假），帮助劳动者制订培训计划，积极促进职业技能开发与提高。事业主对于职业能力开发与提高不仅要负有自身组织内部培训的职责，还要选送劳动者到其他机构参加学习培训并对劳动者自发的学习活动予以支持，对于由此带来的成本提高等相关费用，国家和地方政府根据法律规定，按照统一标准，不仅向企业员工提供公共职业能力开发与提高培训，还给予所在单位事业主各项扶持政策和经费补偿。总而言之，《职业能力开发促进法》明确规定了国家、地方、事业主在职业能力开发和提高过程中各自应负的职责，为劳动者职业能力开发制定了基本法律框架和有效保障机制。

（二）公共职业能力开发的结果认定

根据《职业能力开发促进法》的规定，劳动者在整个职业生涯期间有效发挥自己的能力，对于职业的安定和劳动者地位的提高是必不可少的，同时也成为经济和社会发展的基础，本法律规定的促进职业能力的开发和提高，就已考虑劳动者的职业生涯设计，并通过其整个职业生涯有阶段地、系统化地加以推进为基本理念，以此增强劳动者根据产业结构变化、技术进步及其他经济环境变化去调整工作内容的适应性，并且改行时能顺利再就业。开发及提高劳动者自发的职业能力，依照前条的基本理念，结合职业生涯规划，要确保劳动者有机会接受必要的职业训练及与职业相关的教育训练，并要获得必要的实际业务经验。

公共职业能力开发训练机构对青少年进行职业训练，尤其必须考虑培训内容与培训方式适合学生的个性发展，提高其适应性。对于身体及精神障碍学生进行的职业训练，必须特别考虑他们身体及精神方面的情况。职业能力鉴定要努力充实和完备有关职业能力评价的客观、公正的标准及考试和其他的评价方法，并对职业训练、与职业相关的教育训练及通过实践经验习得的必要的职业技能和知识进行适当的评价。为确保职业训练水平，所有职业训练的课程、训练时间、设施及其他厚生劳动省法令规定的事项，都要按照厚生劳动省法令统一标准进行普通职业训练或者高级职业训练。

法律规定，都道府县知事要根据事业主等的申请，依据厚生劳动省法令确定的标准对事业主等实施的职业训练进行认定。但是，当认定该事业主等确无能力实施有关职业训练时，对其培训结果应不予认定。

都道府县知事若要进行前条的认定，接受有关职业训练的劳动者根据《劳动标准法》、厚生劳动省或《劳动安全卫生法》（昭和 47 年法律第 57 号）的规定，在保护妇女、儿童权益的前提下，除厚生劳动省法令明文规定外，要听取都道府县劳动局长的意见。

事业主在制订前条的计划时，要运用必要的方式让所雇用的劳动者知悉计划的内容，努力促进结合劳动者职业生涯规划的自发性的职业能力开发和提高，并有效使用根据下一条规定所任命的职业能力开发促进者，努力确保计划圆满顺利地实施。厚生劳动大臣在制定职业能力开发基本规划时，除了要预先听取劳动政策审议会的意见外，也要听取相关行政机关首长及都道府县知事的意见。职业能力开发基本规划必须基于对经济发展动向、劳动市场变化的长期预测，权衡劳动力在不同产业、职业的分布，以及劳动者的劳动条件和工作效率等情况进行综合考虑。

（三）职业技能资格的国家检定制度

日本的国家专业技能检定是根据《职业能力开发促进法》实施的、对劳动者按照一定的标准进行专业技能和能力鉴定，并由国家承认其专业资格的国家检定制度。包括机械加工、建筑工程、金融证券等全部 128 个专业，考试合格者会得到执业考试合格证书，作为从事相关职业、特定职种的专业资质证明。目前，日本社会对于国家技能检定制度和检定考试具有较高的认可度，自从 1959 年在日本全国实施开始，鉴定考试的内容和科目逐年增加，截至 2013 年 4 月，日本累计有 359 万人取得了 114 个职种的国家资格检定考试资格。

国家职业技能检定由日本中央职业能力开发协会根据厚生劳动省制订的实施计划，研制检定考试题目，由各都道府县负责在本区域分别实施。各都道府县在实施国家职业技能检定考试时，一般委托都道府县职业能力开发协会具体负责接受本地区参加检定考试的申请和报名、检定考试的实施。

职业技能鉴定的等级，目前分为特级、1 级、2 级、3 级，以及作为单一等级不分级别的考试和资格。特级一般作为管理者或者监督者通常应该具有的技能程度；1 级和单一等级作为高级技术人才应该具备的技能程度；2 级作为中级技能人才应该具备的技能程度；3 级一般作为初级技术人才应该具备的技能程度。此外，日本还实施以外国研修生为对象随时实施的 3 级、基础 1 级等入门考试。

国家技能检定考试按不同检定职种，分为学科考试和技能考试。技能考试时间一般为 4—5 个小时，提前公布考试项目和内容；学科考试在规定时间内参加全国统一考试。技能和学科考试满分都是 100 分，技能考试的合格标准为 60 分以上，学科考试及格标准为 65 分以上。技能检定考试的合格者中，特级、1 级和单一级别的合格者可获得由厚生劳动大臣签署的专业技能等级证书，2 级、3 级合格者则获得由都道府县知事签发的专业技能等级证书。

近年来，由于产业结构的改变，传统的人才结构无法适应经济发展需求，雇用形势不断恶化，就业率屡创新低。2009 年日本社会 15—24 岁年龄段的完全失业率为 9.1%，全年龄段劳动人口平均失业率达到了 5.1%。与此同时，15—34 岁就业人口中非正式雇用者达到 32%，打破了长期以来日本企业雇用终身制的神话。与此同时，日本的少子高龄化社会问题日益严峻。随着出生率下降，人口数量将逐渐减少，为确保人力资源、同时也为了创造人们追求和实现幸福生活的社会环境，提高和保障劳动生产力，加强人才培养的紧迫性和必要性日益增强。

另一方面，企业用工难现象时有发生。一些日本的中小企业、相对艰苦的工作岗位就业人员不足的现象屡见不鲜，自由职业者、青年无业者、毕业生早期离职不断增加。根据日本内阁府国情调查统计数据，2011 年，日本全国共有 181 万自由职业者、62 万青年无业者；从毕业生早期离职（就业三年内离职率）者学历结构来看，中学毕业生早期离职率为 70%，高中毕业生早期离职率为 50%，大学毕业生早期离职率为 40%，虽然呈现出学历越高工作越踏实的趋势，但总体来看离职率较高，不仅影响青年劳动者从学校到社会的平稳过渡，也影响日本社会经济的有序发展。

五、现代职业教育的经验

日本现代职业教育体系建设在第二次世界大战后 60 年时代变迁的各个阶段都成为引人关注的重要课题。特别是近年来，全球化、信息化、知识经济时代的到来引发传统就业结构、雇用形式发生了根本改变，如何引导高中毕业生“社会自理、职业自立”，实现从学校走向社会、走向工作岗位的平稳过渡成为日本社会必须面临的新问题。而这些问题的提出主要基于日本“少子高龄化”社会问题日益加剧的情况下，随着未来劳动人口数量的大幅度减少，对日本劳动生产率提高和劳动力保障的思考与担忧。然而，教育的真正目的是使每一个受教育者都得到终身幸福，人们可以根据自身的愿望和生存环境选择适合自己的学习场所，掌握必要的职业技能和知识，其学习成果得到充分的肯定和正确的评价，在各自的职业生涯中充分发挥自身能力，确立以人的发展为前提的职业教育理念是极其重要的。日本现代职业教育面临的一个重要问题是建立起一个“学业生活”与“职业生活”融会贯通的终身学习的职业教育体系，这也是日本现代职业教育最可借鉴的经验与启示。

（一）教育与职业的分离势必导致人才供需错位

目前日本职业教育体系建设所面临的一个最大问题是教育与职业的分离。日本社会现存的“无业青年”（不上学、不就业、不培训）和自由职业人口不断增加，青年人就业难已成为普遍的社会问题。传统的日本式人才培养模式一般是年轻人从学校毕业后，进入企业然后接受企业内部培训和教育，掌握实际工作必备的技术和职业能力，这种之前学习加之后培训的培养机制对于专业技术和职业技能型人才的培养发挥了极大作用。然而，由于长期持续的经济下滑，大部分日本企业内部教育培训能力水平逐渐下降，对于新录用员工的内部培训已经力不从心或者根本没有能力开展内部培训。在这种情况下，企业在选拔人才时，便将目光投向那些具有“速战力”和“实战能力”能够马上投入工作的人才。这样一来，没有工作经验、没有职业能力的年轻人便不被录用，因此他们也很难就业。一方面企业选不到可用人才，另一方面学校毕业的年轻人找不到工作。日本的人才培养与人才需求出现了结构性错位的问题。

导致教育职业分离的最大原因在于战后日本教育基本法的教育目的中缺少教育与劳动、职业相关的明确表述。这就造成了职业问题在教育中定位不清，导致教育与职业分离。在战后经济高速发展期，教育界普遍重视普通教育，轻视职业教育与职业培训的教育观的形成与教育目标定位不无关系。长此以往，人们对于职业教育和职业培训的关心程度逐渐降低，以至于职业教育与职业培训成了无本之木。2006 年日本修改了教育基本法，面对长期存在的职业教育与职业生涯分离状态，新修基本法提出，将培养学生尊重职业、尊重生活、尊重劳动的正确人生观、价值观作为教育目标之一。2007 年出台的第一期教育振兴基本计划也强调，要将推进职业教育和职业观教育作为今后学校教育改革重点推进目标，以提高学生对职业的兴趣、关心和就职愿望。号召学习者本人首先要提高学习的积极性和主动性，在职业规划的基础上重新开启有效的学习活动，找准自身的能力特点，认准将来的职业规划，确立明确的学习目标，获取有用的培训信息，制订可行的学习培训计划，奠定未来职业生涯的基础能力和正确的职业观。

近年来，日本重新认识到职业教育和职业训练的重要性，在学校教育阶段让学生掌握一定的职业能力再一次成为舆论的焦点。实习、社会实践及体验性活动列入各级各类学校教育活动的基本内容，从职业高中到高等职业技术学院等专业技术类教育机构自不必说，即便是人才辈出的综合性大学，也为了应对社会经济发展对人才培养的需求变化，开始加强专业技能培养和职业观教育。

（二）强化企业外部培养机制可提高职业培训效果

以贴补家用的家庭主妇、赚取零花钱的大学生为对象的短期、灵活的打工模式，企业正式员工的长期雇用的稳定模式形成了日本劳动力市场的特有就业形态。从人才培养的角度来看，以制造业为中心的大型企业本着长期雇用的目的，积极开展企业内部培训，通过各种途径自主培养技能创新和价值创造人才。与此相比，中小企业等用人单位，则希望员工通过在不同企业间的人事流动逐渐掌握多项技能，最终锻炼成可以为本企业带来利益的熟练员工。由此可见，中小企业充当着“中小企业员工培训学校”的角色，拥有基本技术的中小企业通过发挥自身的培训职能实现着自我增值。然而，迅速到来的少子高龄化社会问题及为了降低由于激烈的国际竞争带来的劳动力成本，使日本企业原有的雇用形式和企业内部培训体系难以支撑下去。

近年来日本非正式雇用员工急剧增加，其中不乏作为家庭生活主要经济来源的一家之主。日本总务省统计局 2014 年 12 月 26 日公布的最新劳动力调查结果表明[1]，截至2014年11月底，日本就业人口总数6371万人，同比没有变化；雇用人口5637万人，同比增加18万人；正式雇用员工3287万人，同比减少29万人；非正式雇用员工2012万人，同比增加48万人，占现有受雇人口数的35.69%。因此，无法期待企业内部重建人才培养机制。在这种情况下，日本借鉴丹麦的职业培训模式，建立起一种具有日本特色的"灵活性职业保障模式"。这一派遣、培训、就业一体化的职业保障机制，旨在构建与企业内部培训紧密结合（联动式）的、灵活的外部培训和人才培养制度，维持企业与员工个人直接、具体的劳资对话，同时在国家和地区层面放宽政策，允许劳务代理机构参加派遣培养和技能培训，使众多非正式雇用员工享有稳定有效的社会保障机制。作为人才培养和保障体系，从原来为了维持某一特定职业和工种的工作、维持与单一企业的雇用关系，发展成即便工作发生变化也可连续享有"专业权利保障"的联动机制，形成以长期雇用为基础的人才培养保障机制，强化企业外部的人才培养功能，完善职业资格体系，增强培训效果。

（三）职业教育与学校教育接轨是提高职业能力最有效途径

在社会转型和国际化全球化迅速发展的背景下，职业技能的培养首先要满足构建在学习型社会的终身学习的基本需求，在掌握专业的、特定的知识技能和技术的同时，养成能够应对不同职业的自立自强独立发展的社会性、职业性能力和态度更为重要。在产业结构、就业结构、社会结构不断变化的过程中，为了有效支援年轻人就业和自立，学校教育，尤其是职业机构在培养学生掌握必要的知识、技能的同时，培养学生树立正确的人生观、价值观、劳动观、择业观，是未来日本学校职业教育面临的重大课题。

现代学徒制成为职业教育与技能培训的新途径在许多国家悄然兴起，然而在日本由于受到《劳动基准法》等法律条文对学徒制度的明文限制，

---

① 总务省统计局．劳动力调查（基本汇总）［EB/OL］．［2014-12-26］．http：//www. stat. go. jp/data/roudou/sokuhou/tsuki/pdf/201411. pdf.

所以难以实行。日本的《劳动基本法》明确规定“禁止招收徒弟”。第二次世界大战后日本在联合国最高司令部的督导下，建立民主国家法律体系，学徒制度作为封建的、不民主的、不平等的劳动关系体系，受到知识分子的强烈反对，因此禁止学徒制度的条款被写入了《劳动基准法》。法国的学校教育制度中有一种与其并行的实习生训练制度，最高阶段可获得研究生层次的“技师资格”。仅此一项近年来就有 2.5 万人取得相应资格。然而，在日本这种高等级职业技能培训机制无论是过去还是在目前执政党的纲领中都不曾出现。

让学生在根据个人能力特点和生活目标，选择自己喜欢的职业的同时，养成尊重社会劳动、勇于承担社会责任的生活态度，对于构建学业生活与职业生活平稳过渡、兼收并举的学习型社会十分必要。日本中央教育审议会 2011 年 12 月提交的“关于今后学校职业观教育・职业教育发展方向”的咨询报告认为，目前日本的年轻人，特别是高中毕业的年青一代正面临严峻的就业困难，难以实现从学校到社会、从学习到就业的平稳过渡。造成这一困境的主要原因不仅包括经济低迷导致就业机会减少、产业结构转变改变了劳动力需求结构，更主要的问题是日本年青一代价值观、劳动观、择业观的改变导致主观性就业意识低下和就业困难。产业结构改变是传统的以机器为中心的制造方式转变为以人为主导的生产形式，个人的创造创新能力受到高度重视。与此同时，日本的国民意识、价值观念也发生了深刻改变，国民更加重视丰富的内涵，职业选择的多样性和自由性不断增大。鉴于未来日本社会更加需要具有自主判断和行动能力的、具有高度专业知识和技能的人才，职业高中首先要培养适合社会发展需求的基础性专业人才。通过实验、实习等体验性、实践性学习方式，唤起学生的学习热情，提高学生解决问题的能力。

职业教育师资对职业教育发展负有重要责任，提高职业高中教师水平，加强他们与本地区和产业界的密切合作是促进、改善职业高中教育的重要手段，而实现职业教育与学校教育的有机融合与无缝对接是日本现代职业教育会聚技能型人才，培养高水平价值创造型职业技术人才的重要途径。以国立东京高等工业学校为例，初中毕业生在该校可连续学习 3—7

年，最高可获得相关大学的硕士学位。学校为学生提供了多层次、多元化选择空间的同时，也实现了根据不同学生的能力特点有效培养和提高职业能力的根本目标。学校教育与职业教育有机衔接可提高职业教育效果，提高学生职业能力水平。

日本现代职业教育体系由正规的学校职业教育（职业高中、专修学校、高等专门学校）、企业内部培训（自主培训、自建培训机构、委托培训）和社会公共职业能力开发（国家职业能力开发大学校、地方公共职业能力开发中心、公益性职业能力培训机构）三大系列组成，其突出特点是有《学校教育法》、《产业教育振兴法》、《职业能力开发促进法》等相关法律、法规，为职业教育的发展保驾护航；其次是学校职业教育目标明确、企业培训政府“埋单”（提供必要的培训补助）、社会培训“资格”（获取的种职业技能和职业资格）导向；分工明确、融会贯通、优势互补、能力优先，为人们在终身学习背景下提高生存能力、职业能力、价值创造能力开辟了有效途径，为人们提高自身价值，实现美好生活提供了保障。同时，日本现代职业教育的发展也为我们提供了值得借鉴的经验与启示。

第七章

韩国现代职业教育体系建设

韩国通过发展教育积累了经济社会建设所需要的人力资源，使教育为国家的总体进步和国力提升做出了重大贡献。其职业教育体系为社会经济建设输送了所需要的技术人才和劳动力，同时也为劳动者提供了学习和掌握适应时代和社会要求之素养与技能的受教育机会。考察韩国的现代职业教育体系建设，可以使我们了解韩国职业教育对国家发展产生影响和作用的特点及经验，帮助我们在中韩职业教育体系的比较借鉴中得到有益的启示。

一、教育发展推动国家总体进步和国力提升

韩国在“二战”后经济社会发展迅速，在较短时间内实现了赶超发达国家的目标。考察其国民受教育水平的相关指标，可以发现韩国的教育为国家人力资源的积累做出了显著贡献。研究指标显示韩国的国际竞争力处在上升趋势，这一国力提升得益于教育水平的提高，得益于韩国政府长期以来重视教育的国策。

（一）教育发展提升国家竞争力

韩国自20世纪中期以来通过采取一系列经济社会发展战略措施，实现

了追赶发达国家的目标。根据世界银行的标准，韩国于 20 世纪 80 年代末期已步入中等偏上收入国家行列，并于 20 世纪 90 年代中期实现人均 GDP 超过 1.2 万美元，进入了高收入国家的行列。韩国的国家总体竞争实力也随之明显提高，在世界经济论坛（WEF）的全球竞争力排名当中，2007 年和 2008 年韩国分别排名第 11 位和第 13 位，居于世界前列，在亚洲仅次于日本。

韩国的国力提升得益于教育的普及和发展。从基础教育状况来看，韩国不仅普及了初等教育，而且中等教育普及率也相当高。2011 年韩国 25—64 岁人口中拥有高中及高中以上学历的人口比例占 81%，在 34 个 OECD 成员国当中居第 16 位，比 OECD 平均水平的 75%高出 6 个百分点。而从不同年龄段来看，韩国 25—34 岁及 35—44 岁人口中拥有高中及高中以上学历的人口比例分别占 98%和 96%，在 OECD 成员国当中排在第 1 位，比 OECD 平均水平的 82%和 78%分别高出 16 和 18 个百分点①。由此可以看到，高中阶段教育在韩国年轻人口当中已基本得到普及，这反映出韩国通过教育积累人力资源取得的重要成果。

从高等教育状况来看，2011 年韩国高等教育 A 类课程（相当于本科课程）的入学率为 69%，在 OECD 成员国中排在第 11 位，比 OECD 平均水平的 60%高出 9 个百分点②。如果加上高等教育 B 类课程（相当于专科课程）的入学率，则韩国高等教育的毛入学率（即包括相应学龄段以外人口的总入学率）已超过百分之百。另外，根据中国教育科学研究院“中国高等教育竞争力的国际比较研究”课题组对世界主要国家高等教育竞争力的排名计算，2010 年韩国高等教育竞争力均值综合指数为 37.03，在所选 53 个国家当中排名第 14 位，位于参加排名的亚洲国家第 3 位（亚洲第 1 名日本 43.11，第 2 名新加坡 41.56），其排名反映出韩国高等教育具有较强的竞争实力。③

① OECD. Education at a Glance 2013：OECD INDICATORS［M］. Paris：OECD Publishing，2013.

② OECD. Education at a Glance 2013：OECD INDICATORS［M］. Paris：OECD Publishing，2013.

③ 中国教育科学研究院国际比较教育研究中心．中国教育竞争力报告·2011［M］. 北京：教育科学出版社，2012：215.

在该课题设定的高等教育竞争力指标当中，韩国有 5 项指标排名世界前 5 位，即反映教育规模的每千人中在校大学生人数为 66.68 人，排第 1 位；反映普及率的高等教育毛入学率为 93.68%，排第 2 位；反映技术成果的每千人中专利数量为 1.23 件，排第 2 位；总体专利数量为 59335 位，排第 3 位；反映人口受教育水平的 25—34 岁高等教育人口比例为 53%，排第 5 位。

另据笔者参与研究的中国教育科学研究院国际比较教育研究中心的“建设人力资源强国对策研究”课题组进行的排名测算，韩国人力资源排名处于上升趋势。在参与计算和排名的 44 个国家当中，2001 年、2007 年和 2010 年韩国的综合指数排名分别为第 21 位、第 19 位和第 14 位，其中 2007 年和 2010 年度的人力资源贡献指标和人力资源数量指标排名靠前，分别排在第 1 位和第 7 位，反映出韩国人力资源对于国家发展做出了较大贡献。

（二）教育发展得力于长期政策引导

韩国在第二次世界大战之后以政府为强有力的主导力量推进了政治、社会和经济的变革，在较短时间内完成了对欧美发达国家的赶超。高水平的教育被认为是韩国成功实现经济腾飞的极为重要的因素，其中职业教育体系的建立和发展又被认为是韩国现代教育发展的重要经验。

1945 年第二次世界大战结束后，韩国政府致力于通过发展教育、提高国民的整体素质来推进现代国家的建设，职业教育作为培养经济发展人才的重要手段而受到政府的重视。1945 年成立的教育审议会分科会当中设立了职业教育分科。韩国文教部的科学技术教育司，于 1948 年设立了农业教育、工业教育、商业教育、家政教育和科学振兴 5 个科。在 1949 年制定的《韩国教育法》当中，韩国政府强调“要特别重视公民、科学、实业和师范教育”。

20 世纪 60 年代之后，韩国政府致力于建设独立自主的经济体系。为了获得技术型人力资源并改善技术标准，1962 年韩国政府制订了第一个工业技术五年提升计划，增加了工业高中的入学率，并改进了工业高中的设施装备和教育课程。就业培训计划也得到大力推进，培养了工业化所需要的技师、工程师等专业人才①。

20 世纪 70 到 80 年代，韩国政府通过技术移民、职业技能训练及教育的完善，建立起支持战略性产业发展的政策体系。专科大学及其他高等院校设置了与重点产业相关的专业课程，以培养受过高学历教育的劳动力。韩国民众对私立教育的投资加大，使得私立学校占很大比例的高等教育获得了持续发展。

20 世纪 90 年代以后，随着知识经济时代的到来，新的雇用模式开始在韩国出现，求职者需要根据自身的职业能力来变换他们的工作。在此背景下，职业教育和培训变得更加重要，它不仅提供适应产业需求的人力资源，同时也帮助劳动者发展自身的能力。为了支持具有高附加值的知识产业的发展，技术人才和创新人才的培养受到了极大重视。由政府主导的培训和教育体系开始转向由私人主导的、以用户为中心的培训体系。面向低收入家庭、低学历人群、农村人口、妇女及老年人、残疾人等不利人群的职业培训成为重要的政策议题。不仅仅是教育部门，而且劳动部门为了建立就业保障体系，也努力采取措施以满足人们日益增长的对技能培训和教育的需求。

在 21 世纪初期的今天，韩国依然强调儒家文化当中崇尚学习和劳作的传统，认为职业教育与培训具有满足技术人才适应工业化发展要求的功能，以及成为经济增长驱动力的功能。为此韩国政府采取种种政策措施发展职业教育和培训，帮助个体劳动者发展他们适应全球化要求的竞争力，同时为不利群体构建技能开发体系，以应对劳动力市场两极分化的局面。

二、建立适应形势变化的现代职业教育体系

韩国在第二次世界大战后构建了新的教育体制，并适应社会发展的需要不断进行调整和改革，形成了包括职业教育在内的现代学校教育体系。

① Young-bum Park，Jisun Chung edited. Vocational Education and Training in Korea [EB/OL]. [2013-09-25]. http://eng. krivet. re. kr/eu/ec/prg_ euCDAVw. jsp? pgn = 1&gk = tl&gv = Vocational Education and Training in Korea&gn = M06-M060000056.

其正规学校教育体系采用6・3・3・4制，即小学6年、初中3年、高中3年、大学4年的学校制度，同时包括作为学前教育的幼儿园。高中阶段包括普通高中和职业高中，高等教育阶段包括4年制大学、2—3年制专科大学、产业大学及研究生院，其中专科大学和产业大学属于高等职业教育范畴（见图7-1）。为适应经济形势变化的要求，韩国政府推动了促进中等职业教育和高等职业教育发展的体系建设，建立了以各级各类职业学校为主体的现代职业教育体系。

研究生院			
（4年）	大学	产业大学	专科大学（2—3年）
（3年）	普通高中	职业高中［特色化高中、名匠高中、综合高中含职业课程］	
（3年）	初中		
（6年）	小学		
（3年）	幼儿园		

图7-1　韩国普通教育和职业教育学校体系

图7-1显示了韩国现行的普通教育和职业教育学校体系，浅色部分为普通教育体系，深色部分为职业教育体系。职业高中是中等职业教育机构，包括特色化高中（即专业高中）、名匠高中及含有职业课程的综合高中。其中的特色化高中，根据韩国《初・中等教育法施行令》第91条的规定，是指教育监（韩国的地方教育行政长官）可以指定并发布公告，让一部分高中对那些具有相关的素质、适应性及能力的学生，以培养特定领域人才为目的而实施教育，或者专门实施自然现场实习等体验型学习为主的教育，这些学校即称为“特色化高中”，或称“专业高中”（Specialized Vocational HS）。名匠高中（Meister High School）是为培养拔尖技术人才而从特色化高中里指定部分学校，给予它们特别援助资金及特别优惠政策的一项措施。综合高中是指既教授普通课程同时也教授职业课程的高中。高等职业教育机构包括普通学制的产业大学和2—3年制的专科大学。

表 7-1 显示了 2013 年韩国各级职业教育的学校数量和学生数量，表 7-2显示了 2013 年韩国职业高中按照专业分类的学校数量和学生数量。

表 7-1　2013 年韩国职业教育的学校数量和学生数量

（单位：所；人）

学校类型	学校数量	学生数量
（中等职业教育）①		
特色化高中	470	317445
名匠高中	34	15728
综合高中（含职业课程）	109	64084
（高等职业教育）②		
专科大学	140	757721
产业大学	2	76377

表 7-2　2013 年韩国职业高中按照专业分类的学校数量和学生数量③

（单位：所；人）

专业类型	特色化高中数量	学生数量	综合高中数量	学生数量
农业生命科学	40	17405	10	9478
工业	194	143217	21	13987
商业信息	186	134260	73	37446
水产海运	9	3056	1	429
家政实业	41	19507	4	2744
合计	470	317445	109	64084

① 韩国教育部，职业教育能力开发院 .2013 特色化学校、综合高中、名匠高中便览 [EB/OL]. [2014-02-12]. http://www. krivet. re. kr/ku/ca/prg_ kuADBVw. jsp? pgn = 3&gk = &gv = &gn =E1-E120140245.

② KESS. Educational statistics [EB/OL]. [2014-08-31]. http://kess. kedi. re. kr/eng/index.

③ 韩国教育部，职业教育能力开发院 .2013 特色化学校、综合高中、名匠高中便览 [EB/OL]. [2014-02-12]. http://www. krivet. re. kr/ku/ca/prg_ kuADBVw. jsp? pgn = 3&gk = &gv = &gn =E1-E120140245.

（一）建立适应新形势的中等职业教育体系

韩国的中等职业教育包括普通职业教育和职业高中教育，普通职业教育是指在初中和普通高中里通过实业、家政等科目进行职业技术的基础教育，职业高中教育则是在职业高中里培养能够应对信息工业社会快速变化的具有专业知识和健全职业意识的技术人员。韩国的普通中小学虽然没有明显的职业教育倾向，但是却重视培养学生的职业意识，并通过一些相关的课程培养学生的基本职业技能，如提供技术与工业、家政、计算机科学等与职业相关的课程。

韩国职业高中是正规职业教育的起始阶段，初中毕业生可以选择升入普通高中或职业高中。普通高中的学生一般毕业后继续升入大学学习，而职业高中的学生毕业后或者升入高等职业院校继续学习，或者直接就业工作。最近数据显示，2012 年韩国有 653 所职业高中，在籍学生 423544 名，占韩国高中学生总数的 22.1%①。其职业高中按照结构类型分为农业生命科学、工业、商业信息、水产海运和家政实业，报考者通过各个学校的考试获得录取。职业高中的课程中一般 40%—60%是普通课程，其余是职业导向的课程。

近些年来，韩国职业高中的毕业生继续升入高等院校参加学习的人数比例不断上升，反映出韩国职业教育的层次不断提升，其重心已从中等教育阶段转向了高等教育阶段。以往职高学生毕业后大多直接就业，这个比例在 1990 年达到 76.6%，当时继续接受高等教育的职业高中毕业生仅占 8.3%。但是后来情况逐渐发生了逆转，2007 年职业高中毕业生的就业比例下降到 20.2%，而继续接受高等教育的毕业生比例则上升到 71.5%②。

进入 21 世纪以来，随着先进工业技术的不断涌现，韩国政府强调开发

① Ji Sun CHUNG. Vocational Education in South Korea [EB/OL]. [2013-06-13]. http://eng.krivet.re.kr/eu/zc/prg_euZ_prA.jsp? dv=G&gn=M20 | M200000001 | 1.

② ChangKyun Chae, Jaeho Chung. Pre-Employment Vocational Education and Training in Korea [EB/OL]. [2009-11-18]. http://siteresources.worldbank.org/SOCIALPROTECTION/Resources/SP-Discussion-papers/Labor-Market-DP/0921.pdf.

和拓展职业高中的作用以满足技术进步的要求。韩国教育部与全国教育改革委员会颁布的“职业教育体制改革计划”包括了内容广泛的职业高中教育改革措施。主要措施包括：扩张与工业需求直接有关的专门职高；加强职业高中的基础职业教育；加强学生基本文化课程能力体制的引入；减少每班学生数量；支持以学校为主的改革；灵活的师资供给；加强在普通高中的基础职业教育；支持由行业组织实施的培训；引进由职业高中、专科大学、大学、工业界合作管理的专业；逐渐增加职业高中的奖学金数量；地方政府优先录用职业高中毕业生；改善残疾学生职业教育环境①。

2007 年韩国政府倡议将职业高中专门化，设立“特色化高中”（专业高中）（Special High School）。之后，特色化高中从 2007 年的 40 所扩增到 2008 年的 171 所。其目的在于提供专门领域的专业教育和培训，以培养机械、电子、农业、水产养殖及海事等国家基础产业所需要的劳动力。2013 年，韩国的特色化高中增至 470 所。这些学校致力于课程改革以强化教育培训的专业性和多样性，其改革之一就是会同作为高等职业教育机构的专科大学，为学生提供具有衔接职高和大专功能的连续一贯且系统化的职业教育培训课程。为改善包括特色化高中在内的高中毕业生的就业状况，韩国政府还建立了就业援助中心，并执行了一个重大预算项目，即配置 1000 名职业指导专家和 4500 名职业生涯咨询师②。

为促进特色化高中毕业生的就业，韩国政府鼓励公共和私人机构在工资及个人待遇上消除对高中毕业生不同于大学毕业生的歧视区别政策，同时鼓励专业高中毕业生先找到一份工作，然后再进入专科大学等高等教育机构学习。为此，政府扩大了专科大学对特色化高中毕业生采取特殊录取政策的实施范围，即找到工作而没有参加统一考试的特色化高中毕业生可以进入专科大学学习。采取这一特殊录取政策的高等院校 2011 年有 7 所，2012 年增加到 23 所，2013 年又进一步增加到 40 所。企业大学、合同项

① 白敏植．韩国职业教育的发展与变化［J］．职业技术教育，2007（31）．

② Young-bum Park，Jisun Chung edited. Vocational Education and Training in Korea［EB/OL］.［2013-09-25］. http：//eng. krivet. re. kr/eu/ec/prg_ euCDAVw. jsp？ pgn = 1&gk = tl&gv = Vocational Education and Training in Korea&gn = M06-M060000056.

目、委托培训、开放大学、学分银行，以及专业网络大学等都向特色化高中毕业生提供了接受高等教育的机会。

韩国政府从2011年开始还实施了面向特色化高中的全球实习培训计划，旨在培养具备国际视野和能力、能够开展实际工作的技术人才。该计划向特色化高中的学生提供了在外国企业工作的机会，参与项目的学生根据他们所学的专业及能力培养需求，被安排到拥有相关先进技术的国家实习3个月。

为了培养具有高度技能和专业知识的技术拔尖人才，韩国教育科学技术部在2008年提出设立“名匠高中”（Meister High School）的政策。从2008年开始，韩国政府选择并指定若干特色化高中作为名匠高中，对它们给予政策和财力上的支持。名匠高中在为学生提供良好的教育培训、培养他们成为特定产业领域的行家里手的同时，还实行免除学费、提供毕业后的就业机会等一系列的优惠政策。韩国教育科技部为扶持名匠高中的职业教育发展而进行了集中投资，其投资额度2010年为1560万美元，2011年为5790万美元，2012年达到7000万美元①。2013年名匠高中数量增加到34所，学生数量达到15728人，占职业高中学生总数的4%。

名匠高中的遴选由专门成立的审议委员会进行，审议委员会由政府官员、商界和产业界代表及教育专家组成。被提名候选的特色化高中需要和企业签订合作协议并研究制定面向企业需求的教育培训课程。能否入选名匠高中，主要是看学校有没有与国家、地方战略性产业领域相关的专业设置，是否保障了以客户为导向的产业定制型的教育培训计划，是否通过行业和企业咨询机构确保了学生的就业机会，是否同行业协会及企业建立了良好的产学合作关系，有没有开放的校长聘任系统并确保校长的权力和责任，能否获得有专业背景的优秀教师，在选拔学生并为他们提供援助方面有无行之有效的举措，以及学校是否有先进的设备和实验室装备，等等。

---

① Young-bum Park，Jisun Chung edited. Vocational Education and Training in Korea [EB/OL]. [2013-09-25]. http：//eng. krivet. re. kr/eu/ec/prg_ euCDAVw. jsp？ pgn = 1&gk = tl&gv = Vocational Education and Training in Korea&gn = M06-M060000056.

韩国政府为促进名匠高中的发展而采取的措施还包括：构建有利于学生生涯职业发展的途径，例如，推迟服兵役的期限以方便学生先就业，扩大学生就业后通过继续学习取得学士学位的机会，鼓励学生在海外就业；改善名匠高中的教育规则，强化学校在课程和教材方面的决策，招聘有经验的企业负责人或产业专家担任校长，在全国范围内选拔有发展潜力的学生，加强以客户需求为导向的教学运营，着眼于富有发展前景的领域及产业的要求；提供政府资助，免除学费并提供奖学金，支持在海外职业学校的培训和学习，扩充宿舍、设施设备，等等。

（二）建立适应新形势的高等职业教育体系

韩国的高等职业教育包括正规院校实施的职业教育和非正规院校实施的职业教育，前者由专科大学、产业大学、产业研究生院相互衔接，打通了高等职业技术教育不同层次的、由专科到本科再到研究生的道路，形成了高等职业技术教育体系。非正规院校包括技术学院、各种学校及公司大学等教育机构，通过实施技术教育和培训为在职人员和社会成员提供有关职业技能方面的高等教育机会。

表 7-3 显示了韩国高等院校及职业院校不同年份的招生数统计。

表 7-3　韩国高等院校及职业院校年度招生数①

（单位：人）

年份	普通大学人数	专科大学人数	产业大学人数
1985	201934	108483	5509
1990	196397	130670	9221
1995	253605	223689	23571
1996	271208	252868	29106
2000	321399	318135	33240

① 2000 年以前数据：余祖光．透视韩国职业教育与职业培训［J］．中国职业技术教育，2003（5）；2001 年以后数据：KESS. Educational statistics［EB/OL］．［2014－08－31］．http：//kess. kedi. re. kr/eng/index.

续表

年份	普通大学人数	专科大学人数	产业大学人数
2001	327031	322687	33870
2003	321116	275318	29720
2005	326284	251283	28197
2010	358511	249144	17572

从表7-3中数据可以看到，作为职业高等教育主要组成部分的专科大学的招生数量不断上升，2001年已经与普通大学的招生数持平，反映出高等职业教育的规模扩大。这说明中等职业教育学生在毕业后继续接受高等职业教育的比例有较大提高，即职业教育层次有了明显上移。其背景是经济发展和科技进步对于职业人才提出了新的更高层次的要求，其结果必然是职业教育的重心由中等教育阶段转移到高等教育阶段，也必然促进了高等职业教育在规模上的快速发展。但2003年以后，专科大学和产业大学的招生数量开始下降，2010年专科大学的招生数量与普通大学已经拉开了明显距离。其原因主要是韩国政府推行了缩减专科大学使之与大学合并的政策，因而导致专科大学和产业大学的数量减少。

韩国高等职业教育机构当中，绝大多数是提供2—3年职业教育培训的专科大学，其目的是培养技师和中等专业技术人员。KEDI最新数据显示，2014年韩国共有专科大学139所，其中私立学校130所，国立和公立学校仅有9所，学生数量总共74万多人。相比之下，产业大学的数量非常少，并且还在逐渐减少，以至于接近消失。2007年韩国有产业大学14所，2011年减少到9所，2012年以来则减至仅有2所，目前在校学生数量6万—7万人。

在韩国的正规高等教育院校当中，承担高等职业教育的专科大学约占42%的比重，学生数量约占35%（韩国职业技能开发院KRIVET，2011年数据）。在所学专业的分布上，韩国的专科大学有人文、社会科学、教育、工程、自然科学、医学及艺术和体育7大类。根据2013年的最新数据，各类学科的学生数量见表7-4。

表 7-4　2013 年韩国专科大学按专业分类的学生数量①

（单位：人；%）

专业分类	学生数	所占比例
人文	21827	2. 89
社会科学	183811	24. 30
教育	30583	4. 04
工程	227445	30. 06
自然科学	55314	7. 31
医学	114708	15. 16
艺术和体育	122863	16. 24

表 7-4 中的数据显示，专科大学的学生选择工程类课程的人数最多，占 30. 06%。其次是社会科学、艺术和体育及医学，分别占 24. 30%、16. 24%和 15. 16%。人数较少的专业课程有自然科学、教育及人文，分别仅占 7. 31%、4. 04%和 2. 89%。

韩国专科大学毕业生的就业率一直较高，自 1985 年以来超过 4 年制大学毕业生的就业率，但他们的工资水平较低，与本科毕业生之间的工资差距较大，而与高中毕业生的工资基本没有多大区别。这反映出韩国社会的高学历价值取向，同时也表明韩国职业教育的地位及职业教育毕业生的竞争力有待于进一步提高。

产业大学主要为在职人员提供接受高等教育的机会，学制为 4 年，入学要求和普通大学一样，但对有实际工作经验、有全国技术证书、职业高中毕业和在普通中学接受过职业课程的毕业生优先录取。产业大学课程主要集中在试验及实训方面，为了提高对工业现场的适应性，产业大学还在现场雇用有经验的工程师作为补充教师。

为了满足毕业生继续学习深造及获得学位的需求，目前韩国的职业院校大多在毕业生离开学校之后，为它们提供可以取得本科学历的课程。职

① KESS. Educational statistics [EB/OL]. [2014-08-31]. http://kess.kedi.re.kr/eng/index.

业院校的毕业生如果在毕业后继续完成了1—2年的主要课程学习，就可以得到学士学位。这意味着如果他们取得140个或更多的学位课程学分，即可以获得学士学位。2011年，韩国有89所职业院校开设了面向拥有企业工作经历的毕业生学历课程，学生定额数为5608名。另有42所职业院校计划为毕业生提供学历课程，学生定额数为4225名①。

（三）顺应产业需求和终身学习需要建立非正规职业培训体系

韩国的非正规职业培训是指正规职业学校之外由公共机构、企业或社会举办的职业技能培训。早在1967年，韩国就颁布了《职业培训法》，政府开始建立公共培训机构，1982年达到25个。由于公共培训机构培训能力有限，难以包揽全部培训任务，1974年韩国颁布《职业培训特殊法》，要求500人以上的私营企业必须对其员工进行培训，每年培训员工不少于职工总数的15%。1976年为了建立统一的经费投入机制，实施了《培训基本法》，首次提出征收培训税。根据此法，300人以上企业可以选择开展企业内培训或上缴培训税，作为政府为企业提供职工培训的费用开支②。

20世纪90年代以后，随着资本和技术密集型产业对劳动密集型产业的替代，韩国经济结构发生了很大的变化。为适应新形势对人力资源的需求，以政府为主导并带有强制色彩的职业培训体系，开始转向反映需求变化的市场导向模式。1997年金融危机造成了大量的劳动力失业，在这种情况下，职业培训自然担负起改善失业者的就业能力、维系社会安定的职能。同时，适应知识经济发展要求及国民职业生涯需要的职业培训体现出终身学习的特征，成为职业培训的政策焦点。1999年韩国实施《职业培训促进法》，职业培训形势得到很大改善。2001年，韩国失业率从金融危机后1998年的6.8%下降到2.9%，回落到危机以前的水平。自1990年至1999年，培训总人数增加了20倍，职前培训从75.2%下降到5%，职后培

① Young-bum Park, Jisun Chung edited. Vocational Education and Training in Korea [EB/OL]. [2013-09-25]. http://eng.krivet.re.kr/eu/ec/prg_euCDAVw.jsp?pgn=1&gk=tl&gv=Vocational Education and Training in Korea&gn=M06-M060000056.

② 余祖光．透视韩国职业教育与职业培训［J］．中国职业技术教育，2003（5）．

训从24.8%提升到95%，在职后培训中，私营培训从24.1%提高到86%①。私营培训的大幅上升，表明企业方面在员工的职后培训当中扮演了主要角色。

作为非正规职业培训体系中的主要角色之一，公司大学是大学体系中的一个新概念、新形式，它是企业对员工开展入职后培训的产物，主要目的是帮助公司职工继续接受教育，同时不离开工作岗位。公司大学是一个提供终身学习的场所，是根据《终身学习法》第21条款建立的，也包括企业建立的技术大学。这些学校的建立需要满足严格的评估标准，但它们的毕业生及研究生院毕业生并不授予学位，当他们申请参加全国技术资格考试时，可获得学分减免。建立公司大学的企业可以得到税收减免等政策的优惠待遇②。

三、实施适应产业及社会发展要求的职业教育政策

韩国的职业教育发展在很大程度上得力于政府实施的一系列顺应时代和社会经济发展要求的政策举措。其中包括：适时调整职业教育结构，促进产学合作培养职业技能人才，打造精锐的职业教育机构，建立促进学生就业的体制机制，等等。考察它的职业教育政策走向，可以了解韩国职业教育发展的大致轨迹及近期的发展趋势。

（一）顺应社会经济发展形势要求，适时调整职业教育结构

韩国的职业教育在以往是以学校教育体系为主要依托，在承担职业教育与培训的学校中开展专门化、专业化的职业技能培训。因此，如何调整各级各类职业学校的结构以适应产业发展变化的要求，就成为韩国职业教育政策的重要议题。

---

① 余祖光．透视韩国职业教育与职业培训［J］．中国职业技术教育，2003（5）．

② 白敏植．韩国职业教育的发展与变化［J］．职业技术教育，2007（31）．

20世纪60年代，韩国在第一和第二个经济发展五年计划当中，采取了优先发展职业高中的政策，并在70年代通过技术类职业高中的专门化及对农业示范高中的支持，强化了对职业高中的支持。

20世纪80年代中期以后，随着经济结构从劳动密集型产业向技术密集型产业的转型，韩国的技术工人短缺现象日趋严重。针对这一情况，韩国政府在90年代实施了“职业技术高中教育体系修订计划”，致力于增加产业领域的学生数量。计划将普通高中与职业高中之间的比例，从1990年的68∶32调整为1995年的50∶50，并将职业技术学校的学生比例由28%提高到45%。经过这一政策努力，1995年普通高中与职业高中的学生比例调整为62.5∶37.5，但没有达到预期的50∶50的比例①。

进入21世纪以来，韩国政府倡议发展专业高中（Special High School），2008年专业高中的数量增长到170所左右，占职业高中的24%。由于专业高中根据学生的特长而为他们提供不同的教育，因而受到学生和家长的青睐，入学竞争十分激烈。特别是在IT、动画片制作、烹饪等热门领域，被录取的基本上都是那些成绩优秀、排名靠前的学生。

在高等职业教育方面，韩国政府在20世纪70年代将5年制职业高中改为职业技术学校，1979年将职业技术学校和一些层次较低的大学整合为专科大学。尽管学制只有2—3年，但入学要求有所提高，教学内容专业化，实验室和培训设备也得到了扩充，使专科大学成为培养核心技术人才的主要高等教育机构。

专科大学为学生提供人文科学、社会科学、教育、工程、自然科学、医学及艺术体育方面的教育培训，其教育体制非常灵活，允许学生在平常工作日或在晚上学习。专科大学除正规课程之外，还为已经就业的二作人员提供适应产业社会多种需求的特别课程。专科大学的毕业生被授予准学士学位，而近年来在韩国实行学分银行制度的情况下，他们则有可能获得学士学位。

---

① LeeYoung-Hyun. Vocational Education and Training in the Process of Industrialization [EB/OL]. [2009-08-09]. http://eng.kedi.re.kr/khome/eng/education/educationSeries.do.

（二）促进产学合作共同培养职业技能人才

韩国的职业教育一方面注重学校体系建设，同时也十分重视发挥产业界的作用。1973 年，韩国修改《产业教育振兴法》，制定“产校协作”政策，要求企业为职业学校学生实习提供方便。1973 年，韩国文教部设立产校协作课，管理和指导产校协作活动；1974 年，成立“产学合作财团”，以促进企业对职业教育的资金援助；20 世纪 90 年代，韩国又在各地区组织成立“产学合作教育协议会”，协议会由学界、地方自治团体、产业界及地区民间代表组成，以规划、指导、协调该地区的“产学合作”活动①。

1. 2+1 模式

2+1 模式是韩国职业高中加强产学合作、促进技能人才培养的一项重要举措，从 1994 年开始实施。所谓 2+1，是指学生前两年在学校学习，最后一年进入企业开展学徒制学习。2+1 模式为学生提供了比较充分的实习期间，同时还为他们提供了直接的就业途径，也为企业雇主提供了招聘员工的人才蓄水池。

1996 年韩国有 96 所学校的 13745 名学生和 1130 家企业参与了 2+1 模式，但 1997 年之后的参与学校开始下降，2006 年仅有 18 所②。其原因一是很多学生把时间花在为升入大学做准备上，而不是花在完成职业课程的学习上；二是不少企业虽然接受学生实习，但并没有很好履行实施技能培训的任务，而是把学生当成方便使用的劳动力，这也影响了培训的效果及学校和学生参与培训的积极性。

2. 校办企业实习

校办企业（School-based Enterprises）是韩国产学合作的另一种形式，它是由学校设立的面向市场需求而提供产品或服务的经营机制。作为一种动手学习实验室，它由学生进行操作和管理，并在运营中整合了国家课程

① 黄日强，黄勇明．战后韩国政府发展职业教育的基本经验［J］．职业技术教育（教科版），2003（25）．

② 李玉静，程宇．韩国行业需求导向的职业高中教育经验及反思（一）［J］．联合国教科文组织职业技术教育和培训中心专讯，2010（8）．

标准、财务运作、服务及经营等综合要素。这种实习让学生制作产品及提供服务，他们可以通过固定的地点或者通过网络等途径营销自己的服务或产品，从而积累真实且实用的学习经历。

韩国政府1997年颁布了《职业教育培训促进法》，2003年又将《产业教育振兴法》改为《产业教育振兴与产学合作促进法》，积极鼓励产学合作，同时大力支持校办企业等实习方式。从2004年起，韩国政府开始支持大学、专科大学及职业高中的校办企业实习，对劳务和材料成本及现场实习和校办企业实习的运营成本给予补贴。2007年，有184个校办企业分布在154个学校当中，其中61个分布在48所大学里，64个分布在47所专科大学里，还有59个分布在59所职业高中里。韩国政府对120所学校的校办企业提供了397亿韩元的资助①。

3. 协议本位培训

协议本位培训（Contract Based Training）是韩国近十年来一种新兴的职业人才培养模式，旨在促进中等职业技术人才适应市场变化及产业技术发展的要求，它不是由教育部而是由韩国中小企业特别委员会发起的。这一模式在企业、技术高中和学生之间签订临时就业合同，三方合作伙伴承诺根据合同履行对彼此的责任：企业提供协议本位培训，培训领域、内容、培训条件和教学材料都由企业和学校协商确定，并承诺正式雇用那些成功完成协议本位培训项目的学生；学校需要开发一个需求导向的培训项目并予以实施；学生在家长的许可下承诺，完成培训项目后，要在协议培训的企业工作两年②。

协议本位培训是把行业需求与培训内容联系起来的一个有效方法，但参与这一模式的学校教师需要使学生和企业相互匹配，并为此开展任务分析，开发培训项目。这就加重了教师的工作负担，也使这一模式的进一步顺利开展遇到了一个障碍。

---

① Lee Young-Hyun. Vocational Education and Training in the Process of Industrialization [EB/OL]. (2009-02-28) [2012-12-01]. http://eng.kedi.re.kr/khome/eng/education/educationSeries.

② 李玉静，程宇．韩国行业需求导向的职业高中教育经验及反思（二）[J]．联合国教科文组织职业技术教育和培训中心专讯，2010（9）．

4. 顾客需求导向型的“委托培养”

专科大学实施的顾客需求导向型“委托培养”（Customized Education）是韩国高等职业教育机构采取的产学合作培养方式之一，得到了政府的支持。在“委托培养”制度下，专科大学与商家签订协议备忘录，一方面学校将企业对人才的需求反映到教育培训课程当中，并聘请企业的专家作为学校的兼职教授；另一方面，企业则录用学校的毕业生作为员工。这种培养方式是学校将企业作为顾客，不仅与企业在人力、物力资源上合作，更在改造教育环境、按企业需求人力的数量、规格和具体专业特长在培养人才等方面下功夫。同时，它不仅受企业委托培养技术人员，还帮助企业职工更新技能。

专科大学于1996年开始采取这种培养方式，与企业共同开发适应产业界需求的多种职业教育课程，现已在75%的专科大学中实施。一些专科大学还在顾客导向型教育的基础上开发出了顾客导向型培训计划（Customized Training），主要目的是为企业员工的技术培养或技能升级服务①。

（三）打造精锐职业教育机构，构建促进学生就业的职教体制

韩国政府试图通过职业教育机构的改变与整合，建立优质的名匠高中及特色化的职业高中，促进职业学校的教育质量提升，并适应产业发展的需求改进教育模式，构建促进学生就业的职业教育体制②。

1. 将400所专业高中打造成精锐职业教育机构，为其提供就业者奖学金资助，以构建“先就业、后升学”体制

为了打造精锐职业教育机构和促进学生就业，韩国政府的政策推进方向，一是将专业高中改编成“基于类别的专业化职业教育机构”，二是产业界及政府部门共同构建“先就业、后升学”体制。

韩国政府围绕专业高中的改编制定了三项措施。首先，通过兴办50

① 韩菲．韩国专科大学人才培养模式研究［D］．大连：辽宁师范大学，2009.

② HIFIVE. 主要政策向导［EB/OL］.［2013-12-09］. http：//www. hifive. go. kr/policy/policyInfo01. do？rootMenuId=01&menuId=010701.

所名匠高中，确立就业先导模式。具体措施包括：朝着多样化领域方向扩充名匠高中的设立运营，如农业、海洋、建设等领域；将 3 所国立名匠高中移交中小企业厅管辖；构建名匠高中就业门户体制；在不同领域和行业扩大与产业协会的合作协议。其次，改编、扩充 350 所产学合作型特色化学校。具体措施包括：产业界与特色化学校之间扩大合作，强化联系；政府联系型特色化学校进一步扩大新的参与部门；教育厅支援型特色化学校由自治体、产业界及教育厅共同参与培育和改编。再次，对综合学校等专业高中进行转换。具体措施包括：依据小规模专业高中的职业教育需求，促成其自行解散、整合的条件，将它们吸收为特色化高中；支持和扩大相关领域的教师本专业及多专业特别进修，积极解决剩余专业科目师资问题。

围绕“先就业、后升学”的体制构建，韩国政府也制定了 3 项措施。首先，强化反映产业界需求的教育课程运营。具体措施包括：引入职业基础能力评价，以取代国家学业成就评价；强化适应产业需求的专业技术教育。其次，构建先就业、后升学体制。具体措施包括：确立工作和学习能够同时并行的后升学体制；加强特色化学校的校内就业支持环节；促进特色化学校的毕业生就业。再次，做好财政支援及评价管理制度的安排。具体措施包括：伴随专业高中的体制改编而给予财政上的援助，例如，对教师本专业及多专业发展予以支持、对就业优秀学校拨给奖励资金等；制定名匠高中再认证机制、特色化学校指定撤销制度等，确立学校评价管理制度。

2. 到 2012 年创出 3 万个优质工作岗位，搭建一边工作一边学习的“通向成功的希望阶梯”

韩国政府为了给接受职业教育的学生创造优质的工作岗位，帮助他们搭建一边工作一边学习的成功阶梯，采取了相关措施。其中包括：面向研发的人力资本投资比重从 2010 年的 30%提高到 2012 年的 40%；为强化现场教学而招聘 2000 名“产学合作重点教师”；引入“国家技术人才”全程支援制度；致力于可以一边工作一边学习的工业园区内的大学课程运营。

为保证这些措施的顺利实施，韩国政府针对相关重点课题制定了政策举措。第一，为强化产业人力资源的有效活用基础，将投资重点从以研发装备等物质资本为中心，转向以人力资本为中心的研发投资；尖端技术领域通过学生的兵役服务而与职业生涯相互联系；对属于“出生热”一代的青年技术人力，实施被称为“60+20 工程”的师徒制教育。第二，为促进产业人力培养体系的先进化，大幅扩大对产学合作领军教授、产业界优秀讲师的招聘；为增强特色化高中和名匠高中的毕业生能力，扩充多样化的教育训练机会；通过加强学生和需求企业之间的匹配，扩大就业机会；大学财政支援事业要尽量符合大学结构调整方向，组成并运营由广泛部门参与的“大学财政援助协商体”。第三，为实现对产业人力资源的系统管理及对工程师给予尊重的社会，选定和支持“国家技术人才”这一优秀理工科人才管理支持系统；设置技术专家“荣誉殿堂”，发掘榜样，宣传成功案例（推进最高 1 亿韩元的褒奖）。

3. 增强和扩大技术力和生产能力，构建就业福利体制，通过学业和就业的同时并行，来扩大成长动力

为了推动先就业、后升学体制的确立，韩国政府采取了相关措施，例如，招聘毕业生时，加大对雇主的雇用投资创出税额的扣除力度；采取就业合同入学制及就业实习参与费的税额扣除制；引入公共机关毕业生招聘目标制等。韩国政府还明确了相关政策的推进方向，包括：构建能使就业和学习并行的制度基础；降低劳动力市场入职年龄，实现工作现场优秀人力资源的早期保障；加大对名匠高中及特色化高中毕业生的招聘录用，扩大产业界的作用。

为保证政策推进方向的落实，韩国政府针对重点课题制定了具体措施。第一，为强化以工作现场为中心的职业教育，在名匠高中引入就业合同入学制；特色化高中和名匠高中实行就业实习制。第二，为改善就业和学业同时并行的环境条件，加强公司内大学及学校与企业协议课程的活性化；改善先就业、后升学的条件；特色化高中加强学生就业能力。第三，为加大产业界对教育的参与程度，支持企业扩大对特色化高中及名匠高中毕业生的录用；推进以产业为中心的专业领域大学的设立；构建产业界主导的工作现场职业教育管理体制。

4. 超越对学历的偏好，开拓未来理想的雇用社会，构建不是重视学历而是重视和承认实力的社会

为了开拓未来理想的雇用社会，韩国政府认为应朝着发挥公共部门先导作用及培育不同领域成功模式的方向推进。为此，韩国政府制定了相应的重点课题和推进方案。

（1）为了支持年轻人培养起作为职业人的多样化理想，根据所属学校和系列的不同而明确前途指导教育的目标，并通过完备教育内容使其系统化；将企业体验型的修学旅行、前途顾问等社会各界的教育援助，与学生的职业体验联系起来；通过企业适应训练课程及实习等现场教学，强化学生的就业能力。

（2）为了实现基于能力的开放招聘，通过技能人才的推荐录用、公共部门高中毕业生适当职位的发掘等措施，扩大高中毕业生的就业机会；将名匠高中打造成毕业生百分之百就业的学校；通过青年实习推进中小企业就业，其规模由 2011 年的 3.2 万名扩大到 4 万名，其中的高中毕业生实习录用率达到 50%，即 2 万人的规模；在高中毕业生中扩大第三学年第二学期的在校生实习参与，以帮助他们在毕业的同时就能联系到工作。此外，采取的措施还有：提高就业时的全年支付就业援助金，制造业、生产性职业等从 2011 年的 100 万韩元调整为 2012 年的 200 万韩元；推迟高中毕业生入伍时间，消除与兵役相关的就业障碍；将已退休的人事工作者配置到特色化高中，通过建立高中毕业生人力资源数据库，帮助企业掌握人才状况，以此强化学校的就业支援功能；在公共机关的技能技术职位聘用过程中，引入和扩大通过实习工作进行选拔的方式，并适用于以后的一般职位；开发针对实际业务必备的职务能力评价方法，以支持聘用常规的改善。

（3）为了推进开放型人事管理以扩大发展机会，由重视年功、学历等转向重视成果、能力，改善工资待遇及职位晋升等制度；确定高中毕业生可以和大学毕业生受到相同待遇的以能力为中心的晋升制度；发掘和推广民间企业实行开放晋升制度的典型范例；通过企业内部的公司大学等，形成有利于支持后升学及促进企业可持续发展的工作与学习并行的环境条件。

（4）为了构建以能力为中心的社会条件，通过发掘熟练技术人才及给予企业熟练技能人才以优厚评价、发放奖励工资等措施，改善专业技术、技能人才的待遇；以现场专家为中心，改组政府的相关工作委员会；将在职经历或在职学习经历认定为一定的学分，扩大取得学位的机会；对国民的终身学习成果通过网络进行累积和管理，将其灵活应用为终身学习账户。

5. 加强企业、学校及政府之间的产学官合作，充实以量身定做型人才培养为中心的现场实习

为加强产学官合作，韩国政府制定的重点课题和推进措施主要有以下几项。

（1）充实和强化现场实习的力量。具体措施包括：支持企业的现场实习课程和基础设施建设；支持学生做出的符合自己个性的企业选择及保障合理待遇的诉求；强化学校的产学联系、现场实习及就业援助的力量；强化政府的监督和指导。

（2）强化现场实习生的劳动条件保护。具体措施包括：对于事实上提供了劳务付出的实习生，明确其法律地位；对劳动合同的签订给予指导。

（3）将现场实习作为有实力的中小企业培养优秀人才的途径而加以改善。具体措施包括：扩大有实力的中小企业与学校、学生之间的交流；加强有实力的中小企业与学校、政府之间的联系，开发和普及现场实习的优秀范式；支持针对企业的资金鼓励。

6. 为加大高中毕业生的就业力度并使开放的雇用政策获得持续动力，需要提供相应的制度基础

韩国政府认为，需要构建官民协力合作体系，并将国家职责予以制度化，这是推进高中毕业生就业力度加大，以及使开放的雇用政策获得持续动力的基础。为此，政府制定了相应的重点课题和推进方案。

（1）为了巩固以现场实训为中心的职业教育，从中学开始加强前途教育指导，包括制定并推进《前途教育振兴法》，在学生数 100 人以上的所有初中和高中（共有 4690 所学校）配置前途指导教师，以及灵活利用教

育捐赠及韩国就业市场，提供以学生为对象的职业体验机会，改善学生父母对于前途、职业的认识；持续培育名匠高中，包括将名匠高中作为法律上的学校名称来使用，强化师资的增设配置及财政支援，以及针对战略产业领域，扩大政府部门主导的名匠高中的指定范围，使相关部门得以对职业教育给予支持；巩固政府的特色化学校支援体系，扩大有关部门的直接支援和参与，开发和示范运行通过履修学校教育课程就有可能取得资格的、以国家职业能力标准（NCS）为基础的特色化学校模式；加强教师培训及支援评价体制的建立，扩大针对普通科目师资的职业教育理解研修及针对专业科目师资的产业单位现场研修，构建和运营具备相关领域经验技能的、以现有资源为中心的开放雇用支持机制，以职业基础能力评价的早期实施替代学业成就度评价，以此引导企业对高中毕业生加以聘用和利用。

（2）为了扩大高中毕业生的就业氛围，首先，要加强政府各部门的就业援助。为此，应扩大公共机关对高中毕业生的聘用力度，以维护加强高中毕业生录用的基本政策，并引导民间部门实施适合高中毕业生的聘用机制；同时研究分析高中毕业生就业竞争力相对较强的朝阳工种与产业，尽量支持就业困难领域的就职录用；开发和普及“职业能力评价模式”，以使企业聘用高中毕业生时得以灵活使用。其次，强化中小企业的就业援助及与工作岗位的匹配。为此，相关部门联合选定“和青年一起成长的有实力中小企业”，扩大对中小企业雇用环境的改善支援，召开“不同地区、不同工种的高中毕业生聘用、进职博览会”，积极启动“工作岗位与高中毕业生需求匹配体系”。第三，消除由于兵役造成的就业障碍。为此，对于已就业的服兵役者转业后的复职，针对相关中小企业采取扣除税额等奖励办法，在选拔产业技能人员、技术兵时，对特色化学校的毕业生给予优先考虑。第四，确立高中毕业生就业文化并改善认识。为此，推进地区商会、中小企业中央会议主管的“中小企业高中毕业生人才培养全国巡回活动”，同时，通过电视和多样化的宣传媒体，改善对于学力差别的认识并加强高中时代的宣传，对加大高中毕业生聘用力度、奖励后升学的企业，实施功勋奖励和表彰。

（3）为了推进和活跃先就业、后升学的生态系统，致力于消除劳动者的后升学障碍，采取措施缓和因后升学而产生的学习及费用等负担，扩大劳动者后升学的可能性。同时，致力于后升学途径的多样化，例如，加强大学在先就业、后升学当中发挥的作用，将在职学习人员的招收扩大到主要的私立大学和国立大学，并通过多样化的方式，为后升学劳动者提供学习方便；扩大“产业园区、校园”与“产学合作领先大学”的后升学试点学校范围，加强针对在职者的量身定做型教育；引导广播电视大学和一般大学运营理工科的共同学位课程，以及虚拟大学新设及改编反映高中毕业在职者需求的理工科课程。此外，集中力量将具有国际水平的专科大学打造成后升学示范学校；将专科大学入学名额的一定比率用来招收 25 岁以上的大龄学生，引导这些学校选拔作为特例的在职人员；加强“技术士官培养课程”的运营。再者，扩大产业界的支持，以促进和活跃就职人员的进修升学。为此而采取的措施包括：支持和促进就职后的进修升学，构建质量管理体制；灵活利用“高中门户网站（www. hifive. go. kr）”，向大学和企业提供后升学信息；为提供信息及商谈和咨询，建立后升学援助中心；对于支持职员经历开发的企业，认证其为人力资源开发优秀企业（Best HRD）；为检查大学的后升学制度运行情况，每年在大学评价结果中对该事项予以反映并进行公示。

（4）为扩充开放的雇用人事管理，首先，确定和支持以能力为中心的人事管理原则。为此，集中政策力量改善社会氛围和企业惯例，以实行较之学历而更重视能力和业绩的人事管理；消除公共机关因学历而产生的工资差距和晋升壁障，通过后升学来保障成长途径，弥补和完善制度；引导民间企业共同参与开放的人事管理，对优秀企业进行表彰奖励，并采取行政和财政的支持制度。其次，构建一边工作一边开发能力的机制，促使成功途径多样化。为此，开发“终生职业发展路径”，扩大可以向更高职位移动的高级训练课程；扩充可以使高中毕业生成为企业首席执行官的创业支持。第三，引导社会认识朝着认可开放雇用的方向变化。为此，将全国技能竞技大会办成全体国民参与的“开放技能竞技大会”；改善优秀熟练技术人才的评选体系，扩大进行现场传授的产业指导阵容。第四，构建持续推进开放雇用的制度基础。为此，政府与经济界等一起合作，构建旨在实现“开放雇用社会”的官民合作体制；建立法律机制，制定体现开放雇用社会的计划，检查计划执行情况。

四、建立现代国家职业资格框架

韩国职业教育政策的另一个特点是通过建立国家职业技术资格体系，引导和规范职业教育的发展，使之适应和体现产业经济和社会发展的要求。其国家技术资格体系（NTQ）包括制造业、服务业、商业管理及产业的专业经营等领域的技术资格，由国家权威机构制定不同类型行业的相应专业技术标准，以此为依据建立国家能力标准体系。

2007 年修订的韩国《国家技术资格法》，规定将各行业所要求的职务能力有效反映到国家技术资格制度当中，2010 年再度修订该法时，规定国家制定技术资格制度发展基本计划须包含将行业职务能力予以标准化的内容，即须制定行业职务能力的国家标准。在此基础上，完善国家技术资格框架体系，促使教育、职业培训、雇用等各个环节相互连接，并增强技术资格之间的互换性与国际通用性。

（一）20 世纪 70 年代开始建立国家技术资格体系

韩国经济从 20 世纪 60 年代开始迈进高速发展的轨道，培养具有高素质和知识技能人才的教育成为经济增长的主要驱动力，特别是职业教育与培训扮演了促进经济发展的重要角色，1967 年颁布实施的《职业培训法》就是韩国为推进职业教育培训而出台的重要法律之一。在这一背景下，为了能够明确地界定劳动者的技能，韩国政府于 1973 年颁布了《国家技术资格法》。在该法构建的框架之下，韩国政府以劳动就业部为主建立起了国家资格认证制度。这一制度体系的建立，有助于明确和规范行业资格标准，引导相关机构开展有针对性的符合标准的职业教育培训活动，因此有利于加强产业需求与职业教育培训之间的关联程度，对于指导职业教育培训主动适应产业结构的变化具有重要作用。在此之前，韩国的职业资格证书是由政府相关职能部门分别管理，或者由相关的法令予以规定的。

1982 年，韩国成立人力资源开发公团，负责管理和运行技术类的职业资格认证。1984 年成立韩国工商会所，负责管理和运行商业服务类的职业资格认证。1997 年，韩国教育部制定《资格基本法》，旨在系统管理和运行职业资格认证体系并促进终身职业技能的发展。2007 年该法修订，韩国正式引进了资格框架体系。该法第六条规定："政府将根据国家能力标准建立资格框架。"所谓资格框架指的是规定资格等级水平的框架，为的是便于职业教育培训与资格证书相互连接，并体现国家能力标准（NCS），满足产业需求，推进终身学习体系建设，同时保证各类资格之间具有兼容性①。

（二）按照行业类型划分职业资格

韩国的职业资格体系从 1973 年颁布《国家技术资格法》到现在，经过了多次的修订，目前确定的国家职业资格框架按照管理类型分为两大类，即国家职业资格和民间职业资格。国家职业资格又分为两大类，一是由韩国教育部负责管理的国家技术资格，分为 26 个技术/服务类别，512 个资格项目，如机械、建筑、通讯、电子工业、化学工程等行业的高级工程师、工程师等技术类资格，以及文秘、社会调查分析、电子商务等服务类资格，等等；二是由政府相关各部负责管理的国家专业资格，目前分为 148 个职业领域、832 个资格项目，如律师、会计、专利代理人，等等。民间职业资格也分为两大类，一是依据《资格基本法》、经政府认可的民间职业资格，包括 2012 年确定的 87 个资格项目，此外还包括被称为"内部资格"的资格项目，由教育部管理；二是纯粹的民间职业资格，其资格项

---

① Mee-Souk KIM. Vocational Qualification System in Korea [EB/OL]. [2013-06-13]. http://eng.krivet.re.kr/eu/ec/prg_euCIAVw.jsp?pgn=1&gk=&gv=&gn=M20-M200000005.

目的名称及数量尚未确定①。

目前，韩国的国家技术资格（NTQ）主要包括制造业、服务业、商业管理及产业的专业经营等领域的技术资格，其考试与审核由韩国人力资源公团及韩国工商会所负责实施。国家专业资格（NPQ）包括从医师到驾驶执照的各种证书认证，其考试与审核由政府相关各部任命的考试机构负责实施。经国家批准认可的民间职业资格是1997年《资格基本法》颁布时予以采纳的，旨在培养民间的资格认证机构并对其质量进行管控。现在每年有100多个民间机构申请资格认证许可，1999年以来批准民间认证机构的事务主要由韩国职业技能开发院（KRIVET）负责管理。到2012年12月为止，韩国大约有53个机构得到了政府当局的批准，成为管理87种职业资格的认证部门②。

（三）制定职业技术资格标准和资格条件

在韩国的国家职业资格框架当中，国家技术资格是最重要的组成部分，在职业资格体系中占据主体地位。技术资格被分为5个等级，即技工、产业工程师、工程师、高级工程师和高级技师，其中后两个都是高级技术资格，而高级技师更强调技能类的实践经验和实践技能。

服务类的职业资格根据不同的种类制定了不同的等级，其中行政管理类的职业资格由低到高分为三级、二级和一级这样3个等级，专业经营类职业资格分为二级和一级两个等级，其他服务类资格分为技师、产业工程师和高级技师3个等级。

以技术类职业资格为例，其5个级别的专业技能标准如下。

技工——申请人是否有能力履行生产、制造、经营、修理和检查等基本的管理任务。

产业工程师——申请人是否有能力依据基础知识和技术经验来开展多

---

① Mee-Souk KIM. Vocational Qualification System in Korea [EB/OL]. [2013-06-13]. http://eng.krivet.re.kr/eu/ec/prg_euCIAVw.jsp?pgn=1&gk=&gv=&gn=M20-M200000005.

② Mee-Souk KIM. Vocational Qualification System in Korea [EB/OL]. [2013-06-13]. http://eng.krivet.re.kr/eu/ec/prg_euCIAVw.jsp?pgn=1&gk=&gv=&gn=M20-M200000005.

种技术工作。

工程师——申请人是否有能力执行设计、基础施工及根据工程学知识进行分析等技术工作。

高级技师——申请人是否具有丰富的经验和技巧，以监督指导其他工人，对他们进行现场培训，并做好管理者与生产者之间的沟通。

高级工程师——申请人是否有能力计划、研究、设计、分析、测试、操作、构建、评估，或者基于高水平的专业知识和领域经验来指导、监督这些活动。

除了具备上面的能力要求，技术资格的申请人还需要具备以下的基本资格条件，才能取得相应的技术资格。

技工——没有限制；

产业工程师——有技工资格及一年实际工作经验，或专科大学毕业，或有两年实际工作经验；

工程师——有技工资格及一年实际工作经验，或大学毕业，或有四年实际工作经验；

高级技师——有产业工程师资格及六年实际工作经验，或有技工资格及八年实际工作经验，或有十一年实际工作经验；

高级工程师——有工程师资格及四年实际工作经验，或大学毕业并有七年实际工作经验，或有十一年实际工作经验①。

韩国在 1998 年制定颁布《学分认定法》之后，承认将国家技术资格及公认的民间资格可以换算成一定的学分，与学习者通过正规学历教育取得的学分同样计入终身学习的学分累积体系。根据所取得的国家技术资格的不同等级，高级工程师计 45 个学分，高级技师计 39 个学分，工程师计 30 个学分，产业工程师计 24 个学分。表 7-5 显示的是韩国国家资格对应的学分等级及大致的学历程度②。

---

① Mee-Souk KIM. Vocation Qualification System in Korea [EB/OL]. [2013-06-13]. http://eng. krivet. re. kr/eu/ec/prg_ euCIAVw. jsp? pgn=1&gk=&gv=&gn=M20-M200000005.

② OVTA. 韩国职业能力基准、职业能力评价制度 [EB/OL]. [2009-09-16]. http://www. ovta. or. jp/info/asia/korea/10evaluation. html.

表 7-5　国家资格对应的学分制度

等　级	学　分	学历程度比较
1	45	硕士课程修完及实际工作经验
2	42	
3	39	硕士课程或学士课程修完及实际工作经验
4	34	
5	30	学士或专科大学课程修完及实际工作经验
6	27	
7	24	专科大学修完
8	18	
9	12	专科大学一年级修完
10	9	
11	8	
12	6	
13	4	
14	3	
15	2	

（四）实施技术资格考试

韩国的职业技术资格考试根据不同的类型和等级，有着不同的考试内容。技术类的资格考试，包括笔试和实际操作或面试，技工、产业工程师、工程师和高级技师的卷面笔试都是多选题的形式，高级工程师的笔试形式则是简答题或论文。实际操作考试当中，技工仅考实际操作，而产业工程师、工程师和高级技师除了实际操作之外，还要加考笔试，高级工程师则是采取面试的形式。文秘、计算机应用、求职顾问、电子商务等服务类的资格考试，一般都是采取笔试及实际操作的形式①。

① Lee, Young-Hyun. Cho, Jeong-Yoon. Tau, Alfred. Pereira, Clarence A. Vocational Training and Technical Qualification Systems in Korea and South Africa [EB/OL].（2002-02-01）[2012-10-10]. http://files. eric. ed. gov/fulltext/ED474318. pdf.

韩国的技术资格考试的实施程序主要包括以下步骤：①计划部署资格考试（由劳动就业部授权）；②发布考试公告；③分配和征集考试实施者；④编制考试试题；⑤印刷考试试题；⑥确定考试地点；⑦指定监考人；⑧实施考试；⑨试卷评分；⑩公布合格者名单。

从技术资格考试的结果来看，2006 年到 2008 年的考试结果见表7-6①。

表 7-6　2006—2008 年资格考试结果

（单位：人;%；年）

	2006		2007		2008	
	考试人数	合格率	考试人数	合格率	考试人数	合格率
技工	1600176	20. 80	1507368	21. 78	1623442	21. 20
产业工程师	984874	11. 97	788412	11. 48	740158	9. 92
工程师	1097174	10. 88	965718	8. 33	881850	7. 54
高级技师	15206	10. 99	15958	10. 97	15924	10. 39
高级工程师	56640	2. 96	63658	2. 84	61494	3. 08

从表 7-6 可以看到，参加初级的技工资格考试的人数最多，3 年当中占考试总人数的比例平均达到 45. 4%。其次，参加工程师和产业工程师考试的人数也较多，3 年当中占考试总人数的比例平均分别为 28. 3%和 24. 1%。这三项加起来占参加考试总人数的绝大多数，3 年平均比例达到 97. 8%。

表 7-6 还显示，考试合格率以技工为最高，3 年平均合格率达到 21. 26%。其次是产业工程师、工程师及高级技师，合格率大约 10%，而高级工程师的合格率最低，仅在 3%上下。

五、现代职业教育体系建设的经验

韩国在职业教育发展过程中积累了不少经验，值得我们认真研究，从

① OVTA. 韩国职业能力基准、职业能力评价制度［EB/OL］.（2009-09-16）［2012-08-12］. http：//www. ovta. or. jp/info/asia/korea/10evaluation. html.

中得到启示，并加以借鉴。

（一）国家主导下的政府强有力政策推进

韩国的职业教育是在国家主导之下、由政府强有力的政策实施来予以推进的。这也是经济后发国家需要由政府的强力指导才能在短期内赶上先进国家而造成的必然结果。韩国政府在推进职业教育发展的过程中，通过制定法律和出台政策，建立起了比较完备的职业教育学校体系，承担了培养专门技术人才的职前教育和培训。同时，通过法律和政策鼓励企业致力于员工的职后培训和技能提升，并通过建立国家技术资格框架体系为国民搭建起了终身学习和职业发展的平台。

韩国政府从 20 世纪 60 年代开始，先后制定颁布了《产业教育振兴法》《职业培训法》《职业训练基本法》《职业教育与培训促进法》《国家技术资格法》和《资格基本法》等。众多法律、法规的出台，表明了韩国政府对人力资源开发及承担这一任务的职业教育发展的高度重视。政府强有力的举措，对于韩国职业教育的体系构建和振兴发展起到了关键的引领和促进作用。

（二）围绕国家经济社会发展战略制定职业教育政策

韩国政府的职业教育发展政策始终围绕着国家的经济社会发展战略，为国家发展和总体实力的提高，发挥着培养所需技能人才的重要作用。韩国文教部 1963 年发表“关于高中职业教育多样化”的咨询报告，确立了中等职业教育顺应经济多样化需求的发展方向。为此，韩国职业高中对专业结构进行了调整，废除落后于产业发展需求的学科，增设急需的新型学科。例如，增设了电子学科、汽车学科、情报技术学科、工业预测等工业类学科，以及家政、服装设计、保育等家政类学科①。20 世纪 80 年代，韩国政府随着经济形势的变化提出“尖端产业、技术立国”的新型战略，对

① 杨敏．韩国社会转型期中等职业教育制度研究［D］．长沙：湖南大学教育科学研究院硕士学位论文，2008.

发展职业技术教育提出了“提高办学层次、改革教学内容、增加实验实习、确保师资水平、密切产学关系”等目标。20世纪90年代，为了缓解高新科技和信息技术发展带来的人才短缺现象，韩国政府一方面计划将职业高中与普通高中的在校生比例提高到5：5，同时建立终身职业教育体制，实行零存整取的“学分银行制”，允许专科大学招收部分时间制学生，学生在读期间可以获得技术资格，提高了高等职业教育的吸引力①。进入21世纪以来，韩国政府加强了人力资源开发的综合战略规划与部署，并进一步强调科技在人才培养和经济发展中的重要意义和作用。

从20世纪六七十年代大力发展职业技术高中，到80年代改进专科大学、建立开放大学等以推进高等职业教育的发展，再到90年代建立学分银行制、构建终身职业教育体系，乃至2000年以来制定国家《人力资源开发基本法》、基本计划及完善国家资格框架体系，等等。这些举措无一不是围绕着经济社会发展建设的需要，在国家发展总体战略之下构建职业教育发展的体系。

（三）建立和健全完备的现代职业教育体系

韩国的职业教育以职业学校体系为基本依托，建立了涵盖普通学校、职业学校及公共机构和企业机构的比较完备的现代职业教育体系。

在学校体系当中，以职业高中为主的中等职业教育和以专科大学为主的高等职业教育，承担着为经济建设和社会发展培养技能人才和专业人才的任务。同时，不仅是在职业学校，而且在普通学校当中也渗透着职业教育的因素。第二次世界大战后韩国政府先后进行了7次普通学校课程改革，逐步把职业教育渗入普通学校中。第二、第三次课程改革强调普通学校课程要尊重学生经验和生活，要具有生产性和实用性；第四、第五次课程改革提出要在初中实施职业基础教育，高中渗透职业技术教育内容。1987年的第六次课程改革在初中新设技术、家政科目，高中设置专业科目。20世纪90年代的第七次课程改革，要求高中教育实行二元化开放型课程体系，

① 高月春．韩国职业教育的历史进程及其启示［J］．广东科技，2008（9）．

使高中教育课程的内容从“学问中心”解脱出来，转为以实用内容和能够活用于生活的内容为中心的课程①。

同时，韩国非常重视提高职业学校学生的社会地位和待遇，吸引生源。例如，它规定小学四年级到初三的学生都要自选一门技术课程，考试通过后，授予一级至三级技能证章，免交或少交学费，升学时享受一定程度的优待。韩国政府还采取一系列优惠措施，例如，优先保障职业高中毕业生就业，毕业生就业后即能获得熟练工人证书；职业高中的学生免收10%—15%的学费；当普通高中学生与职业高中学生参加高考的成绩相同时，优先录取职业高中毕业生，等等②。为了抑制普高热，1974 年韩国政府改革了招生办法，颁布了高中升学考试改革方案，将过去的前期考试报考普高、后期考试报考职高改为前期考试为职业高中、后期考试为普通高中，同时规定参加前期考试被录取者不得再参加后期考试。

在学校体系之外的职业技能培训中，韩国政府发挥着政策制定和组织引领的作用，而企业界则扮演了主力军的角色。从 20 世纪 60 年代起，韩国政府先后为建立和完善职业培训体系而制定颁布了一系列法规，如《职业培训法》（1967 年）、《职业培训特殊法》（1974 年）、《职业训练基本法》（1976 年）、《韩国职业训练管理公团法》（1981 年）、《职业培训促进法》（1999 年），等等。政府在带头建立公共职业培训机构的同时，通过出台政策法规鼓励企业实施员工培训，并采取灵活的政策，例如，1976 年的《职业训练基本法》规定，300 人以上企业可以选择开展企业内培训或上缴培训税，作为政府为企业提供职工培训的费用开支。

20 世纪 90 年代以后，为适应新形势对人力资源的需求，韩国以政府为主导并带有强制色彩的职业培训体系，开始转向反映需求变化的市场导向模式。1997 年金融危机造成大量劳动力失业，此时职业培训就担负起改善失业者就业能力、维系社会安定的职能。2001 年，韩国失业率从金融危

① 黄日强，黄勇明．战后韩国政府发展职业教育的基本经验［J］．职业技术教育（教科版），2003（25）．

② 黄日强，黄勇明．战后韩国政府发展职业教育的基本经验［J］．职业技术教育（教科版），2003（25）．

机后 1998 年的 6.8%下降到 2.9%，回落到危机以前的水平，这其中职业培训发挥了重要的作用。在科技进步和知识经济不断增长的今天，韩国的职业教育和培训体系在终身学习社会建设中也越来越扮演着重要的角色。

（四）致力于进一步加强职业教育与社会需求的联系

韩国的职业教育虽然成绩显著，但也存在着一些有待解决的问题。例如，职业教育并不能够充分地满足劳动力市场的需求，技能培训与产业需求之间仍然存在着不相匹配的问题。目前韩国正在制定国家职业能力标准，并以此为基础建立和完善国家资格框架体系。同时，采取措施鼓励产学合作，这些都是加强职业教育与社会需求相互联系的举措。

从文化传统来看，韩国人与中国人有着类似的教育观念，即倾向于接受正规的教育和取得较高的学历，而对职业技术教育并不是十分看重。这不仅反映在职业高中毕业生大多升入高等教育机构继续深造的毕业去向选择上，同时也反映在他们参与职业教育时的专业选择及是否参与现场实习的选择上。由于韩国的专科大学允许学生自主选择是否参加工作场所的现场实习，造成部分学生不参加现场实习的状况，一方面影响了学生实际操作技能的培养，同时也使得专科大学的教育培训质量难以得到保障。在积极参与职业技能培训方面，韩国企业的表现并不是十分突出，而是有待于进一步改善。此外，有韩国学者指出，目前高等职业教育的学位课程与国家资格体系之间缺少联系，这一点也被认为是正在大力推进国家资格体系建设的韩国政府所面临的一个挑战。

[第八章]

印度现代职业教育体系建设

印度学校职业教育一直发展缓慢，教育结构呈现高度单一化特征，完全不能适应经济社会发展需要。1978 年，印度在学校教育中引入“社会有用的生产工作”手工艺课程，以弘扬印度的价值观。1988 年，印度启动以中央政府主导的职业教育发展计划，在普通高中设立职业班。2000 年，印度经济的快速增长拉动了对技能劳动者和人才的需求。2011 年，印度推出新的以中央政府为主导的职业教育发展计划，以开发国家职业教育资格框架为抓手，着力构建现代职业教育体系，推动职业教育更好地适应经济社会发展的要求，培养大批高素质劳动者和技能型人才。

一、经济社会背景和职业教育发展目标

（一）经济快速发展拉动对高素质劳动者和技能型人才需求

近 15 年来，印度经济增长保持着比较高的速度，增长率呈现较快的趋势。“九五规划”（1997—2002）期间 GDP 增长率平均达到 5.7%，“十五规划”期间（2002—2007）平均达到 7.6%，“十一五规划”期间（2007—2012）平均达到 8%，在“十二五规划”期间（2012—2017）将

继续保持平均8%的实际GDP增长率，农业增长率达到4%，制造业增长率达到10%。但印度存在着技能劳动力严重缺乏和技能供给能力严重不足的问题，在15—29岁年龄组中，仅有2%的接受过正规职业教育，有8%的人是通过工作场所获得了职业技能；93%的劳动力是自我就业，每年新增劳动力1280万人，而现有的技能开发能力仅为310万人，缺口达970万人①。2009年发布的《国家技能开发政策》提出了到2022年培养5亿高素质技能劳动者的目标（见表8-1），以适应经济社会发展的需要；大力培养高素质技能劳动者成为印度国家发展的战略选择。

表8-1　2022年印度各部委教育与培训任务目标分解

序号	部委/机构	现有教育培训机构数量（所）	目前年培训能力（万）	预计到2022年培训总量（万）
1	国家开发公司	—	—	15000
2	劳动和就业部	33000	120	10000
3	旅游部	38	1.7	500
4	纺织部	277	1.5	1000
5	运输部	1	2000	3000
6	部落事务部	63	0.06	—
7	农村发展部	156	54.8	2000
8	妇女和儿童福利部	68	175	1000
9	农业部	72	198.1	2000
10	人力资源开发部	1万所职业学校，2297所工程学院，1675所多科技术学校	196（职业学校）140（工程和多科技术学校）	5000
11	重工业部	*	*	1000
12	城市发展部	34	0.013	1500

① Planning Commission (Government of India). Twelfth Five Year Plan (2012—2017) Faster, More Inclusive and Sustainable Growth Volume I [R]. 2013: 8.

续表

序号	部委/机构	现有教育培训机构数量（所）	目前年培训能力（万）	预计到2022年培训总量（万）
13	信息技术部	1000个附属中心和7个高级计算发展中心	13.7	1000
14	食品加工工业部	34	1	500
15	建筑工业发展委员会（规划委员会下属单位）	147	46.4	2000
16	卫生和家庭福利部	3802	13.5	1000
17	中小微企业部	356	29.2	1500
18	社会主义和赋权部	通过非政府组织和其他机构实施	—	500
19	海外印度人事务部	与中小微企业部、邦政府、印度工业联合会和非政府组织合作	1.3	500
20	财政部（含银行保险）	*	—	1000
22	消费者事务部	*	—	1000
23	化工与化肥部	6	1.9	500
24	其他部委（电力、石油等）	—	—	1500
25	总计		994.6	53000

注 * 这些部委目前没有直接参与就业前培训任务。

（二）调整优化教育结构的内在要求

印度中等职业教育经历了一个艰难的发展历程。尽管教育行政部门自20世纪80年代中期起不断出台发展职业教育的政策和行动计划，但教育结构失衡的问题一直没有得到很好的解决。1986年，《国家教育政策》指出："引入系统的、规划合理的和严格实施的职业教育课程对教育结构调整至关重要。职业教育是具有特色的分流教育，旨在使学生为涵盖多个活动领域的明确确定的职业而作准备。”1986 年，国家教育政策提出了到 1990 年中职生所占比例达到 10%和到 1995 年达到 25%的目标。1988 年启动中等教育职业化计划。1992 年，《行动计划》将职业教育发展目标向后延迟，提出中职生所占比例到 1995 年达到 10%和到 2000 年达到 25%。1995—1996 年的评估调查表明，职业教育课程覆盖大概 1 万所学校，其中大部分以职业教育班的形式开设职业教育课程，在校生 100 万人左右，中职生所占比例为 4.8%①。实际上，印度高中阶段教育结构高度单一化的问题并没有解决，随着高中阶段教育规模扩大，中职生所占比例出现下降，2009 年，印度中职生所占比例仅为 2%，同其他国家相比，印度中等职业发展严重滞后，欧盟国家平均为 52.4%，经济合作与发展组织（OECD）国家 45.9%，我国为 50.4%②。印度通过建立有多重入口和出口的职业教育资格框架，吸引更多的学生接受职业教育，改变教育结构单一化状况，促进教育结构呈现多样化。

（三）提高全民素质和教育普及水平的客观要求

印度全民受教育程度普遍较低，文盲和小学文化程度的人占到一半以上。2009 年，在 15—59 岁年龄组 4.31 亿劳动人口中，小学及以下教育程度占 53%，初中和高中教育程度占 37%，大专及以上教育程度占 10%。印度教育普及水平低于世界平均水平。2009 年，印度中学教育（九至十年级）毛入学率为 62.7%，低于世界平均 68%的水平，印度高中教育（十一至十二年级）毛入学率为 35.9%。“十二五规划”提出到 2017 年中学教育毛入学率达到 90%，高中教育达到 65%，高等教育在“十二五规划”期间新增入学人数 1000 万人，高等教育毛入学率从 2011 年的 17.9%提高到 2017 年的 25.2%，到 2020 年达到 30%③。大力发展职业教育有助于增加和

---

① Ministry of Human Resource Development. Revised Centrally Sponsored Scheme of Vocationalisation of Higher Secondary Education [R]. 2012.

② OECD. Education at a Glance 2011 [R]. Paris, 2011: 305.

③ Planning Commission (Government of India). Twelfth Five Year Plan (2012—2017) Social Sectors Volume III [R]. 2013: 69-91.

拓宽受教育机会，提高全民受教育程度，促进中学教育、高中教育和高等教育普及水平的提高。

2011年10月，人力资源部学校教育与扫盲司工作小组在提交给印度规划委员会“十二五规划”报告中指出，印度发展职业教育有两个重点。一是发展中等职业教育，建立和完善职业教育管理制度，实行中央、邦和县三级管理，在人力资源开发部设立职业教育局，在中央中等教育考试委员会设立职业教育处，设立邦职业教育协调处和县职业教育办公室。中等职业教育分流时间从高中教育阶段（十一年级）提前到义务教育后的中学教育阶段（九年级）。在每个县建立一所示范职业学校。对职业学校进行认证，保证学校设置、专业、课程、评价和资格鉴定达到国家标准。开展德国“双元制”试点，与产业建立伙伴关系。建立行业技能委员会，制定国家职业标准，与行业技能委员会合作开发课程和教学材料，适应产业需求。发挥私营部门参加职业教育办学的积极性。二是建立国家职业教育资格框架。资格框架为各级各类资格提供共同参照，设立10个资格等级，覆盖从义务教育后（九年级）到学位教育，其中一级和二级资格证书分别对应九年级和十年级，属于职前教育范围，三级和四级资格证书分别对应十一年级和十二年级，属于出口点。资格框架突出能力本位教育，鼓励产业积极参与课程开发和职业教育教师培训。框架作为一种转换设计，使资格更易于理解，增加资格透明度，促进学习者在不同资格间的水平和垂直流动，鼓励终身学习①。

二、建立国家职业教育资格框架

（一）职业教育体系

印度基础教育共12年，分为四个阶段：小学（一至五年级）、高小

① Department of School Education and Literacy MHRD. Working Group Report on Secondary and Vocational Education 12th Five Tear Flan [R]. October 2011.

(六至八年级)、初中(九至十年级)和高中(十一至十二年级),前8年属于义务教育阶段,后4年属于中等教育阶段。大学本科教育3年、硕士教育2年、博士教育一般3年。

印度职业教育主要分为中职、专科和本科三个层次。中等职业教育包括教育部门主导的学校职业教育和劳动就业部门主导的技工教育。学校职业教育包括初中阶段职业教育和高中阶段职业教育。印度在“十一五”教育发展规划中提出,职业学校数量从“十五”期间的9538所扩大到2万所,在校生人数从100万人增加到250万人,保证职业教育和普通教育路径相互沟通,允许多次选择。劳动就业部门主导的技工教育分为公办技工学校和民办技工学校,以民办为主。截至2010年11月30日,印度共有8678所技工学校,其中政府举办的技工学校2189所,在校人数45.3万人;民办技工学校6489所,在校人数76.07万人,在校人数总计达到121.4万人。

专科层次职业技术教育以多科技术学院和社区学院为主。多科技术学院主要招收初中毕业生,学制3年(十一年级、十二年级和大一),考试合格发给文凭证书。据印度技术教育委员会统计,2013年,印度专科层次技术类教育机构共有4037所,在校人数117.3万人①。技术类教育机构专业设置集中在建筑与城镇规划、工程与技术、宾馆管理与餐饮、药学等。2013年,印度借鉴国外经验,启动以普通高等教育学院和多科技术学院为依托的200所社区学院试点计划,加速发展专科层次职业技术教育。社区学院招生没有年龄限制,但学生需具有初中学历或技工学校毕业证书,实行以模块化为基础的弹性学习。2013年,印度创办了120所社区学院,其中大学拨款委员会创办了以普通高等教育学院为依托的51所社区学院,印度技术教育委员会创办了以多科技术学院为依托的69所社区学院,经费投入达4.5亿卢比②。

发展本科层次职业教育。2014年,印度大学拨款委员会提出在普通高

① Growth of Technical Institutions in the Country [EB/OL]. [2015-03-22]. http://www.aicte-india.org/downloads/Growth_ Technical_ Institutions_ 310514.pdf#toolbar=0.

② Ministry of Human Resource Development. Annual Report 2013-2014 [R]. 2014: 74.

校设置职业学士学位，推动实施国家技能资格框架。职业学士学位学制 3 年，对应技能资格框架 7 级资格，目的旨在提升毕业生就业能力，满足产业企业需求，向职业高中毕业生提供垂直向上流动的机会，破解死胡同式职业教育的困局。

（二）资格框架开发过程

印度在国际因素和国内因素共同作用下，在较短时间内完成了资格框架的设计和开发工作，并进入到试点阶段。2007 年 12 月，世界银行在印度资助了“职业培训改进项目”（VTIP），项目由劳动和就业部实施，项目其中的一项内容是“促进改革”，政策改革的方向是建立国家职业资格框架。2008 年 3 月，世界银行举办一次头脑风暴研讨会，会议参加者包括劳动和就业部、人力资源开发部、工业协会、国际技能合作伙伴和学术界代表等关键利益有关方。第二次研讨会邀请了英国苏格兰资格局的代表介绍苏格兰资格框架的设计和实施情况。2009 年 3 月，印度政府发布《国家技能开发政策》，提出了到 2022 年培养 5 亿高素质技能劳动者的目标，建立具有开放和灵活特点的国家职业资格框架（NVQF），使个人能够累积其知识和技能，通过考试和认证将个人取得的知识与技能转换成高等文凭和学位，制定质量标准，提供具有质量保障的各种学习路径，保证国家职业资格框架与国际资格框架具有可比性，推动终身学习发展和不断提升人们的技能与知识水平①。

2011 年 2 月 7 日，世界银行和印度政府联合举办了“国家职业资格框架研讨会”，来自劳动和就业部、人力资源开发部、国家计划委员会、工业协会、国家技能开发公司、英迪拉甘地全国开放大学、国家教育规划和行政管理大学、国家教育研究与培训委员会、国家开放教育学院、新设立的行业技能委员会、职业教育与培训机构和国家捐赠组织等机构组织的 60 多名代表参加了研讨会。

---

① Ministry of Labour and Employment. National Skill DevelopmentPolicy [EB/OL]. [2013-09-30]. http://labour.nic.in/upload/uploadfiles/files/Policies/NationalSkillDevelopmentPolicyMar09.pdf.

2011 年，劳动和就业部出台《技能开发使命》文件，进一步明确要创立“国家职业资格框架”，开发有国家统一等级标准的、能与国际比较的职业资格，支持和促进技能开发和改革，建立开放和弹性的学习制度，允许个人累积其知识和技能，通过考试和认证将其转化成为高一级的文凭和学位，资格框架将提供有质量保障的，具有等级标准的并能与国际资格框架相比较的学习路径，支持终身学习战略，继续提升技能和知识水平。文件还提出，鼓励各部委参与技能开发的所有现有机构和委员会遵循国家职业资格框架的要求。国家职业资格框架具有这样的特点：（1）根据国家承认的标准和规范，开发能力本位资格并进行认证；（2）对学习成就和资格进行认证；（3）依据责任心、活动复杂性和能力可迁移性等标准，设立系列国家资格等级；（4）避免资格的重复和交叉，同时保证能包纳所有培训需求；（5）体现模块化特点，为获得可承认的资格可以以小步伐取得和累积学习成就；（6）建立质量保障体系，促进技能的可携带性和劳动力市场的流动性；（7）通过改进技能认证制度促进终身学习，承认不管是在正规、非正规，还是在非正式学习环境里的先前学习；（8）建立开放和弹性制度，允许具有能力的个人通过考试和认证将其知识和技能累积成为高一级的文凭和学位；（9）建立学术和职业教育的不同学习路径，整合正规和非正规学习，特别是工作场所的学习，并且提供从职业学习到学术学习的垂直流动；（10）对个人的培训和生涯规划选择给予指导；（11）使相应等级的普通教育和职业教育资格具有可比性；（12）建立机构附属和认证的国家承认的框架；（13）在国家职业资格框架内鼓励发展多重认证团体和机构①。印度的国家职业资格框架体现了承认先前学习、建立质量保障体系和弹性学习路径等国际社会普遍认可的理念，并对资格框架的等级和等级标准描述等要素做出说明和规定②。

2011 年 5 月 30 日，协调委员会完成了国家职业教育资格框架工作文

① Planning Commission Government of India. Eleventh Five Year Plan 2007-2012, Volume I, inclusive growth [S]. 2008.

② Ministry of Labour and Employment Government of India. National Skill Development Policy [S]. Mar 2009.

件，在广泛征求意见的基础上，制定了实施路线图。2011 年 6 月 7 日，在第 58 次中央教育咨询委员会会议上，国家职业教育资格框架获得了一致通过。时任人力资源开发部部长的西巴尔指出，国家职业教育资格框架将为推动国家技能开发战略的实施发挥重要作用，政府要向学生提供选择职业教育课程的机会，提高他们的未来就业能力，以使他们能够为社会以及为他们的家庭做出贡献。邦政府要采取措施，增强技能开发服务地方社会经济发展的能力；资格框架应保证学生从职业教育到普通教育的流动，反之亦然。2012 年 2 月，印度人力资源开发部部长西巴尔宣布在高等技术教育院校实施国家职业教育资格框架。2012 年 9 月 3 日，人力资源开发部发布实施国家职业教育资格框架（NVEQF）的命令，标志着资格框架正式进入实施阶段①。

（三）资格框架结构要素

印度国家职业教育资格框架是一个按照一系列知识和技能等级，对资格进行分级的描述性框架。等级以学习结果来定义，学习者所掌握的能力，不管是通过正规、非正规，还是非正式教育与培训获得的能力都可以得到承认。资格由特定学习领域的职业标准组成，这使学习者、教育与技能培训提供者和雇主等利益相关方能够获取特定行业中资格广泛等值方面的信息。全国统一的教育和能力本位技能框架在职业教育系统内部以及普通和职业教育之间提供了多重路径，使一个学习等级与另一个高一等级联系起来，使学习者能够从职业教育的任何起点进入到高一级的学习。国家职业教育资格框架的关键要素包括：制定国家指导原则，提供与国际等值的职业教育；建立职业教育、普通教育与就业市场间的多重入口和出口；增加在职业教育系统内部的升学机会；促进学生在职业教育与普通教育之间的转换；建立与产业的伙伴关系。

结构要素是指资格框架的基本组成成分，反映了资格框架的基本结构

① Government of India Ministry of Human Resource Development. National Vocational Education Qualifications Framework（NVEQF）［EB/OL］.［2014-08-20］. http：//mhrd. gov. in/sites/upload_files/mhrd/files/EXECUTIVE%20ORDER. pdf.

特征，结构要素的合理组合形成一个完整的资格框架，一般包括等级数目、等级标准、资格类型和学习量等结构要素。

1. 资格等级数目

资格等级数目多少决定了资格框架的层次结构。一般说来，资格等级设置越多，涵盖的学段就越多，资格等级的划分就越细，等级宽度就越窄。国际上比较流行的是 8 个或 10 个等级。印度国家职业教育资格框架包括两个先前学习认可等级和 10 个资格等级，一共是 12 个等级，包含国家能力证书系列、职业教育证书、普通与高等教育资格三个资格系列。资格框架用资格等级和职业能力等级来划分，以学年为基本单位。从理论上讲，印度 10 级职业教育资格框架覆盖了从义务教育后阶段到博士层次的职业教育，搭建了资格阶梯，构建了向上延伸的通道，目前实施的是一至七级国家能力证书，对应高中阶段教育至硕士层次教育。在职业教育资格中，建立了两套职业教育资格体系：一是以国家职业标准为基础的、较窄口径的国家能力证书系列；二是以专业标准为基础的、较宽口径的学历职业教育资格，以适应不同的标准和培养模式。国家能力证书系列实际上按教育层次划分了先前学习认可证书、国家工作准备证书和国家能力证书三种证书。印度职业教育总体发展水平不高，因而资格等级的起点较低，先前学习认可的起点是五年级，一级国家工作准备证书的起点是九年级，这属于义务教育后阶段，一级国家能力证书的起点是十一年级，属于高中教育阶段。由于学历职业教育资格是按学段划分，所以每种资格涵盖 2 至 3 个资格等级（见表 8-2）。

表 8-2　国家职业教育资格框架等级结构

资格等级	国家能力证书系列	职业教育	普通与高等教育	认证机构
10	八级国家能力证书	学位	博士	大学和行业技能委员会联合认证
9	七级国家能力证书	研究生文凭	硕士学位	大学和行业技能委员会联合认证
8	六级国家能力证书			大学和行业技能委员会联合认证

续表

<table>
<tr><th>资格等级</th><th>国家能力证书系列</th><th>职业教育</th><th>普通与高等教育</th><th>认证机构</th></tr>
<tr><td>7</td><td>五级国家能力证书</td><td rowspan="2">高级文凭</td><td rowspan="3">学士学位</td><td rowspan="2">技术教育委员会和行业技能委员会联合认证
大学和行业技能委员会联合认证</td></tr>
<tr><td>6</td><td>四级国家能力证书</td></tr>
<tr><td>5</td><td>三级国家能力证书</td><td rowspan="3">文凭</td><td rowspan="3">技术教育委员会和行业技能委员会联合认证
学校考试委员会和行业技能委员会联合认证</td></tr>
<tr><td>4</td><td>二级国家能力证书</td><td>十二年级</td></tr>
<tr><td>3</td><td>一级国家能力证书</td><td>十一年级</td></tr>
<tr><td>2</td><td>二级国家工作准备证书（NCWP）</td><td>十年级</td><td>十年级</td><td>学校考试委员会和行业技能委员会联合认证</td></tr>
<tr><td>1</td><td>一级国家工作准备证书</td><td>九年级</td><td>九年级</td><td>学校考试委员会和行业技能委员会联合认证</td></tr>
<tr><td rowspan="2">先前学习认可（RPL）</td><td>先前学习认可 2</td><td>八年级</td><td>八年级</td><td>国家开放教育学校/邦开放学校和行业技能委员会联合认证</td></tr>
<tr><td>先前学习认可 1</td><td>五年级</td><td>五年级</td><td>国家开放教育学校/邦开放学校和行业技能委员会联合认证</td></tr>
</table>

2. 等级标准

等级标准是依据知识、技能和能力的相对复杂程度或深度对不同层次的学习者提出的一般性要求，等级标准也称作水平描述符。印度国家职业教育资格框架中的每一资格等级以学习结果来描述，学习结果则由不同维度构建，水平描述符提供了在“国家职业教育资格框架”等级中适合特定资格的“国家职业标准”规定的“学习结果”的宽泛性指示。

在先前学习认可两个等级以及一至七级资格，从基本要求、专业知识、专业技能、核心技能和责任心五个维度描述每一等级资格的学习结果。基本要求是对每一级资格所应具备的知识和技能的一般性要求，也是每一级资格的培养目标。专业知识包括事实性知识和理论性知识，资格等级越高，知识的深度和广度就越大。专业技能包括材料、工具运用能力，实践技能和质量意识等，专业技能水平与工作情境的复杂性密切相关，工作情境越复杂，专业技能水平要求就越高。核心技能包括读写计算能力、个人财务管理能力、采集组织信息能力、交流表达能力、了解社会政治和自然环境等，资格等级越高，所要求具备的能力就越为复杂，对社会政治和自然环境的了解就越为深刻。自主性和责任心是人们履行职业岗位职责所应具备的核心素质，责任心的强弱是划分制定等级的重要依据，在资格较低等级，对工作可以不负有责任或负有很少的责任，在资格较高等级，对自己和他人的工作负有完全责任，因而资格等级越高，对自己和他人工作负有的责任就越大。

在八至十级资格将上述五个维度进行了合并，基本要求、专业知识和专业技能合并成一个维度，对资格持有者的知识、技能和创新能力提出了要求，同时将核心技能和责任心合并成一个维度，对工作情境的复杂性和负有的责任做出了规定，资格等级越高，工作情境就越复杂，负有的责任就越大（见表 8–3）。

表 8–3 国家职业教育资格框架等级标准

等级	基本要求	专业知识	专业技能	核心技能	责任心
先前学习认可 1	通过规定的评估框架，让人员（成人）为鉴定通过非正式途径获得的技能做好准备	熟悉普通的工具、设备和过程。熟悉地方特定的职业术语，具有基本的计算和读写技能	能识别和运用相关的工具和设备，能对安全生产采取适当的措施	能执行常规的、基本的操作任务	能独立做出与职业活动相关的决策
先前学习认可 2	通过规定的评估框架，让人员（成人）为鉴定通过非正式途径获得的技能做好准备，帮助他/她取得生涯进步	熟悉普通的工具、设备和过程。了解工作情境和初步了解行业情况，熟悉地方特定的职业，具有基本的计算和读写技能	能识别和运用相关的工具和设备，能对安全生产采取适当的措施，具有有效地处理专业问题所需的软技能	能独立地执行常规的、基本的操作任务	能独立做出与职业活动相关的决策，能在工作情境里具有同样能力

续表

等级	基本要求	专业知识	专业技能	核心技能	责任心
1 级	训练人员从事重复性的和不需要有以前实践经历的工作	熟悉与行业相关的一般术语，理解词汇含义	能采取安全生产常规的和重复性的措施	具有读写、加减和管理个人财务技能，熟悉社会和宗教多样性，具有卫生和环境知识	总是在他人连续性指示和直接监督下工作，不负有责任
2 级	能从事常常重复性的，很少运用理解力，但实践性强的工作	能在有限范围的情境里使用材料和工具，了解工作情境和质量要求	具有在有限范围情境里使用的有限度的服务技能，能选择和运用工具，协助进行没有变量的专业工作，能区别质量的好坏	能接收和传递书面和口头信息，具有基本的算术和管理个人财务技能，了解社会政治和宗教多样性，具有卫生和环境知识	在他人指示和直接监督下工作，不负有责任
3 级 半熟练工人	能从事有限范围的、常规的和可预测的工作	掌握在所就业的行业里运用的基本事实、过程和原理	能回忆和展示在狭窄范围内运用的常规的和重复性的实践技能	能基本清楚地进行书面和口头表达，掌握算术和代数原则，能管理个人财务，基本了解社会和自然环境	在他人严密监督下，对定义范围内的自己工作负有一定责任
4 级 熟练工人	能在有明确选择的、熟悉的、可预测的和常规的情境里工作	具有知识或工作领域的事实性知识	能回忆和展示在狭窄范围内运用的常规的和重复性的实践技能，使用适当的规则和工具，运用质量概念	能清楚地运用语言进行书面和口头表达，具有运用基本算术和代数原则的技能，基本了解社会政治和自然环境	对自己的工作和学习负有责任

续表

等级	基本要求	专业知识	专业技能	核心技能	责任心
5 级 主管	能在熟悉的情境里运用各种方法，从事具有高度熟练技能的工作	具有一个工作或学习领域的事实、原则、过程和一般概念方面的知识	具有通过选择和应用基本方法、工具、材料和信息完成任务和解决问题所需的各种认知和实践技能	具有所期望的数学技能，了解社会和政治环境，具有一定的采集和组织信息的技能，能进行交流沟通	对自己的工作和学习负有责任，对他人的工作和学习负有一定责任
6 级 高级 工/培 训教师	在各种广泛的活动中，包括规范的和非规范的实践，具有广泛的专门化技术技能、扎实的知识和丰富的实践	具有广泛情境里一个工作或学习领域的事实性和理论性知识	具有在一个工作或学习领域里制定解决具体问题方案所需的各种认知和实践技能	能够胜任数学计算工作，了解社会和政治环境，能胜任数据采集和组织信息工作，能有逻辑地进行交流沟通	对自己的工作和学习负有责任，对他人的工作和学习负有完全责任
7 级 本科 毕业生	具有各种专门化的理论和实践技能，包括能应对可变的常规和非常规情境	具有广泛情境里一个工作或学习领域的各种广泛的事实性和理论性知识	具有在一个工作或学习领域里制定解决具体问题方案所需的各种广泛的认知和实践技能	具有良好的逻辑和数学技能，了解社会政治和自然环境，善于采集和组织信息，具有交流沟通技能	对团队的产出和发展负有完全责任
8 级 优等 级学士	具有制定创造性解决方案和解决抽象问题的综合的、认知的、理论知识和实践技能，能从事自我学习，能展示智力的独立性、分析的严谨性和良好的交流沟通能力			在有着不可预测的变化的工作或学习情境里履行监督责任，对个人和他人的发展负责	
9 级 硕士	具有高级知识和技能，具有对学科的批判性理解力，能展示对学科理论的精通和创新能力，完成实质性研究和论文			在复杂的技术活动中，包括在不可预测的学习或工作情境里负有决策责任	
10 级 博士	具有高度专门化的知识和问题解决技能，能通过研究和学识对知识做出原创性贡献			在不可预测的复杂的工作或学习情境里负有战略决策责任	

3. 资格类型

目前纳入资格框架的资格类型主要有四类：第一类是国家职业能力证书系列，包括先前学习认可 1 和 2 证书、一级和二级国家工作准备证书和一至八级国家职业能力证书；第二类是由教育部门颁发的职业教育资格，包括文凭、高级文凭、研究生文凭和学位类职业资格，印度大学拨款委员会计划设立职业教育学士学位；第三类是技术职称，有部分资格等级可与技术职称对应，如三级资格对应半熟练工人，四级资格对应熟练工人，五级资格对应主管称号，六级资格对应高级工/培训教师；第四类是普通和高等教育资格，它们作为职业类资格的等级参照和对应。印度目前尚未对职业类资格类型规范作出规定。

4. 学习量

学习量是每一种资格学习期限的重要参照。资格等级和国家能力证书等级的划分基本是一个学年设定一个资格等级，这符合正规学校教育按学年制组织教学的规律和特点，学年还可以用学习量表示，每一个学年的学习量为 1000 个学习小时，这其中包括技能培训实践和文化课与理论课学习时间。等级越低，技能培训时间就越少，文化课与理论课学习时间就越多，说明在较低资格等级的学习更加注重文化课和理论课的学习，为学生以后的继续教育打下基础；等级越高，技能培训实践就越多，说明在较高资格等级的学习更加注重技能培训，为学生顺利进入就业奠定基础。

不同能力国家证书技能教学和文化课理论课教学时间的分配是：一级证书为 200 小时和 800 小时，二级能力证书 250 小时和 750 小时，三级和四级能力证书 350 小时和 650 小时，五级能力证书 400 小时和 600 小时，六级能力证书 450 小时和 550 小时，七级能力证书 700 小时和 300 小时。目前尚未规定八级能力证书的学习时间分配。

（四）资格框架特征

1. 能力为本

学生的职业能力培养要基于国家职业标准（NOS），国家职业标准由行业技能委员会（SSCs）开发和制定，各个行业技能委员会由国家技能开发公司（NSDC）批准设立。能力本位课程包是由教学大纲、学生手册、培训师指南、培训手册、教师资格、多媒体包和电子化材料组成。各个等级资格的课程包由国家技术教师培训和研究学院（NITTTRs）、潘迪特桑德拉夏尔马中央职业教育研究所、中央中等教育考试委员会、邦学校委员会、邦技术教育委员会、印度技术教育委员会、大学拨款委员会等机构以及行业技能委员会和雇主等产业部门共同开发。国家职业教育资格框架课程有助于促进技能积累以及形成多重出口和入口。课程设计与学分框架结合起来，以使技能积累能对应于获得的学分和取得的能力。

2. 多重入口与出口

资格框架的重要功能是加强垂直流动，改变目前层次衔接的薄弱状况，使十年级、十二年级和工业培训学校的毕业生能够进入高等教育预备学习或高等教育大门，学习高等职业教育课程，包括学习职业教育学士（B. Voc.）学位课程。在设计上，资格框架注重加强横向流动，在十年级、十二年级和文凭或学士学位毕业三个节点上，职业教育学生可选择进入普通教育，普通教育学士在通过技能测试后可进入职业教育。同时，框架还注重促进垂直流动，通过八年级和十年级毕业考试的学生可选择进入工业培训学校（ITIs）学习，在工业培训学校毕业后，只要学生具备学习能力和意愿还可选择学习文凭课程直至高级文凭和研究生文凭课程，搭建了向上流动的通道，消除了职业教育死胡同的弊端，形成有多重入口与出口及能够横向流动与垂直流动的学习路径①。

3. 学分累积和转换

颁证机构在征得行业技能委员会的意见之后，开发每一资格等级的学分框架，以实现达到该级技能水平和同等等级普通教育学习要求的双重目标。这将促进每一等级（或等级内部）的多重入口和出口，同时使早期获得的大量学分得到职业教育机构的证明。

能力本位模块课程使多重入口和出口成为可能，这将促进以表现为基础的、能力有明确定义的学习。这种多层入口和出口制度将有助于学生在

① 李建忠．印度国家职业教育资格框架的特征及实施［J］．职教论坛，2014（31）：85-90.

完成任何资格等级的学习之后寻求就业，在有必要提升资格/技能和能力水平时，则可重新接受教育。同时鼓励学校考试委员会、印度技术教育委员会和大学转向以学分为基础的普通教育课程，促进职业教育与普通教育的等值性，使这种流动成为可能。

国家职业教育资格框架可完全适应工业培训学校毕业生和具有劳动和就业部所属学校颁发的模块就业技能（MES）证书的人在适当等级的入口需求，因为他们的技能和能力水平可等同于国家职业教育资格框架的技能等级。同时，通过补习课程或额外学分小时获得理论课部分的学分。

为使技能课程具有灵活性，在学生的先前学习得到评价之后，社区学院和多科技术学院要允许学生通过模块课程获得学分。根据获得的与国家职业教育资格框架等级相对应的累积学分，有关部门可对学生的课程学习进行认证。

考虑到所要求的能力水平和已累积的学分，印度技术教育委员会和大学可根据产业变化开设新的职业课程，注重培养学生的技能群，巩固学生的已有技能。

而且，学生要能够在各个阶段从职业教育进入到普通高等教育，反之亦然。如果学生存在“能力差距”，由接收学校提供以模块课程为基础的“补习课程”，以使学生获得这些能力。

4. 先前学习认可

目前，印度的职业教育与培训体系几乎没有建立承认和认证在无组织部门工作了几十年的人们的先前学习的制度。这与多样化的传统职业有着直接的关系。国家将制定相关政策，鼓励办学层次较低的开放教育学校（NIOS）和办学层次较高的多科技术学院开展先前学习认可工作。认可先前学习的目标有两个方面：一是认可先前学习或在正规学习路径之外获得的资格；二是认可通过正规学习获得的学分，以促进学习者的生涯进步和技能提升以及作为“行业能手”的、有经验的一线工人接受继续教育。

5. 资源共享

鼓励不同机构共享资源，最佳利用现有资金和专业知识。对于实训和操作训练，不需要在每所职业教育学校和多科技术学院都建立实训车间。职业教育学校、多科技术学院和其他政府机构要共建实训基地，共享培训资源，条件许可的话直接在企业建立实训车间。鼓励产业与教育机构建立伙伴关系，使职业教育学生能够参观工作场所，在工作场所进行工作实训，了解企业需求，学习企业文化和精神，而这正是职业教育与培训的最终目的。

（五）资格框架实施

印度国家职业教育资格框架是一个由教育部门主导的资格框架，人力资源开发部负责管理和实施“国家职业教育资格框架”。

积极推进中学和高中阶段资格框架项目试点。2012 年 9 月 3 日，印度首先在哈里亚纳邦开展国家职业教育资格框架项目试点。试点项目的目的是使职业教育与就业能力的培养联系起来，提高利益有关方对职业教育重要性的认识，使学生为成人生活作准备，能够继续接受高等教育或是进入工作世界，项目的工作目标是在 8 个县 40 所学校的九年级和十一年级成功引入和整合职业教育课程，共有 4461 名学生参加了试点项目。通过学习职业教育课程，学生提高了就业能力，降低了辍学率，提高了出勤率。

项目学校遴选和课程设计。选择项目学校要考虑的有：学校有足够的在校生人数，学校地点与企业邻近，学校具备一定的职业教育办学条件，学校和学生有实施和参加职业教育的动机和意愿。目标年级是九年级和十一年级，每个班 25—50 名学生。首批开设汽车修理、信息技术、零售和安保 4 个专业课程。课程设计基于国家职业标准（NOS），国家职业标准由行业技能委员会（SSC）开发，教学内容由中央职业教育研究所开发，中央中等教育考试委员会和瓦德瓦尼基金参与。

职业教育保障条件。保证人员和设备达到标准。教师质量是保障职业教育质量和项目取得成功的重要前提，职业教育教师实行合同聘用，入职前进行为期一个月的专业教育学培训。在邦一级，每个行业设立一名产业协调员，负责推进工学结合和校企合作，每所学校设立一名职业教育协调员。每所学校建造不小于 100 平方米的实训车间，行业技能委员会提出设备清单，教育部门制定技能培训所需的机器和工具采购说明，学校按清单采购设备并按标准建造实训车间。

开展入职培训。对校长、学校协调员和教师进行国家职业教育资格框架试点项目专题培训，并对职业教育教师进行一级、二级和三级资格的专业教育学培训，对学校职业教育协调员进行校企合作方面的专题培训。邦教育研究与培训委员会作为节点机构，负责协调组织所有培训，行业技能委员会、瓦德瓦尼基金、技能开发公司等机构积极参与。

2013 年，哈里亚纳邦继续扩大项目范围和规模。项目覆盖范围扩大到其余 13 个县，项目学校总数达到 100 所，职业教育学生在校生人数达到 8107 人，新增美容与健康、体育与运动及患者护理三个专业。在美容与健康和体育与运动专业招收 1920 名九年级学生。2013 年 9 月 2 日开课，新聘 80 名职业教师并完成入职培训，建立校内实训车间，提高校内实训设备配备标准，达到三级和四级资格标准的要求①。

推进高等教育阶段实施国家资格框架。2011 年 10 月 8 日，印度人力开发资源部前部长宣布在工程和多科技术学院启动国家职业教育资格框架的实施，目标是通过融合职业教育与培训和主流教育，培养技能型、具有生产力和能达到国际质量标准的高素质劳动者，提高灰领、蓝领和白领劳动者技能水平，使他们能够获得大学教育水平的学位。学生可通过学习各种课程模块累积学分和获得技能知识提供者（SKPs）颁发的结业证书，进而取得职业文凭或职业教育学位。可授予职业文凭和职业教育学位的学科专业包括汽车、娱乐、信息技术、通信、经济学与金融、农业、建筑、应用艺术、旅行与旅游、印刷与出版、药学与卫生保健等。印度技术教育委员会负责高等教育阶段技术教育领域的国家职业教育资格框架的实施②。

三、推进产教融合体系建设

推动形成产教融合体系是建设现代职业教育体系的关键发展方向和重

---

① Haryana State Implementation Strategies and Learning's MHRD Review Meeting16th September 2013 [EB/OL]. [2013-10-04]. http://mhrd.gov.in/sites/upload_files/mhrd/files/2013-Sept-16%20MHRD%20Review%20Meeting.pdf.

② AICTE. Annual Report 2011-2012 [R]. New Delhi, 2012.

要内容。为促进实施国家技能开发战略，形成产教融合体系，印度建立和完善产教融合指导协调机制，成立各级指导协调委员会和技能开发管理机构，支持和促进私营部门参与技能开发战略，向私营部门提供相应的技能开发资金，发挥全国性行业组织协调指导和政策宣传作用，设立行业技能委员会，开发国家职业标准，增强供需匹配度，发展学徒培训，促进产教深度融合，积极开展校企合作。

（一）建立和完善产教融合指导协调机制

印度成立了各级指导委员会和技能开发管理机构。在国家层面，印度设立了由政府总理牵头的国家技能开发委员会，负责制定国家技能开发的大政方针，同时设立了国家技能开发协调委员会（National Skill Development Coordination Board），由印度规划委员会副主任担任主席，职能是制定技能开发实施战略，落实总理国家技能开发委员会做出的决定，监测和评价国家技能开发委员会各种方案和计划的实施结果，制定实际解决方案和战略，解决区域和社会发展不平衡问题。

在部委一级，设立了职业教育发展指导协调委员会。指导委员会的主要职责是制定发展职业教育的大政方针，评估国家职业教育资格框架各个资格等级计划实施的进展，确保能够顺利过渡，开展跨行业工作，鼓励产业参与。指导委员会阵容强大，由多部门人员构成。人力资源开发部部长担任指导委员会主席，成员包括各邦人力资源开发部部长、人力资源开发部负责学校教育和扫盲的秘书、人力资源开发部负责高等教育的秘书、劳动和就业部秘书、应用人力研究院院长、国家技能开发委员会执行主任、大学拨款委员会主席、印度技术教育委员会主席、英迪拉·甘地全国开放大学校长、中央中等教育考试委员会主席、全国开放教育学校校长、全国教育研究与培训委员会主任、中央职业教育研究所所长、国家技能开发公司首席执行官以及规划委员会、财政部、农业部、乡议会政权部、社会正义和赋权部、卫生和家庭事务部、部落事务部、旅游部、妇女和儿童发展部、少数民族事务部、农村发展部及中小微企业部的代表，两名负责学校职业教育的邦教育秘书和两名负责技术教育/多科技术学院的邦教育秘书，轮流任期两年，4 名行业技能委员会代表，轮流任期 1 年，辅助秘书（国家职业教育资格框架联络官员）担任会员秘书，指导委员会可根据专业领域和特长选择特邀相关人员作为成员。为支持指导委员会开展工作，设立一个核心委员会，由人力资源开发部辅助秘书（国家职业教育资格框架的联络官员）担任领导，成员包括人力资源部分别负责技术教育、大学拨款委员会、社区学院、学校职业教育和成人教育等事务的联合秘书，以及印度技术教育委员会和大学拨款委员会的代表、中央中等教育考试委员会主席和全国开放教育学校校长，核心委员会每两个月举行一次会议，协调国家国家职业教育资格框架的推广工作，研究解决资格框架实施中遇到的瓶颈问题。学校教育和扫盲司负责职业教育的处长和高等教育司负责技术教育的处长担任核心委员会的联合成员秘书。核心委员会可邀请邦政府代表参与解决协调和实施问题。

在邦一级，成立了职业教育与技能开发协调委员会。邦首席秘书担任主席职务，成员由邦教育部、劳动和工业部以及国家技能开发公司/行业技能委员会/工业联合会邦分会的代表组成。在县一级也设立类似机构，以便在地方层面推动实施国家职业教育资格框架计划。

（二）支持和促进私营部门参与技能开发战略

私营部门在国家技能开发战略中发挥着不可替代的作用。为此，印度成立了国家技能开发公司（NSDC）。国家技能开发公司是 2008 年财政部依照《公司法》第 25 条规定设立的非营利性公司，拥有股本基数 1 亿卢比，私营部门占 51%股份，政府占 49%，主要职能是通过公私合作伙伴关系模式，支持和协调私营部门技能开发活动，批准和设立行业技能委员会。国家技能开发公司的设立是国家技能开发使命的一部分，以满足印度各行各业对技能劳动力日益增长的需求，缩小现有的技能供需缺口。财政部长在 2008—2009 年预算讲话中宣布成立国家技能开发公司，指出目前迫切需要以使命模式实施世界一流技能开发计划，培养经济增长所需的大批技能人才，技能开发计划需要迅速扩展到全国。国家技能开发公司的主要职责是：通过产业深度参与和开发相应的标准、课程和质量保障框架，提升技能开发水平，使之达到国际标准；通过公私合作伙伴（PPP）模式，促进、支持和协调私营部门实施技能开发行动计划，争取私营深度参与技能开发，加大技能开发投入；关注社会弱势阶层和落后地区的技能开发，使困难群体尽快摆脱贫困，高度关注无组织部门或非正式部门劳动力的技能开发工作；通过注入资金，担当“做市商”（market-maker）的角色，特别是在市场机制无效或丢失的行业；重点支持具有事半功倍或催化剂效果的行动计划，而不是只有一次性影响的举措。

（三）发挥全国性行业组织协调指导和政策宣传作用

这些全国性行业组织包括印度工商及工业联合会（FICCI）、印度工业联合会（CII）、印度工商联合会（ASSOCHAM）和进步和谐发展工商会（PHDCCI）等。成立于 1927 年的印度工商及工业联合会，是印度历史最悠久和规模最大的商业组织之一，拥有 25 万个会员单位。联合会积极发挥“技能开发聚合器”的作用，加强与产业、政府和学术界的合作，服务国家技能开发战略，通过政策宣传，产业干预和国际合作提供技能开发支持和便利服务，使青年人能够获得有用的技能，参与经济活动，为经济增长做出贡献。为配合到 2022 年实现培养 5 亿技能劳动者的国家技能开发战略，印度工业联合会实施了技能开发行动计划，中央邦的钦德瓦拉市设立了第一个技能中心，培养钢筋弯曲、磨削、管件和焊接等工种的技术工人，与印度斯坦石油有限公司合作在多个工种培养 2200 名青年技工，这些培训项目注重服务地方经济，实行弹性化和模块化教学。印度工商联合会成立于 1920 年，在全国拥有 40 万家会员单位，与中央和邦政府建立互动对话平台，印度工商联合会具有 18 年职业技能评价的丰富经验，实施各种技能提升和评价项目，开展了电脑、电工、汽车、食品保鲜、服装设计、钳工、水暖工、厨师、服务员、焊接、模具制造、仪表技术员、缝纫机、燃气炉及燃烧器维修、丝网印刷、制版、胶印等工种和职业的能力评价认证，联合会向参加并成功完成短期培训的学员颁发培训证书。进步和谐发展工商会成立于 1905 年，在 12 个邦拥有 1600 家会员单位，在少数民族事务部的支持下，与其他行业组织合作履行企业社会责任，在少数民族人口聚集乡镇参与创办工业培训学校和多科技术学校，培养少数民族技能劳动者。

（四）发挥行业技能委员会作用，开发国家职业标准

印度借鉴英国经验成立行业技能委员会。截至 2014 年 1 月，国家技能开发公司批准成立了 30 个行业技能委员会，这包括汽车技能开发委员会，安保知识和技能开发委员会，印度零售商协会技能委员会，媒体与娱乐技能委员会，信息技术行业技能委员会，橡胶行业技能委员会，印度宝石与珠宝技能委员会，印度银行金融与保险行业技能委员会，皮革行业技能委员会，电子行业技能委员会，食品工业能力与技能委员会，电信行业技能委员会，印度农业技能委员会，物流行业技能委员会，印度水暖行业技能委员会，资本货物技能委员会，印度建筑技能开发委员会，生命科学行业技能委员会，印度钢铁行业技能委员会，航天与航空行业技能委员会，采矿业技能委员会，电力行业技能委员会，服装、制成品和家具行业技能委员会，美容美发行业技能委员会，纺织与手摇纺织机行业技能委员会，手工艺与地毯行业技能委员会，旅游与餐饮行业技能委员会，建筑设备行业技能委员会，运动、体育、健身与休闲技能委员会，管理与管理服务技能委员会。这些行业技能委员会的主要职能是制定相关行业的国家职业标准，与中央和邦一级资格实施机构一起开发课程包，制定有关措施提高职业教师的参与和能力建设水平，对技能进行评估和认证，开发“行业资格框架”，绘制目前劳动力持有的技能和资格图谱，分析未来技能需求及与行业相关的培训需求，设计明确的继续学习路径，为学生提供垂直和水平流动机会。

（五）发展学徒培训，促进产教深度融合

学徒培训被认为是世界上最好的一种产教融合形式，世界各国都非常重视发展学徒培训。印度早在 1959 年就在企业自愿的基础上开始实施国家学徒培训计划。1961 年，印度通过《学徒法》，1962 年，学徒法生效，学徒范围主要限于行业学徒（Trade Apprentices）培训。根据学徒法规定，不

管是国营企业还是私营企业都有法律义务提供必要的培训设施。1973 年，印度修改学徒法，将学徒培训范围扩大到高等教育部门，增加高校工科毕业生学徒（Graduate Apprentice）和高职专科生学徒（Technician Apprentice）培训类型。1986 年，再次修改学徒法，将学徒培训进一步扩大到学校职业教育，增加中职生学徒［Technician（Vocational）Apprentices］。1997 年，再次修改学徒法，对学徒培训合同终止，指定职业的学徒培训人数，学徒的实践和基础培训，企业义务、违反法律条款的处罚等许多法律条款进行了修改补充和完善，从而建立了以法律为主导的较为完善的学徒培训体系。

中央学徒培训委员会是一个法定咨询机构，职责是就学徒培训计划的政策以及规范和标准向政府提出咨询建议，由中央-邦政府、雇主和工会的三方代表组成。学徒培训主要由劳动和教育部门负责实施。行业学徒主要由劳动部和公共部门就业服务中心通过设在钦奈、法里达巴德、海得拉巴、坎普尔、加尔各答和孟买的 6 个地区学徒培训局实施，在邦一级设有学徒培训顾问。参与的企业和机构达 2.08 万家，覆盖 153 种职业，培训期限从 6 个月至 4 年不等，学徒的最低教育程度是八年级毕业。人力资源开发部（教育部）负责实施高校工科毕业生学徒、高职专科生学徒和中职生学徒培训，主要通过设在钦奈、坎普尔、加尔各答和孟买的 4 个地区学徒培训委员会实施，高校工科毕业生学徒和高职专科生学徒培训涵盖 104 个学科领域，中职生学徒培训涉及 97 个学科领域，期限均为 1 年，参与的企业和机构有 1 万多家。总的来看，学徒培训吸引力不强，学徒培训供给大于需求，学徒名额不能充分利用，特别是教育部门的学徒名额利用率不到一半。2007 年，行业学徒可利用的名额达到 255990 个，实际利用 186122 个，利用率 73%。其他三种类型学徒可利用的名额为 87011 个，实际利用 39405 个，利用率仅为 45%①。到 2011 年，行业学徒可利用的名额达到 290448 个，实际利用 184796 个，利用率 64%，利用率出现下降。其他三

① Planning Commission Government of India. Report of the Task Force on Skill Development［R］. New Delhi，2007：94-95.

种类型学徒可利用的名额为 115430 个，实际利用 53139 个，利用率仅为 46%（见表 8-4）。2011 年，具有接受学徒资质的企业机构为 32141 家，实际招收学徒的企业机构为 26998 家①。为提高学徒培训吸引力，印度提高了学徒津贴标准。从 2010 年 10 月 18 日起，行业学徒第一年每月支付 1490 卢比津贴，第二年每月 1700 卢比，第三年每月 1970 卢比，第四年每月 2220 卢比，这些学徒津贴由企业雇主支付。而新的毕业生、技师和技师（职业学徒）津贴标准从 2008 年 1 月 8 日开始执行，分别为每月 2600 卢比、1850 卢比和 1440 卢比，这些津贴由企业雇主和政府共同平摊。印度还定期举办各行业学徒技能大赛，涉及 15 个工种。

表 8-4　2011 年印度学徒招生能力和实际在册人数

项目	行业学徒	本科生学徒、专科生学徒和中职生学徒	学徒总数
学徒招生能力	290448	115430	405878
在册学徒人数	184796	53139	237935
名额利用率	64%	46%	59%
在已利用的全部名额中： 1. 表列种姓学生： 2. 表列部落学生：	 23518（12.7%） 10714（5.8%）	 4100（7.7%） 882（1.7%）	 27618（11.6%） 11596（4.9%）

资料来源：Ministry of Labour and Employment Directorate General of Employment & Training. Trade Apprenticeship in India [R]. New Delhi, 2012：5.

（六）加强校企合作

在职业教育项目学校的遴选方面，学校与企业的临近性是一个重要的考虑因素，以便于开展校企合作。每一所职业学校都要与相关的企业、产业部门、农场或机构建立密切的联系。每个项目学校设一名协调员，负责与企业联系，寻求校企合作机会。学校聘请企业技术人员作为学校客座教

① Ministry of Labour and Employment Directorate General of Employment & Training. Trade Apprenticeship in India [R]. New Delhi, 2012：5-6.

师，定期组织学生到邻近企业实地参观考察，了解和体验实际工作场所环境，每年安排学生至少有 7 天时间到企业进行实习活动。教育部门和行业联合进行考试评价。在国家职业教育资格框架试点邦哈里亚纳邦，邦学校教育考试委员会和行业技能委员会联合对职业教育科目进行考试评价和发证。职业教育科目被分类为应用学习科目，它们作为九年级和十年级可选科目（optional）及十一年级和十二年级的选修科目（elective subjects）。在征得人力资源开发部、中央职业教育研究所、技能开发公司和中央中等教育考试委员会的同意后，邦教育考试委员会和行业技能委员会已发布职业教育科目考试评价办法。职业教育科目考试分数记录到学生成绩单中。邦教育考试委员会和行业技能委员会联合颁发单独的技能等级证书。

四、开发国家职业标准和课程标准

（一）开发国家职业标准

国家职业标准是职业教育质量标准的重要内容，也是建设现代职业教育体系的重要组成部分。国家职业标准规定了一个人在工作场所执行一项任务时必须达到的表现标准以及达到该标准所需的知识和理解力，它不仅是从业人员从事职业活动，接受职业教育培训和职业技能鉴定的基本依据，也是职业教育培训课程开发的依据。各国都非常重视开发国家职业标准。印度成立了 30 个行业技能委员会，开发制定国家职业标准。目前印度已经开发了安保、卫生保健、电信、橡胶、宝石与珠宝、零售、媒体与娱乐、信息技术和汽车 9 个行业的 287 种职业的资格包。金融保险、物流、农业、建筑和皮革等行业的部分资格包（Qualifications Pack）也发布在网上，公开征求意见。资格包包含一组职业标准以及执行一个工作角色所需的教育、培训和其他标准，每个资格包都有唯一的资格包代码。

每个资格包包含 4 部分内容。（1）职业概述，包括行业、子行业、职业、工作角色、资格包代码、资格等级、工作简述和个人素质要求等信息。(2)资格包说明，包括资格包代码、资格等级、所属行业和职业、职业名称、标准制定时间、下次评估时间、工作描述、入学资格要求、实训和工作或学习经历要求、单元代码和名称等信息。(3)名词解释，包含国家职业标准、资格包、职业、工作角色等名词解释和部分机构名称的缩写。(4)职业标准，这是资格包的主题部分，一般包含若干单元，每个单元都有单元概述、单元代码与名称。

每个资格包都包含若干单元（职业标准）。例如，汽车服务修理工四级资格包含 5 个单元，即车辆诊断与维修、车辆例行保养、计划和组织工作、在团队中有效地工作和保持健康安全工作环境。每个单元包含 3 部分内容。一是表现标准部分，它规定了执行一项任务时应达到的表现标准，对所需的知识、技能和能力提出了一般性要求。二是知识与理解力部分，包括具有相关行业企业知识和技术知识。三是技能部分，包括核心技能（通用技能）和专业技能。核心技能是今天世界中学习和工作所需的一组关键技能，这些技能通常是任何工作环境中都需要的，在职业标准语境中，这些技能包括写作技能、阅读技能以及适用于大部分工作角色的与交流表达相关的技能。专业技能包含决策技能、规划与组织技能、客户至上意识、问题解决技能、分析性思维、批判性思维等。

（二）开发职业教育课程标准

潘迪特·桑德拉尔·夏尔马中央职业教育研究所（PSSCIVE）是全国教育研究与培训委员会（NCERT）下属的一个国家级职业教育研究机构，成立于 1993 年，设在中央邦的博帕尔市，该所其中的职能之一，是负责开发编写职业教育课程和教科书。为实施国家职业教育资格框架，中央职业教育研究所与行业技能委员会根据国家职业标准合作开发了汽车维修、信息技术、零售和安保 4 个专业的国家职业教育一级至四级资格（九至十二年级）以及卫生保健专业的国家职业教育一级资格（九年级）的课程标准、学生单元练习册和教师手册。

汽车维修工课程标准包含服务手册、扣件检测及维修、测量设备、悬架系统、部件更换或维修、汽车传输系统和汽车电气系统 7 个单元，共

300 学时，企业实习 50 学时，总计 350 学时（见表 8–5）。每个单元包含单元代码、学习量、单元目标、单元要素代码、表现标准和知识标准等信息。如汽车维修工课程标准第三单元“测量设备”包括 6 个单元要素：掌握和使用千分表、伸缩仪和孔径规，掌握和使用轮胎深度测量仪，掌握和使用千分尺，掌握和使用比重计和斜角规，掌握和使用转矩扳手和塞尺，使用机动车仪表盘上的各种仪器，总计 30 学分。每一单元要素又包含表现标准和知识标准。

表 8–5 汽车维修专业单元和学时

单元代码	单元名称	学时
汽车维修专业–L4–01	服务手册	10
汽车维修专业–L4–02	扣件检测及维修	10
汽车维修专业–L4–03	测量设备	30
汽车维修专业–L4–04	悬架系统	40
汽车维修专业–L4–05	部件更换或维修	90
汽车维修专业–L4–06	汽车传输系统	30
汽车维修专业–L4–07	汽车电气系统	90
	企业实习	50
	总计	350

资料来源：PSS Central Institute of Vocational Education. Curriculum Automobile Service Technician AUTO-SRV L4-NQ［S］. Bhopal，2013.

五、现代职业教育体系建设的经验

印度在现代职业教育建设体系过程中，积极跟踪世界发展趋势，同时根据印度经济社会发展的需求，形成了一些自身的特点。

（一）以国家职业标准为基础开发设计职业资格

印度学校职业教育根据国家职业标准开发设计和实施面向职业岗位的

职业资格，顺应世界职业教育发展的规律和趋势。国家职业标准是在职业分类的基础上，根据职业（工种）的活动内容，对从业人员工作能力水平的规范性要求。它是从业人员从事职业活动，接受职业教育培训和职业技能鉴定以及用人单位录用、使用人员的基本依据。

国家职业标准在各国有不同的叫法，德国称为“培训条例”，澳大利亚称为“培训包”，英国、印度和我国称为“国家职业标准”。各国的经验表明，以国家职业标准为基础构建职业资格成为主流发展趋势，且具有极强的生命力，有的职业资格已经打造成世界知名品牌。例如，以“培训条例”为基础的德国双元制职业资格，以“培训包”为基础的澳大利亚培训包资格，以国家职业标准为基础的英国国家职业资格。印度正在开发和实施以“课程包”为基础的职业资格。以国家职业标准为基础的职业资格不仅要求培养从事特定职业（工种）所需的技能、技能和态度，保证与企业用人需求相对接，而且要求这些技能、能力和态度在真实的生产环境中培养，保证学生具有全面且均衡的素质，提高学生的就业能力，减少技能供需不匹配。

（二）在制度安排上，设计了完整的资格体系

资格体系是现代职业教育体系的核心组成部分，它客观地反映了职业教育培养目标体系和人才层次内在结构。印度的 10 级资格框架从中学教育向上延伸到了博士学位层次，包含两个等级的国家工作准备证书和 8 级国家能力证书，并对应从中学到博士学位的学历教育层次，建立了明晰和完整的垂直流动通道，形成资格序列，搭建了资格阶梯。印度坚持认为，要保证职教学生有继续学习的机会，吸取职业教育成为“断头路”和“死胡同”的教训，避免制度设计上的缺陷，增强职业教育的吸引力。目前，印度在高中和高等教育阶段实施了 1—7 级国家能力证书教育，将职业教育提升到硕士学位教育层次，1—7 级能力证书属于 3—9 级国家资格范围，分别对应高中阶段职业教育文凭、本科层次的高级文凭和硕士层次的研究生文凭等职业教育资格以及普通高中教育证书、学士学位和硕士学位等普通和高等教育资格。而且，能力证书按学年设计，一个学年一个等级，保证

了职业资格等级向上延伸的阶梯性质。

（三）建立多层面产教融合机制

通过设立专门机构和人员，规定专门职责，建立多层面、从上到下的工学结合机制。在国家层面，印度建立了国家技能开发公司，它是财政部按照公私合作伙伴关系模式设立的非营利性组织，负责推进和实施国家技能开发战略，资助私营部门技能开发活动，批准设立行业技能委员会。在行业层面，设立行业技能委员会，其核心职责是开发国家职业标准，与教育部门联合对职业资格进行考试评价和认证。在学校和企业层面，设立学校职业教育协调员，保持学校与企业的沟通和联系。

（四）资格框架政策和职业标准尚需完善

印度国家职业教育资格还是一个成长中的资格框架，相应的资格框架配套政策和实施工具需要进一步完善。2013 年年底，财政部发布通知将“国家职业教育资格框架”改称“国家技能资格框架”。印度还需要明确和完善质量保障的原则和措施、学分转换的方法、先前学习认证的原则和方法、职业资格考试评价标准等。印度国家职业标准的开发刚刚起步，目前仅完成安保、卫生保健、电信、橡胶、宝石与珠宝、零售、媒体与娱乐 7 个行业的大约 164 种“资格包”，其他行业的职业标准仍在开发之中。无论如何，国家职业教育资格框架的建立和实施成为印度现代职业教育体系建设的重要推手，将为印度培养大批高素质技能劳动者做出重要贡献。

第九章

国外现代职业教育体系建设的经验与启示

党的十八届三中全会《关于全面深化改革若干重大问题的决定》指出："加快现代职业教育体系建设，深化产教融合、校企合作，培养高素质劳动者和技能型人才。"《国务院关于加快发展现代职业教育的决定》指出："到2020年，形成适应发展需求、产教深度融合、中职高职衔接、职业教育与普通教育相互沟通，体现终身教育理念，具有中国特色、世界水平的现代职业教育体系。"明确了我国建设现代职业教育体系的目标、内涵和特征。

建设现代职业教育体系是各国教育发展改革面临的一项重大战略任务。现代职业教育体系是指能够适应经济社会发展需求，有明确进阶路径，质量上有保障，关注弱势群体教育需求并能够促进终身学习发展的职业教育制度。进入新世纪，各国创新制度体制，全面推进现代职业教育体系建设，建立国家资格框架，完善职业教育资格体系和资格标准，深化产教融合制度建设，推进以非学历教育认证和学分制为核心的终身学习体系建设。

一、完善职业教育资格体系

（一）开发职业教育资格框架

开发资格框架，提升教育质量，促进人员流动，推动终身学习发展已经成为世界教育发展趋势。目前世界上有 100 多个国家或地区开发了或正在开发资格框架，各国教育发展阶段不同，教育发展目标各异，有的国家开发涵盖各级各类教育的总体国家资格框架，有的则开发以推动实现国家技能开发战略为宗旨的职业教育资格框架。职业教育资格框架存在多种类型。

1. 总体资格框架

总体资格框架是指涵盖各级各类教育资格的国家资格框架，职业教育资格是其中的主要资格类别和组成部分。总体资格框架是资格框架类型中一种最高级、最完美形式，不同类型资格共享相同等级标准，这就使得职业教育资格便于与其他类型资格进行相互比较，增进资格间可比性，促进同一等级中不同类型资格的等值性，同时搭建了职业教育资格向上延伸的完整的进阶路径。总体资格框架建设具有发展阶段特征，同一个国家的经济社会教育发展水平密切相关，比较多地出现在发达国家，德国和澳大利亚等国可以作为这种类型的代表，而发展中国家目前则较少开发总体资格框架。在“欧洲资格框架”推动下，欧洲有 33 国采用以 8 级结构为主的总体资格框架形式，建设覆盖职业教育资格在内的总体资格框架成为一种主流形式。

2. 独立式资格框架

独立式框架是指将各类职业教育资格纳入与高等教育资格框架相分离的、单独设置的职业教育资格框架。代表性国家有英国英格兰、法国、印度和捷克等，许多亚非拉发展中国家最早开发的也是职业教育资格框架。资格框架最早起源于职业教育资格框架，英国是世界上最早开发职业教育资格框架的国家，20 世纪 80 年代中期开发的国家职业资格（NVQ）深刻影响了世界各国的基于职业标准的职业资格制度建设，2008 年英国开始实施涵盖各类职业教育资格的“资格与学分框架”（QCF），它在设计上突出资格的单元化和学分化特征，以增加学习的弹性化，促进终身学习发展，为适应这种技术设计上的要求，英国将大批包括传统的国家职业资格在内的职业性资格改造成“QCF 范式”。法国国家资格框架是一个独立的职业（专业）资格框架，由于资格起始等级比较高，因而共设置了 5 个等级，而不是像其他国家那样在一个资格框架内设置了 8 个或 10 个等级。法国国家资格框架包含了三类资格：政府各部委颁发的职业教育或专业资格证书，行业颁发的职业资格证书和以行会、公共或私立教育培训机构名义颁发的、达到严格质量标准的职业资格证书，在登记系统中注册的职业资格证书。印度借鉴国际经验并结合国情在较短时间内完成了“国家技能资格框架”开发工作，并进入到实施阶段，构建了较为完整的 10 级职业资格体系，结合学历教育的特点，一个学年设置一个资格等级，实现多重入口与出口。以国家职业标准为基础开发设计的职业资格旨在培养高素质劳动者。我国人力资源和社会保障部门主导的国家职业资格制度也是一种基于职业标准、面向职业岗位需要的职业教育资格框架形式，学习借鉴了早期英国国家职业资格的经验。

3. 分框架形式资格框架

它是指在总体资格框架下按部门和学段分设三个既独立又相互联通的分框架，南非是这种资格框架类型的代表。2009 年，南非通过立法将单一的总体资格框架改为总体资格框架统领下的三个部门分框架，即普通、继续教育和培训资格分框架（GFETQSF）、高等教育资格分框架（HEQSF）和职业资格分框架，并分别由三个相应的质量委员会管理。实际上，三个分框架都包含了职业性资格。在高等教育资格分框架中，包含了学历和学位类职业教育资格，既有职业教育导向的中等教育后层次和专科层次的文凭证书，也有以实践为导向的本科和硕士层次的应用科学学士和硕士。普通、继续教育和培训资格分框架实际覆盖了高中阶段的普通教育、成人教育和职业教育资格证书，高中阶段的学校职业教育资格证书也包含在这个分框架之中。职业资格分框架则是以职业标准为导向开发的职业技能资格框架，并单独将这类职业资格设置成一个分框架。

4. 分置式资格框架

分置式框架是指在高等教育阶段采用“Y 形结构”，将高等教育资格序列和职业教育资格序列明确并行设置的资格框架，奥地利采用这种模式。分置式框架分别适用于不同资格序列的水平描述符（等级标准），高等教育本科、硕士和博士三级学位类资格适用于博洛尼亚进程下推动建设的“欧洲高等教育区资格框架”的“都柏林描述符”（Dublin descriptors），面向成人学习的职业教育资格适用于国家资格框架水平描述符和其他补充标准。分置式资格框架主要以学位类资格和非学位类资格作为区分依据。实际上在奥地利资格框架语境下，应用科学大学授予的以实践为导向的学士和硕士学位也属于广义上的学位类职业教育资格类型，德国与奥地利的情况类似。

（二）职业教育资格层次向上延伸

职业教育资格是指证明学习者具备相应职业知识、技能和能力，由主管部门承认和颁发的证书、文凭和学位的统称，一般不包含工程、建筑、法律、医学等专业资格。职业教育资格可分为基于学校职业教育的学历证书、以实践为导向的学位资格和基于职业标准开发的职业资格三类。

世界主要国家已将职业教育提升到本科或硕士层次。澳大利亚资格框架共有 10 个等级，包含了 14 种资格类型，职业教育资格已经提升到硕士层次。澳大利亚虽然没有明确设立职业教育学位制度，但通过设立学位资格子类型明确了培养方向。澳大利亚的硕士学位有三种子类型：硕士学位（研究型）、硕士学位（授课式）和硕士学位（拓展型），其中授课式学位培养的目标是既懂理论又善于实践的复合型人才，拓展型旨在培养能将高级知识体系应用到专业实践的应用型人才。南非职业教育资格的层次向上延伸到了本科，高等教育资格分框架设有 5 种职业教育资格：一年制高等证书（学历相当于大一）、一年制高级证书（大二）、两年制文凭（大二）、高级文凭（大三）和研究生文凭（大四）。研究生文凭属于本科教育层次，具有多学科或跨学科性质，要求毕业生具有较高理论知识水平，能将知识运用到各种情境之中，能从事专业或高技能工作。学历职业教育文凭序列从 2 级到 8 级（本科层次），职业资格分框架目前设有 8 个等级，最高级 8 级职业技能证书对应本科层次。印度设置了职业学士学位，德国应用科学大学可开设本科和硕士学位课程。

二、开发职业教育资格标准

职业教育资格标准是职业教育标准的核心组成部分。资格标准是对职业教育学生或从业人员从事某一职业所应具有的知识、技能和能力的综合基本要求，概念上相当于“专业标准”的含义。资格标准在结构上通常包括职业技能标准、专业课程标准和文化课标准三部分。不少国家的资格标准以条例形式颁布，具有约束力、强制力和规范性等特征，并且在全国通用，如德国和芬兰等。在标准开发主体上，行业主导或参与开发职业技能标准，教育部门主导开发专业课程标准和文化课标准。在国家资格框架的背景下，资格标准通常以知识、技能和能力三维目标来描述，除了对实践操作技能的要求外，对学习能力、合作能力和解决问题能力等通用能力的要求也融合到标准之中，更加注重培养职业教育学生的全面且均衡的素质，反映了现代职业教育发展趋势。

（一）德国职业标准和课程标准

德国职业教育资格标准包含三部分。一是职业技能标准。职业技能标准在德国称为“培训条例”，它是以法规形式颁布的、对徒工从事某一法定职业所应掌握的职业知识、职业技能和职业能力的基本要求，核心是职业技能标准。培训条例具有约束力，从而保证了统一的国家标准。一个培训条例一般包含两部分内容：一是以法规形式颁布的培训规定（条例），具有法律效力；二是以附件形式出现的培训大纲，是对培训要点的具体细化。德国注重保持修标常态化，以适应经济社会要求。德国目前有 328 种国家承认的双元制培训职业。自 2003 年以来，联邦职业教育研究所代表联邦政府与社会合作伙伴和企业代表合作修订和新设了 217 个培训条例，其中修订 180 个，新设 30 个，以适应经济、技术和社会发展要求。

二是专业课程标准，由各州文教部长常设会议（KMK）制定。每个职业标准都有一个对应的课程标准，德国称为“框架课程”。框架课程是双元制学生在职业学校学习的、与职业标准相对应的专业理论课程，侧重规范专业理论的学习，学习地点是在职业学校。框架课程由各州文教部长常设会议（KMK）发布，以保证课程标准的应用在各州的统一。学生在部分时间制职业学校每周学习 12 小时，三分之一时间用于文化课学习，三分之二时间用于与特定职业相关的专业理论课学习。

三是文化课标准，由各州自行颁布。文化课占总课时的 20%—30%，包括体育、社会学（政治）、德语、宗教 4 门必修课程和英语、计算机等选修课程，按照年级不同平均每周学习 6—12 小时。

（二）芬兰国家职业教育资格要求

芬兰国家教育委员会（FNBE）负责组织协调和制定国家职业教育资格标准，每个专业设立一个工作小组，成员具有广泛代表性，由雇主、雇员、教师、学生、国家教育与培训专业委员会和自我就业人员代表组成。在标准起草过程中，工作小组征询企业界的意见，标准草案完成后征询社会各界的意见，征询意见结束后，芬兰国家教育委员会以条例形式颁布国家职业教育资格标准，标准在全国具有约束力。芬兰职业教育资格标准是一种综合标准，内容主要包括培养目标、职业技能标准、文化课标准、终身学习关键能力要求和评价标准等。课程教学实行模块化和学分化。2010 年芬兰修订完善了 52 种资格标准，涉及 120 个专业方向。2014 年，芬兰修改了《高中阶段职业教育与培训法》，强化以学习结果为导向的职业教育资格标准和模块结构，促进弹性和个性化学习路径，推动先前学习认证，进一步完善学分制，一学年为 60 学分，三年计 180 学分，其中职业性学习占 135 学分，文化课 35 学分，自由选择模块 10 学分。

（三）印度职业标准和课程标准

印度的国家职业标准规定了一个人在工作场所执行一项任务时必须达到的表现标准以及达到该标准所需的知识和理解力，它不仅是从业人员从事职业活动，接受职业教育培训和职业技能鉴定的基本依据，也是职业教育培训课程开发的依据。

印度成立了30个行业技能委员会，开发制定国家职业标准。目前印度已经开发了安保、卫生保健、电信、橡胶、宝石与珠宝、零售、媒体与娱乐、信息技术和汽车9个行业的287种职业的资格包。金融保险、物流、农业、建筑和皮革等行业的部分资格包也发布在网上，公开征求意见。资格包（Qualifications Pack）包含一组职业标准以及执行一个工作角色所需的教育、培训和其他标准，每个资格包都有唯一的资格包代码。每个资格包主要包含职业概述、资格包说明、名词解释和职业标准。职业标准是资格包的主体部分，一般包含若干单元，每个单元都有单元概述、单元代码与名称，职业技能标准、专业课程标准和通用技能要求都包含在职业标准之中。

为实施国家技能资格框架，依据国家职业标准，中央职业教育研究所与行业技能委员会合作开发了适用于学校职业教育执行的课程标准，目前开发了汽车维修、信息技术、零售、安保、卫生保健、美容、旅游等专业的国家职业教育一级至四级资格（九至十二年级）以及卫生保健专业的国家职业教育一级资格（九年级）的课程标准、学生单元练习册和教师手册。

三、推进产教融合体系建设

（一）建立产教融合工作协调机制

印度成立了各级指导委员会和技能开发管理机构。在国家层面，印度设立了由政府总理牵头的国家技能开发委员会，负责制定国家技能开发的大政方针，同时设立了国家技能开发协调委员会，制定技能开发实施战略，落实总理国家技能开发委员会做出的决定，监测和评价国家技能开发委员会各种方案和计划的实施结果，制定实际解决方案和战略，解决区域和社会发展不平衡问题。在部委一级，设立了职业教育发展指导协调委员会。指导委员会的主要职责是制定发展职业教育的大政方针，评估国家技能资格框架各个资格等级计划实施的进展，确保能够顺利过渡，开展跨行业工作，鼓励产业参与。在邦一级，成立了职业教育与技能开发协调委员会，邦首席秘书担任主席职务，成员由邦教育部、劳动和工业部以及国家技能开发公司、行业技能委员会和工业联合会邦分会的代表组成。在县一级也设立类似机构，以便在地方层面推动实施国家技能资格框架计划。

（二）行业主导开发国家职业标准

国家职业标准是职业教育标准的重要组成部分，行业主导开发国家职业标准不仅能够促进产教融合，而且能够使职业教育内容直接反映出企业的实际需求，是职业教育适应社会经济发展的重要途径。澳大利亚成立了农业食品技能委员会、社区服务与卫生行业技能委员会、建筑与物业服务行业技能委员会等 11 个产业技能委员会（ISCs），负责开发“培训包”（国家职业标准）。这些产业技能委员会是由政府资助的、独立的、产业主导的和非营利性的组织。英国成立了 19 个行业技能委员会（SSCs），负责开发国家职业标准和学徒培训标准，行业技能委员会由英国就业与技能委员会（UKCES）批准设立，由 19 个行业技能委员会成员组成的行业技能和标准联合会负责认证英格兰、苏格兰和威尔士的学徒资格。

印度借鉴英国的经验，由国家技能开发公司批准成立了 30 个行业技能委员会，制定相关行业的国家职业标准，与中央和邦一级资格实施机构一起开发课程包，制定有关措施提高职业教师的参与和能力建设水平，对技能进行评估和认证，开发“行业资格框架”，绘制目前劳动力持有的技能和资格图谱，分析未来技能需求及与行业相关的培训需求，设计明确的继续学习路径，为学生提供垂直和水平流动机会。在德国，雇主和工会是“培训条例”（适用于学徒培训的国家职业标准）制定的重要参与方。

（三）行业主导或参与职业教育资格认证

行业参与认证职业教育资格是促进产教融合的一个重要环节。德国由商会组织实施学徒考试和资格认证，德国《职业教育法》规定，凡国家认可的学徒培训职业均应举行结业考试，相关的商会应设立考试委员会，颁布结业考试规则，而考试规则要得到有关州、最高主管当局的批准。考试规则规定了准考条件、考试方式、考试的分段、评分标准、证书颁发、违反规则的后果等内容。考试委员会根据规则负责评价每位学徒的结业考试成绩，每个人的总体成绩通过或没有通过结业考试由考试委员会决定。印度的教育部门和行业联合对学生的职业技能进行考试评价。在国家技能资格框架试点邦哈里亚纳邦，邦学校教育考试委员会和行业技能委员会联合对职业教育科目进行考试评价和发证。职业教育科目被分类为应用学习科目，它们作为九年级和十年级可选科目及十一年级和十二年级的选修科目。职业教育科目考试分数记录到学生成绩单中，邦考试委员会和行业技能委员会联合颁发单独的技能等级证书。

（四）加强校企合作

在德国，企业是学徒培训的实施主体。根据法律规定，只有经过行业或政府认定的企业才有资格招收学徒，只有通过了行业组织的“师傅”资格考试的人才有资格担当企业培训教师；企业的主要职责是与学徒签署培训合同，按照职业标准规定的技能、知识和能力要求，安排合格企业培训教师对学徒进行培训。

印度在实施国家技能资格框架过程中注重加强校企合作。学校与企业的临近性是一个需要考虑的重要因素，以便于开展校企合作。每一所职业学校都要与相关的企业、产业部门、农场或机构建立密切的联系。每个项目学校设一名协调员，负责与企业联系，寻求校企合作机会。学校聘请企业技术人员作为学校客座教师，定期组织学生到邻近企业实地参观考察，了解和体验实际工作场所环境，每年至少安排学生有 7 天时间到企业进行实习活动。

韩国通过创办校办企业加强校企合作。韩国政府 1997 年颁布了《职业教育与培训促进法》，2003 年又将该法改名为《产业教育和产学合作促进法》。从 2004 年起，政府支持大学、初级学院和职业高中创办校办企业，积极鼓励产学合作，为学生提供工作实习场所，培养学生的实践操作技能，学生们可以通过固定的地点或者通过网络等途径营销他们的服务或产品，积累真实且实用的学习经历。到 2007 年，有 154 所学校创办了 184 家校办企业，其中 48 所大学创办 61 家，47 所技术学院创办 64 家，59 所职业高中创办 59 家。

（五）发展学徒制促进产教深度融合

学徒培训被认为是世界上最好的一种产教融合形式，世界各国都非常重视发展学徒培训。德国的双元制是学徒制培训的典范。英国近年来大力发展学徒制，参加学徒培训的人数不断攀升，自 2010 年以来已有 214 万人参加了学徒培训。印度 1961 年通过《学徒法》，学徒范围主要限于行业学徒培训，不管是国营企业还是私营企业都有法律义务提供必要的培训设施。1973 年，印度修改《学徒法》，将学徒培训范围扩大到高等教育部门，增加高校工科毕业生学徒（Graduate Apprentice）和高职专科生学徒（Technician Apprentice）培训类型。1986 年，再次修改《学徒法》，将学徒培训进一步扩大到学校职业教育，增加中职生学徒［“Technician（Vocational）”Apprentices］。1997 年，又修改《学徒法》，对学徒培训合同终止、指定职业的学徒培训人数、学徒的实践和基础培训、企业义务、违反法律条款的处罚等许多条款进行了修改补充，从而建立了以法律为主导的较为完善的学徒培训体系。

在青年人高失业率和低就业率的全球背景下，各国政府和国际社会高度关注青年人就业问题。2012 年，20 国集团（G20）举行的部长会议认为，需要采取综合战略促进青年就业，特别是要实施有质量的学徒制，促进青年人从学校到生产性就业的顺利过渡。G20 就业工作小组起草的《G20 青年就业战略》以及早期的《G20 培训战略》报告指出，学徒制促进了培养基本职业能力和工作特定技能的有效结合，使参加者能边学习边挣得一份工资，提供了有价值的工作经历。学徒制以工作本位为定向，让在学习文化课上没特长的学生接受职业教育，这有助于减少过早辍学的发生。国际劳工组织《关于应对青年就业危机采取行动的决议》、欧盟委员会的《青年保障计划》和 OECD 的《青年行动计划》都强调学徒制对促进青年人有更好的劳动力市场结果所发挥的重要作用。为充分发挥学徒制的潜力，许多国家学习借鉴他国的成功经验，建立或完善本国的学徒培训体系。G20 就业工作小组编写了《有质量的学徒制关键要素》供各国参考学习。2013 年 7 月，在共享最佳实践的基础上，欧盟启动了“欧洲学徒制联盟”，以增加学徒制培训供给，提高职业教育质量和增强吸引力，企业界积极参与学徒制培训。2014 年，G20、欧洲理事会和 OECD 的代表在巴黎举行“有质量的学徒制研讨会”，交流各国发展学徒的经验，共享最佳实践，通过发展有质量的学徒培训，促进青年人更好地融入劳动力市场①。

四、建立职业教育质量监管体系

（一）通过立法设立法定监管机构

监管机构是质量监管的主体和具体的实施者，是依法设立的法定机构，履行法律规定的职责和赋予的权力，以标准为依据对职业教育质量进行全程监管。2011 年，澳大利亚通过《国家职业教育与培训监管机构法》，规定设立国家职业教育与培训监管机构，将现有的教育培训机构登记为“国家职业教育与培训监管机构注册培训机构”，建立职业教育与培训质量框架，对职业教育课程进行认证，赋予国家监管机构发放和撤销职业教育资格的权力，对违规职业教育培训机构进行调查的权力和行政执法的权力。澳大利亚的职业教育质量监管机构是澳大利亚技能质量署（ASQA），

① Quality Apprenticeships for Giving Youth a Better Start in the Labour Market, G20-OECD-EC Conferencet [EB/OL]. [2014-04-20]. http://www.oecd.org/education/quality-apprenticeships-youth-conference.htm.

成立于2011年7月1日，主要职能是将培训提供者登记为“注册培训组织”，将接收留学生的教育机构登记为“海外学生教育服务提供者”，认证职业教育与培训课程，确保职业教育培训机构符合注册条件和标准，开展合规审计，收集、分析和发布有关职业教育与培训部门以及职业教育机构的信息，保证学生、雇主和政府对澳大利亚注册培训组织提供的职业教育与培训质量充满信心。截至2013年2月，澳大利亚有4879家注册培训组织，其中ASQA监管4025家，占80%以上。

2009年，英国通过《学徒制、技能、儿童和学习法》（简称“学习法”），规定设立资格和考试监管办公室（Ofqual），这是英国英格兰的资格（除学位资格外）、考试和评价以及北爱尔兰职业资格的监管机构。2009年11月12日，该法获得皇家批准。2010年4月1日，监管办正式作为一个完全独立的非部委级政府部门开始工作，监管办直接对议会负责而不是对政府部长负责。法律规定了监管办的5个战略目标：一是资格标准目标，以保证受监管资格能提供知识、技能和理解力的可信表示，随着时间变化能显示可比的受监管资格之间学习成就的一致性水平，并且还能表示不随时间变化受监管资格与可比资格（包含那些在英国之外颁发的但不由监管办监管的资格）之间学习成就的一致性水平；二是评价标准目标，旨在促进受监管评价安排的发展和实施，提供学习成就的可信表示，并能随着时间变化显示具有可比性的评价之间学习成就的一致性水平；三是公众信心目标，旨在增强公众对受监管资格和评价安排的信心；四是公众意识目标，旨在增强公众对各种现有受监管资格的了解及其益处的认可；五是效率目标，以保证能有效提供受监管资格，特别是向颁证组织缴纳的相关费用能够物有所值。资格和考试监管办公室的主要职责是：保证提供和颁发资格的颁证机构有良好的治理制度，能够对它们的表现负责；颁证机构提供的所有资格是公正的，能与其他资格相比较；监控资格、考试和测试标准，报告监测结果；保证所有的学习者都能有取得资格的公平机会；确保考试、测试和其他评价的评分质量，保证学习者得到他们应得到的结果；确保资格市场运行对学习者物有所值，满足学习者和雇主的需要；支持和鼓励对重点问题展开讨论，如考试和资格标准。

（二）监管内容

澳大利亚职业教育质量监管内容的重点是职业教育培训机构和专业标准，以保证职业教育机构具备相应的办学资质，把好入口关，保证非国家职业标准（培训包）资格专业标准达到规定的要求，实施高质量职业教育和考试评价，确保国内公众信心和在国际上的声誉。一是对职业教育培训机构进行监管。国家职业教育监管机关依据标准对职业教育机构进行监管。《注册培训机构标准》是对职业教育培训机构监管的重要依据，它包括初始注册基本标准和继续注册基本标准。初始注册基本标准共有11条标准，涉及教育质量、人员、教师、设备设施、教育公平、教育管理治理等方面的要求，其中规定职业教育机构应提供有质量的职业教育与评价，工作人员、设施设备及使用的培训和评价材料达到了“培训包”或职业教育认证课程的要求，培训教师和考评员具有国家技能标准委员会规定的职业教育与评价能力，具有至少所教或所评资格等级的职业能力，具有与职业教育或评价直接相关的当前行业技能，能继续提高其职业教育知识、技能和能力水平，保持与产业界的联系。二是对职业教育课程进行认证。澳大利亚职业教育资格有两套标准，一套是基于产业开发的“培训包”标准，相当于国家职业标准，另一套是由职业教育培训机构开发的非“培训包”资格标准，是不包括在“培训包”资格范围内的职业教育课程标准。认证课程旨在解决产业、企业和社会对技能的需求，这些技能尚未包含在全国认可的培训包中。认证课程能够积极回应和应对技能需求变化及新兴产业行业的需要。一门课程的认证由监管机构确认，课程达到了《职业教育认证课程标准》和“澳大利亚资格框架”的要求，能满足产业、企业或社会的需要，达到了国家质量保障要求，能与“澳大利亚资格框架”相应等级联系起来，能够授予职业教育与培训资格证书。

英国对职业资格的监管坚持良好监管的5项原则，即相称性、目标性、责任制、透明性和一致性。监管机构对资格的设计、实施、评价和颁发以及颁证机构提出了明确的要求，并为了维持标准而进行必要的干预，以保证标准的实施和维持，确保学生受到公正对待从而达到保护学生的目的，提高资格部门的效率，确保颁发的资格物有所值。英国职业资格监管的重点是颁证机构和资格，先后出台两个标准，以此作为职业资格监管的依据。一个是《认可标准》，这是门槛标准，对颁证机构实行资质认定制度。门槛标准对申请者的身份；其机构组成和治理、资源、财务和业务能力提出了基本要求。另一个是《一般认可条件》，这是一个合规标准。颁证机构一旦得到认证，都要符合“一般认可条件”。合规标准对颁证机构的治理结构及其与监管机构的关系，对资格设计、开发和评价，颁证机构与第三方的业务安排等方面提出了更为详尽的具体要求。

（三）监管行动

澳大利亚监管机构被赋予行政制裁、民事处罚等各种权力对职业教育机构进行有效监管，享有强大的监管权力，对违法违规职业教育机构可做出监管决定。澳大利亚监管机构可依法行使行政制裁权，暂停或撤销注册、停止继续注册申请、取消课程认证和资格等。行使调查权，要求相关人员提供信息、出示文件或物证，并可对场所进行搜查。行使执法权，对违法职业教育机构进行经济处罚，处罚标准从 120 个处罚单位到 600 个处罚单位不等。

英国监管机构可依法采取监管行动。一是施加特别认可条件，所有颁证机构都需要符合一般认可条件，但对不同类型的颁证机构和资格，监管机构可施加特别认可条件，这包括进入现场检查和规定收费上限两种特别条件。二是施加认证要求，这是降低风险、保证质量的一种手段。只有经过评估认证的资格才可以录入到资格注册系统，培训机构才可以开设证书课程，颁证机构才可以向学习者颁发资格证书。如果资格设计或质量保障安排不完善，监管机构将对资格和颁证机构施加认证要求，以减少风险，保证质量。三是现场进入和检查，即颁证机构在违规情况下，监管机构有权进入其办公场所检查和复制文件，以保护证据完整性。四是发出指示，指示在法庭上具有法律效力。五是实施罚款，对违规颁证机构实施罚款，这是一种经济处罚手段，罚款数额最高不超过颁证机构年营业额的 10%。六是撤销认可，监管机构可对严重违规或是没有资源或业务能力继续遵守认可条件的颁证机构采取撤销认可的行动，撤销认可是最严厉的监管行动。七是回收执法行动成本，监管机构可依法要求违规颁证机构支付在执法行动中发生的成本，包括调查费用、行政管理费用、专家或法律咨询费用等①。

五、建立终身学习体系

（一）建立非正规和非正式学习认证制度

建立非正规和非正式学习认证制度是推进终身学习的关键举措，使个人能够通过非正规和非正式学习及通过开放教育资源获得的知识、技能和能力得到认证；基于得到认证的非正规和非正式学习经历，获得一个完整资格或部分资格。非正规和非正式学习认证安排的要素包括对个人通过非正规和非正式学习获得的学习结果进行识别、记录、评价和证明。2012 年 12 月，欧盟教育理事会通过《关于非正规和非正式学习认证的建议》，提出非正规和非正式学习认证的 10 项原则：（1）认证安排要与国家资格框架联系起来，并与欧洲资格框架相一致；（2）主管部门要向个人和组织提供认证及相关程序方面的信息和指导；（3）保证包括失业者和处于失业危险之中人员在内的弱势群体能从认证安排中获益，认证有助于增加他们参加终身学习和劳动力市场的机会；（4）根据本国立法和国情，失业或处于失业风险之中的人员能有机会接受“技能审计”（skills audit），以在合理的时间内最好能在确认需要的 6 个月之内，识别他们的知识、技能和能力；（5）非正规和非正式学习的认证要辅以适当的指导和咨询并能随时提供；（6）制定与现有质量保障框架相一致的、透明的质量保障措施，运用可靠、有效和可信的评价方法和工具；（7）制定相关措施，提高各相关行业部门参与认证工作人员的专业能力水平；（8）通过非正规和非正式学习经

① Ofqual. Taking Regulatory Action Version 2 [S]. Coventry, May 2012.

历认证取得的资格或部分资格要符合公认的标准，相同或等同于通过正规教育获得的资格的标准；（9）使用“欧洲通行证”和“青年通行证”等欧盟透明性工具，记录学习结果；（10）加强认证安排与正规教育与培训系统中应用的“欧洲高等教育学分转换和积累系统”（ECTS）和“欧洲职业教育与培训学分系统”（ECVET）的协同作用①。欧盟要求各国在 2018 年之前根据国情对非正规和非正式学习认证做出安排。

南非 2002 年制定了先前学习认证（RPL）政策，2003 年又颁布了先前学习认证的标准和指导方针。2008 年，南非通过了《国家资格框架法》，为适应法律的变化，2013 年，南非资格署修订并完善了《实施先前学习认证国家政策》。先前学习认证是指对一个人的先前知识和技能进行评价的原则和过程，以使知识和技能得到承认和证明，从而获得入学资格或是保证能够进一步学习和发展。开展先前学习认证有两个目的。一是通过先前学习认证获得入学资格，为那些没有达到正式入学要求的学习者提供进入专业课程学习的一种可供选择的入学途径。通过 RPL 获得的入学资格适用于得到认证的继续学习机构（含学校后教育机构和成人学习中心）或工作本位培训提供者开设的学习课程。二是获得学分，通过对先前学习结果授予学分使学习者能够学习或完成在国家资格框架信息系统登记的完整资格或部分资格。先前学习认证的评价方法包括诊断性、形成性或总结性评价，或在课程学习中创造免修学分的机会或对工作场所的学习予以认可。先前学习认证的基本原则是重点考查学习者已经学习到了什么，而不是教育机构的地位声望和学习的地点，学分要授予通过经历获得的知识和技能，而不是经历本身；通过评价或其他方法使先前学习结果变得可见，以促进已获得的知识、技能和能力的内在发展；先前学习认证实践的核心是向申请认证的学习者提供指导和支持，指导他们准备材料，将进一步的教学与学习、辅导和评价结合起来帮助学习者完成认证。先前学习认证是以国家资格框架为平台，在国家资格框架登记的完整资格和部分资格必须对

① COUNCIL RECOMMENDATION of 20 December 2012 on the validation of non-formal and informal learning（2012/C 398/01）［EB/OL］.［2014-12-03］. http：//eur-lex. europa. eu/LexUriServ/LexUriServ. do? uri=OJ：C：2012：398：0001：0005：EN：pdf.

可供选择的入学要求做出规定，以使学习者通过先前学习认证获得入学机会，学习完整资格或部分资格的课程①。

（二）实施学分制

实现资格的学分化和单元化是学分制的核心目标，以增加学习的弹性，促进终身学习发展。传统的资格的计量单位是学年制，学习量的计量是以年为单位，而在资格框架下，资格的计量单位是学分和学习结果单元，计量单位变小和更为精细。为适应终身学习的需要，一个资格可由一定核定数量的学分和若干单元（模块）组成，学习者可一次取得一个完整资格，也可一次取得若干学分或学完其中一个或若干单元取得部分资格，分阶段取得完整资格。在学分制下，通过学分转换和累积，学习者可以从一个学习系统转到另一个系统，从一个学习地点转到另一个地点，真正实现弹性学习路径和生涯阶梯。

在“哥本哈根进程”推动下，2009 年，欧盟议会和欧盟理事会通过《关于建立职业教育和培训学分系统的建议》，建立了欧洲职业教育和培训学分系统（ECVET），基本目标是通过提高和认证公民的知识、技能和能力，促进和扩大各国在教育和培训领域的合作，提高学习者的学习结果透明度、可比性，促进学分转换与累积，使学习者实现无障碍跨国流动，最终为学习者在职业教育和培训领域建立一个无国界的终身学习环境。实施 ECVET 的步骤包括：机构间签署理解备忘录伙伴协议，说明资格（单元和学分）和学习结果的对应程度，评价方法，学分转换、认证过程，质量保证措施；个人与派出和接收学校签署学习协议，说明学习期限和学分数；在学习结果得到评价之后授予学分；根据理解备忘录和学习协议，派出学校对学分进行认证、转换、承认和累积。欧洲职业教育学分制有四点基本要素：（1）学习结果单元，是指一个资格的组成成分，由一整套可进行评价和认证的知识、技能和能力组成。（2）学习结果的转换和累积。在

---

① The South African Qualifications Authority（SAQA）. National Policy for the Implementation of the Recognition of Prior Learning［R］. March 2013.

ECVET 框架下，在一个学习背景里取得的学习结果单元经评价后可以转换到另一个学习背景。在第二个学习背景里，单元学习结果得到有关机构的认证和承认，并作为学习者取得资格的一部分。按照国家或地方的相关规定，学习结果单元可以累积为资格。（3）学习协议和个人成绩单。两个相关单位和学习者在理解备忘录框架内签署一份学习协议，已取得的学习成果和相应的 ECVET 学分数要记录在学习者的个人成绩单中。（4）学分数。ECVET 学分数以数字形式提供了资格和单元的补充性信息，一个正规全日制职业教育和培训学年为 60 学分①。

为适应经济社会和教育发展，培养高素质技能劳动者，印度从 2012 年开始实施“国家技能资格框架”，2014 年，印度通过“国家技能资格框架下能力本位技能和职业教育学分框架”，进一步完善了资格框架配套工具体系。学分是对一个学习者成功完成了一门先前学习课程的认可，对应于一个特定等级的资格证书。一个资格越复杂，所需的学习量就越大。学分为学习者、雇主和学校提供了描述和比较已经取得的学习结果的一种手段。基于此，人们可以确定取得资格框架更高等级资格的额外学习结果。学分可以对经过有效和可信评价的学习结果进行量化。学分数可以在概念学习小时数目的基础上确定。概念学习小时是指一个“平均水平”学习者在规定的资格框架的资格等级上期望取得学习结果所花的时间，包括评价所用时间。然而，如果花更多或更少的时间取得学习结果，学分不会增加或减少。如果一个学习者没有取得学习结果，则不能获得学分。学分可用于学习者在课程间进行转换，这不仅需要颁证机构确定有多少学分可以转换，而且也取决于已被授予学分的学习的性质或内容和学分转换课程的要求，从而创设每一资格等级的多重入口和出口路径。按学年工作模式计算学分，每学年安排 28—30 周教学，课堂一小时理论课学习等同于 2 个学分；实验室一小时教学等同于 1 个学分；企业 3 小时一级证书技能培训等同于 2 个学分；企业 1.5 个小时七级证书技能培训等同于 2 个学分；企业 1 个小时

---

① Recommendation of the European Parliament and of the Council of 18 June 2009 on the Establishment of a European Credit System for Vocational Education and Training (ECVET) (2009/C 155/02) [S]. Official Journal of the European Union. 8. 7. 2009.

八级及以上证书技能培训等同于2个学分；按照线性方式一级至七级证书的学分数差别很大，学分向高端技能倾斜。在学习环境日益多样化的背景下，学分提供了联通各种情境下的学习和融合各种学习体系的一种手段。学分制承认不论在什么地方发生的学习，促进学习进阶、教育机构间的转换和资格路径间的联通，它为国家技能资格框架的运行奠定了基础①。

学分制的功能有四个方面：一是计量功能，以学分或单元计量学习成就，比传统的学年制计量单位要小，也更为精细；二是承认功能，对学习结果进行评价后可获得承认；三是转换功能，一个人可以将在一个学习背景里取得的学分或单元转到另一个学习背景里继续学习，使学习结果具有了可迁移性，可促进学习者的流动；四是累积功能，一定数量的学分或单元可累积成一个完整的资格，这样使分阶段完成学业成为可能，增加学习的弹性化。

（三）监测评价成人终身学习

成人学习是终身学习的一个重要组成部分，各国都非常重视发展成人学习。

欧盟将25—64岁成人参加正规或非正规学习到2020年达到15%的目标作为《教育与培训2020战略》的基准之一。2013年，欧盟平均为10.5%，比2010年提高1.4个百分点。有17个国家成人参加终身学习的比例低于10%，仅有丹麦、瑞典、芬兰、法国、荷兰和英国6个国家超过了欧盟设定的2020年目标。从教育形式上看，大约70%的学习活动属于非正规教育。性别上，女性高于男性，丹麦和瑞典女性比男性高出10个百分点。成人教育调查表明，2011年大约40%的成人每年参加一次学习，几乎所有的成人学习都是与工作相关的，三分之二的与工作相关的学习培训活动都是由雇主实施的。企业培训是成人学习的主体，通常采用研讨会或会议的形式，且时间很短。“继续职业培训调查”（CVTS）表明，企业规模与成人学习参与程度

---

① The Ministry of Human Resource Development (MHRD). Credit Framework for Competency Based Skills and Vocational Education under National Skills Qualification Framework (NSQF) [R]. November 2014.

有着密切关系，大企业有一半的员工参加成人学习，中型企业约为三分之一，而小企业大约不到四分之一。在大企业正式就业的青年人和高学历者更有可能参加学习活动。OECD 实施的“成人技能调查”（PIAAC）结果也证实，技能水平最低的是那些低学历、年龄较大员工和失业人员。同样，参加成人学习最少的也恰恰是那些低学历、年龄较大和失业人员，这就形成了“低技能陷阱”，那些最需要提升技能水平的人员实际上参加终身学习最少，这就使他们很难摆脱充满不确定性的劳动力市场的弱势地位。

（四）推动职业教育国际化

开展职业教育国际交流与合作不仅可以促进职业教育学生学习流动，提高学生的就业能力和生活技能，加强各国职业教育合作和质量保障，为学生提供在国外企业、公共机构和非政府组织实习机会，在国外职业学校和企业参加工学交替，使学生获得从教育到工作过渡所需的技能，而且可以安排职业教育教师、企业培训教师、学校领导、培训经理和生涯指导顾问等职业教育与培训专业人员在国外企业或教育与培训机构进行工作实习，在国外伙伴机构承担教学任务或从事工作见习。

提高青年人的技能水平和就业能力，实现增长和就业，提升经济竞争力是欧盟经济社会和教育发展的重要目标。2014 年 1 月，欧盟正式启动“伊拉斯谟+”计划，即欧盟“2014—2020 年教育、培训、青年和体育计划”。这是欧盟有史以来实施的规模最大的单一综合性交流合作项目，涵盖各级各类教育，人员交流将达到 400 万人次，整个项目预算达到 147 亿欧元。欧盟负责教育、文化、多语言和青年事务的委员瓦西利乌指出：“‘伊拉斯谟+’计划将使青年人能够通过在国外的经历增加他们的知识和技能，进而提高他们的就业能力。该计划绝大部分预算用于资助个人流动，同时支持各国建立伙伴关系，改革教育体制和内容，实现教育现代化，提高教育质量。”提升青年人技能水平和就业能力是该计划的重要目标之一。经济危机导致欧盟青年人失业居高不下，欧盟有 600 万青年失业，同时有 200 万岗位空缺，三分之一的雇主招聘不到他们想要的人才，技能供需不匹配是造成就业结构性矛盾的重要原因。该计划通过增加青年人在国外工作学习经历，加强教育与工作世界合作，提高就业所需的知识、技能与能力水平。欧盟计划到2020年实现包括高等教育学生、职业教育学生、各级各类教育工作者和青年志愿者在内的400多万人参加出国学习、培训和获得工作经验的目标，其中资助200万名高等教育学生出国学习，2.5万名学生攻读联合硕士学位课程，通过助学贷款担保基金帮助20万名学生实现跨国攻读硕士学位，50万青年人参加国外志愿者服务和青年交流，资助65万名职业教育学生出国参加学徒培训或实习，80万名各级各类教育工作者在国外学习了解新的教学和学习方法。学生国外学习或实习的时间一般为2至12个月，教育工作者流动2天至2个月，承担国外教学任务至少8个小时教学。

（五）建立终身生涯指导服务制度

在当今迅速变化的社会，生涯指导服务在人的一生中各个阶段发挥着越来越重要的作用。在终身学习的背景下，生涯指导旨在使任何年龄的公民并在生活的任何节点上能够识别其能力和兴趣，做出教育、培训和职业决策，在学习、工作各种情境中管理个人生活路径；所有公民在生活的各个阶段都能够有机会接受生涯指导服务，特别是关注困难群体的生涯指导服务。发挥生涯指导服务的干预作用，鼓励学生完成学校教育，使个人能够管理他们自己的学习和生涯，使学校早期辍学生再次融入适当的教育与培训计划。通过提供教育、培训和工作的机会，促进公民融入社会和经济，提高各级各类教育的完成率，包括继续教育、高等教育和成人教育与培训的完成率，促进学习者和人员的职业和地域流动。注重生涯指导服务的灵活性和多样化，包括创新性方法和技术，特别是向困难青年人和成人提供指导服务，帮助他们克服经济和地域的不利处境。鼓励社会各界参与指导服务，支持教育与培训机构通过提供工作经历和实习机会培养学生的创业精神和能力①。2008年11月，欧盟理事会和各成员国代表通过的《关

① Draft Resolution of the Council and of the Representatives of the Governments of the Member States Meeting within the Council on Strengthening Policies, Systems and Practices in the Field of Guidance throughout Life in Europe [S]. 2004.

于将终身指导更好地融入终身学习战略的决议》认为，公民生活面临着越来越多的多重过渡：从学校教育过渡到职业教育与培训、高等教育或就业，从就业到失业、继续培训或者离开劳动力市场。生涯指导服务在个人整个生活中需要做重要决策时发挥着决定性作用，在今天劳动力市场背景下能帮助个人以更加安全的方式管理自己的生涯路径，更好地实现个人和专业生活的平衡①。

六、启示

建设现代职业教育体系，实现职业教育与培训现代化各国都积累了丰富的经验，特别是在国家资格框架建设、资格标准开发、产教深度融合和非学历教育认证等方面有许多值得我国参考借鉴的经验。加快建立现代职业教育体系是我国在今后一个时期面临的重大课题，要顺应世界职业教育发展趋势，学习借鉴国外有益经验。

（一）探索建立国家资格框架

目前，世界上有 100 多个国家已经建立了或正在开发国家资格框架，建设国家资格框架已是一个世界教育发展趋势。顺应世界教育发展趋势，开展建立国家资格框架的可行性研究，建设涵盖各级各类教育在内的国家资格框架对提高教育质量、培养高素质人才、促进资格国际承认和推动终身学习发展都有着重大意义。考虑到我国区域发展不平衡和区域发展水平差异大的实际情况，应该允许地方先行先试地方资格框架建设，为建立国家资格框架积累经验。

① Resolution of the Council and of the Representatives of the Governments of the Member States, Meeting within the Council of 21 November 2008 on Better Integrating Lifelong Guidance into Lifelong Learning strategies [S]. Official Journal of the European Union, 13. 12. 2008.

（二）加强职业教育专业标准建设

专业标准是人才培养和质量保证的重要依据。目前，我国职业教育专业标准存在着标准不完善、行业企业参与不够、缺乏规范性和约束力等问题，加强学校职业教育专业目录和专业标准建设，吸收行业和企业代表参与职业技能标准的制定，从根本上解决职业教育不能适应社会经济发展需要的问题，建立修标常态化机制，及时适应用人单位的人才需求。提高专业课程标准和文化课程要求，增强职业教育学生继续学习和终身发展的后劲。

（三）以立法推动产教深度融合

从国际经验看，德国正是通过立法建立了以双元制为主导的现代产业教育体系，确立了职业教育强国的地位。建立与学校职业教育体系并行的现代产业教育体系，吸收行业企业参与职业教育专业标准的制定和资格的认证，发挥行业对接收学徒或实习的企业资质认定的主导作用，加快企业合格实训教师的培养。制定学徒制专项立法，明确利益有关方的权责，增强法律刚性要求和强制力，发展学徒制由行政力量推动转为立法力量推动。鼓励发展职业教育学校主导的“前店后厂”和“半工半读”等人才培养模式，促进校企深度合作。

（四）探索建立质量监管体系

质量是职业教育院校办学的生命，只有高质量的职业教育才能培养出高素质劳动者和技术技能人才。设立职业教育质量监管专门机构，制定质量监管标准和质量评价标准，赋予质量监管机构行政执法权和处罚权，维护学生合法权益，增强公众对职业教育质量的信心。

（五）推动终身学习发展

对非学历教育进行认证和实行学分制是推动终身学习发展的核心环节。探索建立非学历教育认证制度，设立非学历教育专门认证机构，对学习者在学历教育体系之外取得的学习成就进行认证，使之取得国家承认的资格或部分资格。推进职业教育学分制建设，对非技术工种资格实行单元化和学分化，促进学分积累和转化，增加职业教育的弹性。并加强终身生涯指导服务制度建设。

后 记

本书是中国教育科学研究院2013年度基本科研业务专项基金课题（课题编号：GY2013020）的研究成果，由中国教育科学研究院国际比较教育研究中心主持完成，王素主任作为课题负责人，承担了课题的框架设计、组织协调和研究实施工作。

本书是集体智慧的成果，各部分分工如下：前言由张永军执笔；第一章由方勇执笔；第二章由康建朝、刘民建、周斌执笔；第三章由李建忠、秦琳执笔；第四章由姜晓燕执笔；第五章由张晓光执笔；第六章由田辉执笔；第七章由李协京执笔；第八、九章由李建忠执笔。浦小松计算了第一章职业教育竞争力排名，黄海军、王晓宁、赵章靖、苏红参与了研究框架的讨论，全书由张永军负责统稿，王素修改并最终定稿。

出 版 人 所广一
责任编辑 罗永华
版式设计 孙欢欢
责任校对 张 珍 刘 婧
责任印制 叶小峰

图书在版编目（CIP）数据

世界教育发展报告. 2013 / 中国教育科学研究院国际比较教育研究中心著 . —北京：教育科学出版社，2016. 3
（国际教育研究书系）
ISBN 978-7-5191-0211-1

Ⅰ. ①世… Ⅱ. ①中… Ⅲ. ①教育—研究报告—世界—2013 Ⅳ. ①G51

中国版本图书馆 CIP 数据核字（2016）第 059641 号

世界教育发展报告 2013
SHIJIE JIAOYU FAZHAN BAOGAO 2013

出版发行	教育科学出版社		
社　址	北京·朝阳区安慧北里安园甲 9 号	市场部电话	010-64989009
邮　编	100101	编辑部电话	010-64981252
传　真	010-64891796	网　址	http://www.esph.com.cn
经　销	各地新华书店		
制　作	北京金奥都图文制作中心		
印　刷	保定市中画美凯印刷有限公司		
开　本	169 毫米×239 毫米　16 开	版　次	2016 年 3 月第 1 版
印　张	18. 75	印　次	2016 年 3 月第 1 次印刷
字　数	253 千	定　价	65. 00 元